4 Lk 2 3359 2

Nantes
1902

Dubuisson-Aubenay, François-Nicolas Baudot dit

Complot breton de 1492

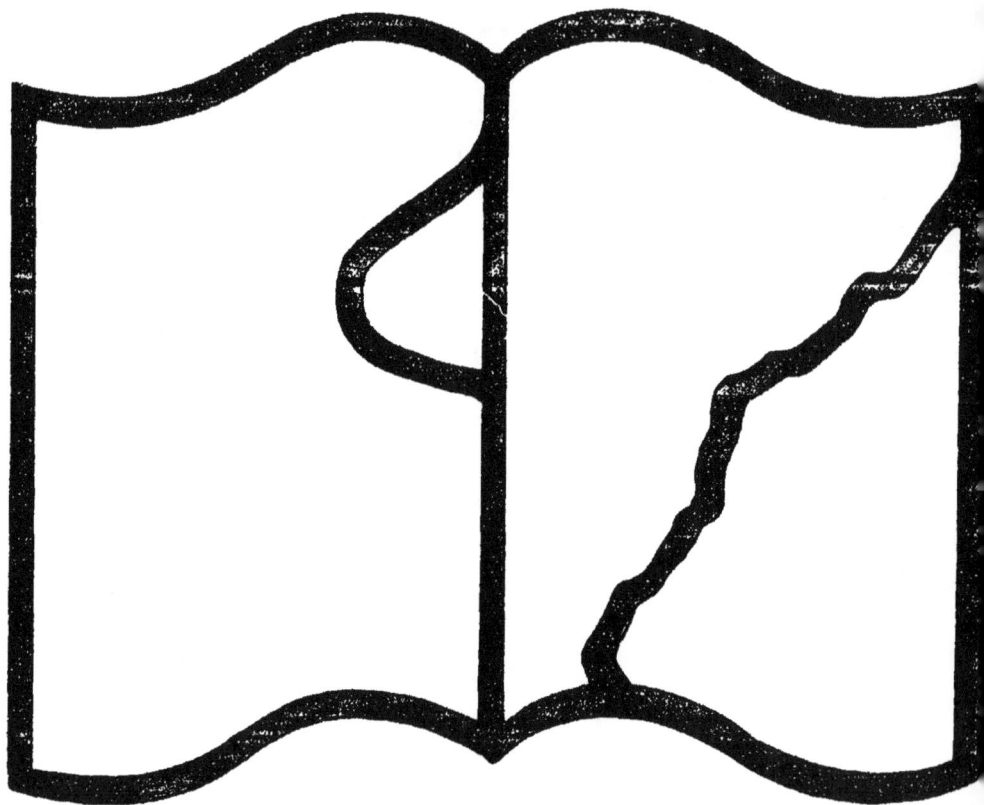

Symbole applicable
pour tout, ou partie
des documents microfilmés

Texte détérioré — reliure défectueuse

NF Z 43-120-11

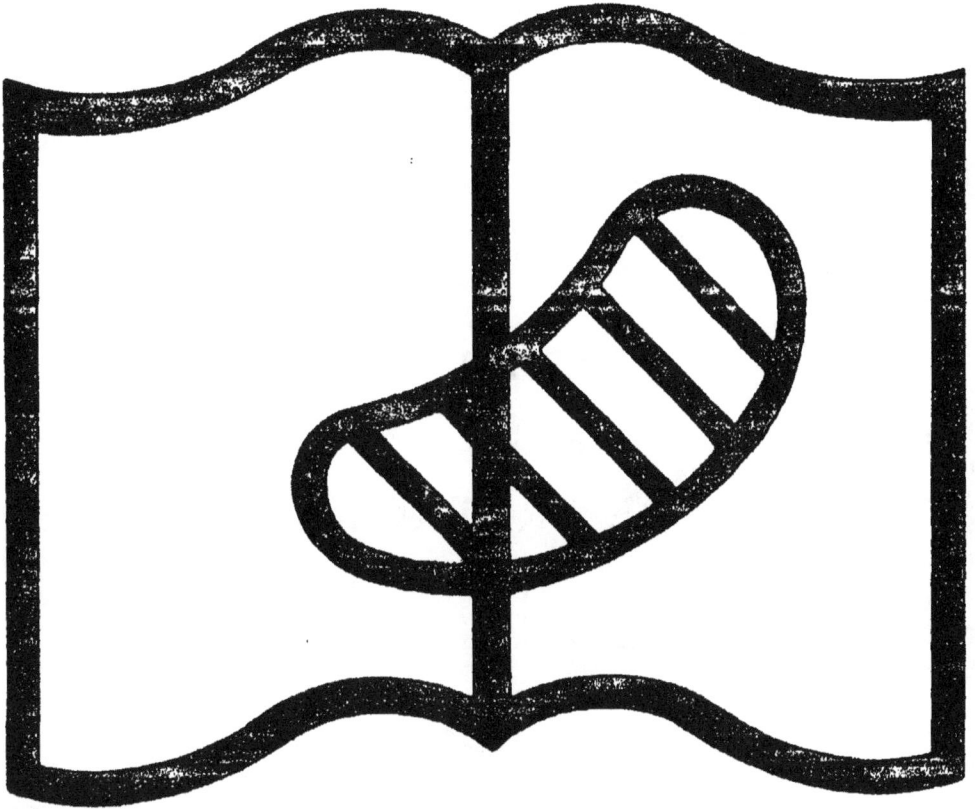

Symbole applicable
pour tout, ou partie
des documents microfilmés

Original illisible

NF Z 43-120-10

ARCHIVES

DE BRETAGNE

Le tome II des ARCHIVES DE BRETAGNE *(Complot Breton de 1492. — Documents inédits)* a été tiré à 35o exemplaires in-4° vergé, pour les membres de la *Société des Bibliophiles Bretons*, et à 15o exemplaires in-4° mécanique, pour être mis en vente.

N° 47

ARCHIVES
DE BRETAGNE

RECUEIL D'ACTES, DE CHRONIQUES

ET DE DOCUMENTS HISTORIQUES RARES OU INÉDITS

PUBLIÉ

PAR

LA SOCIÉTÉ DES BIBLIOPHILES BRETONS

ET DE L'HISTOIRE DE BRETAGNE

TOME II

COMPLOT BRETON DE M.CCCC.XCII

DOCUMENTS INÉDITS

NANTES

SOCIÉTÉ DES BIBLIOPHILES BRETONS

ET DE L'HISTOIRE DE BRETAGNE

M. DCCC. LXXXIV

LE

COMPLOT BRETON

DE M. CCCC. XCII

DOCUMENTS INÉDITS

PUBLIÉS AVEC NOTES ET INTRODUCTION

PAR

ARTHUR DE LA BORDERIE

CORRESPONDANT DE L'INSTITUT

INTRODUCTION

ᴇꜱ documents publiés dans le présent volume ne sont pas seulement inédits; ils concernent un événement curieux de l'histoire de Bretagne dont nul chroniqueur, nul historien n'a parlé; à peine, dans l'immense recueil des Preuves des Bénédictins, une allusion obscure en quelques lignes, à laquelle aucun auteur ne s'est arrêté. Ce que nous offrons ici aux amis de notre histoire, c'est donc tout à fait du fruit nouveau. Avec cela, une partie de ces documents bretons — la plus caractéristique — nous vient de l'autre bout de la France, de Besançon. Cela pique tout de suite la curiosité. Avant de la satisfaire sur ce point, nous devons (c'est l'ordre logique) esquisser l'histoire de l'événement auquel ces pièces ont trait et qu'il faut bien nommer le Complot breton, puisqu'il tendait à changer les destinées de notre province, mais dans lequel pourtant, comme nous le verrons, les vrais Bretons ne furent pour rien.

I

Le mariage de la duchesse Anne avec Charles VIII, roi de France, célébré à Langeais le 6 décembre *1491*, amena en Bretagne, dans la situation respective des partis politiques, un vrai changement à vue. Quelques semaines plus tôt (*15 novembre 1491*), quand on signait le traité de Rennes donnant à la duchesse, avec un apanage pécuniaire, la liberté de se *retirer près de son époux putatif Maximilien d'Autriche ; quand on dressait devant l'Europe ce trompe-l'œil diplomatique, la Bretagne — et depuis cinq ans, hélas ! depuis le commencement de la guerre franco-bretonne — était encore profondément divisée en deux partis : le parti des envahisseurs, parti français, — le parti des patriotes, parti breton.*

Ce dernier de beaucoup le plus nombreux, l'immense majorité de la nation. Mais à ce moment tout le duché, sauf Rennes, se trouvant occupé par les troupes françaises, partout le parti français était le maître. Aux Franco-Bretons, le haut du pavé, l'œil fier, le verbe insolent, toutes les bonnes places. Aux patriotes, rasant les murailles, les affronts, les misères, les vexations, toujours libéralement prodiguées aux majorités trahies par les minorités déloyales.

Anne de Bretagne devenant reine de France retourna la situation en un instant.

Anne n'entra point en vaincue dans la couche royale ; elle monta sur le trône en triomphante. Trop heureux d'être délivré de l'onéreuse guerre de Bretagne et de posséder ce beau duché, le roi donna le premier les mains à ce triomphe, conquis lui-même par la grâce, la beauté, l'esprit supérieur de la jeune reine, dont un regard mit en déroute toute l'influence politique de Madame de Beaujeu. Ame grande et haute, cœur viril, généreux et résolu, Anne n'avait accepté la couronne qu'en stipulant pour ses amis et son parti, pour tous les Bretons fidèles qui l'avaient soutenue de leurs bras, de leur sang, de leur fortune. Avec elle ils avaient été à la peine, avec elle ils devaient être à l'honneur. Elle le voulut, elle l'obtint. Le jour où elle mit le pied dans la demeure royale, tous les Bretons fidèles ses amis, hier les ennemis de la France, entrèrent dans la grâce du roi ; ses adversaires, les Franco-Bretons, avec la honte de leurs perfidies dont on n'avait plus besoin, rentrèrent dans l'ombre. Juste loyer des traîtres.

Ce changement éclata par des actes solennels d'une signification claire comme le jour. En octobre 1491, le roi avait nommé pour son lieutenant-général en Bretagne, avec les pouvoirs de gouverneur, Jean II, vicomte de Rohan, qui de tous les Bretons peut-être s'était, depuis 1487, montré l'ennemi le plus acharné de la Bretagne, l'ami le plus servile de la France. Le lendemain des noces de Langeais, il fut remplacé par Jean de Chalon, prince d'Orange, le serviteur le plus fidèle, le plus dévoué, par toute fortune, du duc François II et de la duchesse Anne. Pour gouverner le duché, le roi lui adjoignit l'un des plus zélés, des plus désintéressés, des plus habiles patriotes bretons, Philippe de Montauban, qu'il confirma dans son poste de chancelier de Bretagne, devenu alors bien plus important que par le passé. Car désormais le chancelier devait, par délégation, exercer dans cette province le pouvoir du roi, conjointement avec le gouverneur ou le lieutenant-général chargé du gouvernement : celui-ci dans l'ordre militaire, celui-là dans l'ordre civil. Le pouvoir souverain étant aux mains de ces deux personnages, ce fut aux Franco-Bretons de raser les murailles, aux patriotes de prendre le haut du pavé.

Cette division en deux partis opposés subsistait encore. Elle aurait dû s'effacer comme ayant perdu toute raison d'être, du moment où la duchesse de Bretagne devenait reine de France. En théorie, soit ; mais en pratique, le souvenir des luttes récentes, les dissensions, les haines personnelles ne pouvaient disparaître en un instant. Les mauvais Bretons — par ambition traîtres à leur patrie, — qui s'étaient crus, grâce au triomphe de la France, maîtres de la Bretagne à tout jamais pour l'exploiter à leur gré, à leur profit, se voyant bridés, écartés, déçus, avaient le cœur outré de dépit.

Car c'était bien là le caractère de l'événement, le résultat immédiat, tangible, évident, qui frappait tous les yeux : le mariage d'Anne privait le vieux duché de son indépendance politique, mais il rendait la Bretagne aux Bretons, il l'affranchissait du joug des traîtres qui l'avaient vendue, et ce que l'on ressentait surtout, avec le bienfait de la paix et de la sécurité rétablie, c'était la joie de cette délivrance. Aussi, tout étrange que le fait nous semble, le mariage d'Anne fut célébré comme un triomphe par tous les patriotes bretons, par les plus fidèles et les plus fermes champions de la cause bretonne. S'il se trouva çà et là quelques opiniâtres, comme dit d'Argentré [1], pour déplorer la substitution de l'écusson mi-parti [2] à la bannière d'hermines pleine, ces exceptions rarissimes furent noyées dans la joie unanime du parti de la duchesse, c'est-à-dire des neuf dixièmes des Bretons, qui se voyant délivrés d'une guerre cruelle, leur princesse bien-aimée sur le trône, ses ennemis humiliés, ses amis (dont ils étaient) en faveur, ne savaient comment exprimer leur allégresse. « Quand « les Anglois sauront le mariage de notre princesse, écrivait l'un d'eux, grant amertume « leur sera au cueur, et grâces à Dieu qui ne l'a point oubliée, quelque défault que princes « et hommes lui aient fait [3] ! »

Rennes, de toutes les villes bretonnes durant cette guerre la plus résolue, la plus dévoute à la cause de la Bretagne, qui avait accueilli, couronné avec enthousiasme la duchesse Anne, servi depuis trois ans de résidence à cette princesse, et qui, pour la défendre, n'avait reculé devant aucun effort, aucune souffrance, aucun sacrifice, quand elle apprit le mariage

1. D'Argentré applique cette expression aux Bretons qui, dans les États de Vannes de 1532, combattaient l'union définitive de la Bretagne à la France.
2. Mi-parti de France et de Bretagne.
3. Pièce n° V, ci-dessous p. 8.

de Langeais, Rennes éclata en fêtes: feux de joie sur toutes les places, fleuves de vin à chaque carrefour, processions solennelles et populaires, danses aux flambeaux par toute la ville, bannières, musique, tambourins, longs cris de la foule [1], un vrai délire. Même sentiment sous formes diverses éclata partout.

Devant cette joie, qu'ils n'osaient pas contredire, les Bretons-Français sentaient redoubler leurs alarmes. En nombre ils étaient peu, mais plusieurs avaient de grandes fortunes, de hautes situations féodales, des ambitions insatiables ; beaucoup devaient à leur trahison des commandements importants, des postes de confiance, des places lucratives: faudrait-il lâcher tout cela? Depuis la disgrâce de Rohan tous se sentaient menacés. Rapprochés, unis par une même crainte, bientôt ils formèrent, en face de l'allégresse générale, le camp des mécontents. Camp agité de sourdes colères, ensuite de pensées de vengeance. Par ambition ils avaient vendu la Bretagne à la France; la trahison étant mal payée, on la reprendrait à la France et on la revendrait à l'Angleterre? Rien de plus logique. De cette logique naquit le Complot breton.

II

Quel en fut l'instigateur? On l'ignore. Celui qui paraît, qui noue cette intrigue, est si petit compagnon, qu'on a lieu de voir en lui un instrument manié par un bras qui se cache. Possible cependant — mais peu probable — que cet artiste en trames malsaines, esprit très adroit et très délié, se soit plu, de son propre chef, à emmêler les fils de cet écheveau pour voir ce qui en sortirait, par amour de l'art et pour s'exercer la main. En tout cas, comme on ne voit que lui à la source de cette entreprise, on ne peut nommer que lui.

Il s'appelait Pierre Le Pennec, et il habitait le pays de Morlaix. Son frère ou son père, Michel Le Pennec, avait été en 1480 maître d'hôtel de Marguerite de Foix, duchesse de Bretagne, seconde femme de François II, et en 1485 exécuteur du testament de cette princesse [2]. Lui Pierre était conseiller et maître des requêtes du duc à l'extraordinaire; il figure avec cette qualité dans le Compte du béguin du duc François II, où il est honorablement placé entre l'abbé de Saint-Mahé et Alain Bouchart (ci-dessous, p. 86). Le 10 juin 1488, le duc lui avait donné les biens confisqués, pour cause de trahison, sur Tristan

---

1. Voir les pièces L et LI, ci-dessous p. 118 et 121.
2. D. Morice, *Preuves de l'histoire de Bretagne*, III, col. 387 et 485.

de Guerguézengor [1]. *En septembre de la même année, après la mort du duc, la duchesse Anne l'envoya aux bourgeois de Guingamp « pour les advertir d'estre tousjours bons et « loyaulx envers elle, » comme ils avaient été envers son père; il leur portait aussi une longue lettre du tuteur de la duchesse, le maréchal de Rieux* [2]. *Au commencement de 1489, quand ce tuteur infidèle se rebella contre sa pupille, Pierre Le Pennec s'attacha au parti de Rieux, qui lui donna la ferme des fouages dans les évêchés de Tréguer et de Léon, où il ne semble pas avoir fait fortune* [3]. *Mieux en point, et non moins affectionné au maréchal, Michel Le Pennec prêtait des fonds à ce seigneur dans les nécessités de la guerre ou de la politique* [4]. *Notons l'attachement de cette famille au parti de Rieux, qui indique une affection très médiocre pour la maison ducale, surtout pour la duchesse Anne, et semble à tout le moins une semence d'opposition frondeuse, sinon de félonie et de rebellion.*

Après la réconciliation de Rieux et d'Anne de Bretagne (1490), notre Peunec (Pierre) fut attaché (probablement en 1491) à quelqu'une des nombreuses ambassades envoyées par cette princesse en Angleterre, et il noua là d'amples liaisons avec des hommes de tout rang, de toute condition. Depuis Wylloughby, seigneur de Brooke, grand milord ou grand-maître d'Angleterre [5], *chef expérimenté sur terre et sur mer, qui en 1489 commandait l'armée anglaise envoyée au secours de la Bretagne* [6]; *— depuis Wylloughby jusqu'à Champagne, valet de chambre du roi, en passant par le barbier, le fauconnier « et tous autres bons compagnons* [7], *» sans oublier l'utile Jean Simon, négociant d'Exeter, dont les lettres sont un modèle du charabia anglo-français encore parlé sur nos petits théâtres* [8], *Pennec, en parfait agent diplomatique, ne dédaignait personne et savait se faire des amis partout. Comme diplomate on l'appelait M. le Commissaire; d'autres fois on l'intitulait M. l'Aumônier, car il était aussi un peu d'église, c'est-à-dire détenteur d'un bénéfice; mais prêtre, rien ne le prouve.*

Après le mariage de la duchesse Anne, Pennec fut dès le premier jour dans le

1. D. Morice, *Preuves*, III, 582.
2. *Ibid.*, 611.
3. *Ibid.*, 657, 660, et pièce n° XLV, ci-dessous, p. 67.
4. *Ibid.*, 673.
5. C'est-à-dire grand-maître d'hôtel, grand-maître de l'hôtel du roi, en latin, *Hospitii regis Senescallus*; voir Rymer, éd. 1741, t. V, 4ᵉ partie, p. 35, 163, etc. *Sénéchal*, en France, a un autre sens.
6. Voir ci-dessous, les pièces n° I, VII, XXI.
7. Voir ci-dessous, pièces n° II, XXII, XXIV.
8. Voir ci-dessous, pièce X.

camp des mécontents. Quelle main, quelle circonstance l'y poussa si tôt, si résolûment?
Nous l'ignorons. On soupçonnerait volontiers son ancien patron, le maréchal de Rieux.
On aurait tort : dans la correspondance de Le Pennec relative au complot de 1492, nulle
trace de relations entre lui et le maréchal, dont le caractère devait répugner à une in-
trigue de ce genre.

Dès avant le 26 décembre 1491, Pennec avait fait connaître en Angleterre son anti-
pathie pour le nouveau régime politique installé en Bretagne, et même offert ses services
pour le combattre; car, à cette date, J. de Champagne, valet de chambre du roi d'Angle-
terre, lui écrivait : « Soyez sûr que le roy vous a en singulière recommandation et se loue
« fort de vous, de ce que continuez ainsi [à être] bon et vrai Breton. Si la fortune se donnoit
« que ne pussiez y continuer par delà (en Bretagne), vous pouvez être sûr qu'il vous entre-
« tiendra bien si voulez venir par deçà (en Angleterre). Toutefoix il me semble que luy
« faites et ferez meilleur service par deçà que par delà pour le présent. » (Ci-dessous
nᵒ II.)

Un mois plus tard, Pennec a déjà écrit trois fois au roi d'Angleterre et des lettres si
importantes que, le 25 janvier 1492, le roi daigne lui répondre en personne et lui dire
entre autres choses :

« Très cher et bien amé, nous vous mercions de la peine et travail que prenez pour nous
faire service, mêmement de ce que ainsi souvent nous faites savoir des nouvelles de par delà,
en quoi nous faites plaisir et service très-agréable... Touchant le capitaine, que vous dites que
l'on veut ôter de la garde d'une place, lequel est bien votre espécial amy, désirant savoir si
nostre plaisir est que l'entretenez, nous vous prions que mettez peine de toujours l'entretenir.
Et soyez sûr que reconnoîtrons envers lui le plaisir et service que nous fera. » (*Ci-dessous*
nᵒ VI.)

Là gît le point initial et principal du complot. La place en question est Brest, il s'agit
de la faire passer sans coup férir aux mains des Anglais. L'opinion publique en Angleterre,
humiliée, indignée, furieuse du succès si complet de la politique française en Bretagne,
voulait une vengeance éclatante, une descente en France qui renouvelât Créci, Azincourt,
ou tout au moins arrachât à Charles VIII le duché breton. Le roi Henri VII, moins échauffé
que ses sujets, n'ayant cependant ni le moyen ni peut-être le désir de rompre ce torrent,
regardait comme une nécessité prochaine, inéluctable, une descente en France. Dans cette
situation, quelle chance pour lui d'entrer dans Brest sans combat, d'en pouvoir faire à tout
le moins un nouveau Calais! De là toutes ses caresses à Le Pennec.

III

Celui-ci avait son plan. Le capitaine qui commandait à Brest pour le roi était un Poitevin, Guillaume Carrel ou Carreau, seigneur de Chiré et de Courgé, malgré son âge vaillant routier de guerre, qui avait eu ce commandement dès 1489, sitôt après la prise de cette place par les Français, et qui avait su la défendre pendant de longs mois contre les attaques combinées du maréchal de Rieux et des Anglais[1]. Pennec, assez voisin de Brest, ayant eu occasion de connaître ce vieux brave, s'était adroitement, mielleusement, insinué dans sa confiance. Il le flattait, il le câlinait, il l'appelait Mon bon père, *s'intitulait lui-même* Le tout vôtre et plus que fils ! *Carreau ne jurait plus que par lui. Il se plaisait fort à Brest, bonne place, commandement important, auquel il joignait une compagnie d'ordonnance du roi. Brest à ses yeux était — comme on dirait aujourd'hui — son bâton de maréchal. Venu là au bout du monde, et bientôt au bout de la vie, il désirait rester là à vivre et mourir.*

Pennec, qui savait son faible, le prit par là et se mit à l'inquiéter sur la conservation de son commandement, dénigrant l'ingratitude du roi de France, vantant la générosité du roi d'Angleterre. Ce premier travail allait bien ; pour pousser plus loin, il était indispensable de savoir avec précision quelle serait, dans la circonstance, vis-à-vis de Carreau, la mesure de cette générosité.

Le roi d'Angleterre, interrogé à ce sujet avec le respect convenable, répondit le 25 février 1492, par une lettre signée de lui (ci-dessous n° XII), accompagnée d'articles ou instructions détaillées, en date du 27 février (n° XIII), où, entre autres choses, on lit :

« Il semble au roy ladite matière être fort bonne entreprise, et est content de donner les 5oo livres de rente par heritage, et outre bailler à l'*homme* (c'est-à-dire à Carreau) récompense d'autant vaillant que vaut le *bénéfice* (c'est-à-dire, le commandement) qu'il possède, ... et lui baillera toute telle et pareille charge qu'il avoit au temps que premier parlâtes de ladite matière. Et d'abondant, lui donnera 5,ooo escuz d'or comptant, et est bien délibéré davantage de

---

1. Voir D. Morice, *Pr.*, III, 644 à 646 et 699-700, et ci-dessous n° XV, note 1. Le capitaine de Brest signait *Carrel*, mais ses contemporains le nomment presque toujours *Carreau*.

l'entretenir mieux que jamais ne fut ; de ce le pouvez assurer que nulle faute ne s'y trouvera. »
(*Ci-dessous p. 18.*)

Le Pennec, d'ailleurs, se tenant déjà assuré de Carreau, méditait d'autres conquêtes :

« Vous désirez (*continuent les instructions*) savoir le plaisir du roy, s'il veut que mettez peine de gagner et recouvrer à son service le *mouchet, le grand homme* [1], et autres. Il est d'avis que en tout ce n'y aura que tout bien si osez prendre l'aventure de leur en parler et si vous semble le pouvoir faire sans danger de votre personne.

« En ce que sont les gentilshommes de par delà et archers, etc., qui désirent vous suivre, il lui semble que ce sera très-bien fait que les entretenez de toutes bonnes paroles confortables, afin qu'ils puissent toujours demeurer bons Bretons. Car il a bien espérance que le temps viendra bien brief que *celui de Bretagne à qui le droit du pays appartient*, par le moyen de ses vrais amis et bons parents, le recouvrera, et ceux qui se sont montrés et déclarés vrais et loyaux Bretons seront relevés et mis hors de la captivité des François, et a intention davantage de les faire remunérer particulièrement chacun selon qu'il aura connoissance de sa bonne loyauté et qu'ils auront desservi. » (*Ci-dessous p. 19.*)

Fort de cette réponse, Pennec entreprend le siège en règle de Carreau. Le 9 mars, d'après des rapports venus de la cour de France, il l'avertit de ce qu'on trame contre lui dans cette cour, qui est de le « désappointer (révoquer) et envoyer un autre plus sûr et plus « féable (fidèle) au roy pour garder Brest. Vous avez bien servi, ajoute-t-il, tous gens de « bien sont d'opinion que ne devez point aller vers le roy pour mandement qu'il vous fasse... « Votre bien et honneur, ou votre mal et déshonneur, est entre vos mains ; vous avez de quoi « vous aider... Je vous ai montré certification de ce que je pouvois faire pour vous : si « vous y voulez entendre, envoyez-moi un homme sûr. » (N° XV, ci-dessous p. 22.)

Ce langage fut entendu ; quatre jours après (13 mars 1492), Pennec récrit à Carreau :

« J'ai reçu vos lettres par le présent porteur, auquel ai communiqué bien au long de toutes choses. Par lui je vous envoie la certification que j'ai de vous entretenir [2] et autres lettres, lesquelles veuillez garder si secrètement que autre n'en ait connoissance... Mon capitaine, ne vous laissez point surprendre, faites bon guet et bonne porte, et à l'aide de Notre Seigneur je vous mettrai en bonne sûreté de brief et en plus de biens et d'honneurs que n'eûtes jamais, sans comparaison. » (N° XVI, ci-dessous p. 24.)

Il termine en lui indiquant des psaumes et des oraisons à dire pour obtenir en cette

1. Noms de convention désignant divers seigneurs bretons.
2. L'autorisation de traiter avec Carreau au nom du roi d'Angleterre.

circonstance la protection du ciel : « Je vous prie que vous recommandez à Dieu de bon
« cœur et l'appellez à juge de l'injure et outrage que l'on vous procure à tort ! » (Ibid.)

IV

Carreau était conquis. Pour l'achever, Pennec lui adressa peu après (le 26 mars 1492)
une longue lettre contenant les nouvelles de France et de cour qui venaient de lui être
apportées par un personnage notable, Maurice du Mené (ci-dessous n° XVII.) Ce n'était
rien moins que le triomphe complet du parti de la reine, la disgrâce de tous ceux qui avant
son royal hymen s'étaient faits, pour servir la France, ses adversaires. Pendant que
Montauban et Orange venaient trôner en Bretagne, Rohan était dépouillé de sa lieute-
nance, Rieux privé de tout emploi ; on cassait les compagnies d'ordonnance du comte de
Laval, du baron d'Avaugour, du comte de Quintin (frère de Rohan), du sire de Monta-
filant (gendre de Rieux), qui tous avaient plus ou moins, dans la guerre de Bretagne, pris
parti contre la duchesse. Aussi le mécontentement grossissait de toutes parts : Rohan avait
énergiquement exprimé le sien en face du roi, Rieux venait bouder en Bretagne. Le maréchal
de Gié, cousin de Rohan, dans son château du Verger, en Anjou, tenait des conciliabules ;
Maurice du Mené y avait appris de tristes nouvelles pour la France. Les ambassadeurs
envoyés par Charles VIII vers le roi d'Angleterre avaient été enlevés au passage par la
garnison flamande de Saint-Omer, et en même temps le comte d'Oxford venait de débarquer
à Calais dix mille Anglais, avant-garde de l'armée destinée à envahir la France[1]*.*

Les affaires du roi allaient donc fort mal, selon Maurice du Mené. Mais avant de pour-
suivre, quelques mots sur celui-ci deviennent nécessaires.

Comme Carreau, c'était un vieux routier de guerre, sorti d'un rameau de la famille
Charuel illustrée par le combat des Trente. La terre du Mené, dont cette branche avait pris
le nom, est en Cornouaille, dans la paroisse de Plourach. Maurice avait d'abord servi le roi
Louis XI dans une compagnie d'ordonnance commandée par le second Tangui du Chastel.
A la mort de celui-ci, en 1477, il lui avait succédé dans le commandement de ces 100
lances[2]*. Mais à la mort de Louis XI ou peu après, il quitta le service de la France et revint*
en Bretagne. En 1486 (le 23 décembre), il fut nommé capitaine de la garde du duc[3]* ; sous*

1. Ce bruit était faux.
2. D. Morice, *Preuves*, III, col. 325-326, cf. col. 298-99, 350, 351, 353.
3. *Ibid.*, col. 359, cf. col. 555-56, 563, 571, 574.

*la duchesse Anne il conserva ce poste et reçut le titre de chambellan. En dépit de ces faveurs,
c'était un sujet fort volontaire, d'une bravoure à toute épreuve, mais d'une fidélité moins
certaine. En 1487, lors de la première invasion française, quoique attaché au duc, il amena
par des plaintes inconsidérées la dispersion de l'armée bretonne[1]. Anne de Bretagne pour se
l'attacher le fit son chambellan ; néanmoins, dans la rébellion de Rieux contre cette princesse, il louvoya entre les deux partis, caressé par l'un et l'autre, mais avec une préférence
marquée pour Rieux[2]. Après l'entrée des Français à Nantes (20 mars 1491), il déserta
piteusement la cause de la Bretagne, perdant du coup le commandement de la garde ducale,
sauvant la capitainerie de Morlaix qu'il avait depuis 1488[3]. Cette fois, il était menacé de la
perdre, la reine-duchesse la voulait donner à un gentilhomme de sa garde, Hector de
Mériadec, dont le dévouement breton n'avait jamais eu d'éclipse. Mais Maurice était bien
résolu à se défendre énergiquement, et Le Pennec disait à Carreau :*

« Messire Morice est delibéré de garder sa place et de ne la rendre pour mandement que le
roy en donne ; ainsi l'a dit à l'amiral et au roy ; plus m'a dit que si Meriadec le surprenoit
dans sadicte place, avec ses amis il le chasseroit dehors. Il désire estre ami de l'homme duquel
je vous envoie les lettres avec les miennes par La Mothe. Ainsi sont plusieurs, qui m'ont prié
à merveilles de besongner pour eux. » (*Ci-dessous, n° XVII, p. 25.*)

*La parité de situation entre Maurice du Mené et Carreau devait singulièrement confir-
mer celui-ci dans ses résolutions. Parité qui se poursuivait jusqu'au bout, car « l'homme
duquel Maurice désire être l'ami » n'est autre qu'Henri VII, avec qui Carreau traitait
par l'intermédiaire de Le Pennec.*

*Celui-ci, en affirmant que plusieurs personnages l'avaient prié de besongner pour
eux auprès du roi d'Angleterre, ne mentait pas. Aussi en écrivant à ce prince, le 27 mars
1492 (ci-dessous n° XVIII), non seulement il peut lui dire « d'envoyer prendre le logis, »
c'est-à-dire occuper la place de Brest quand il voudra, et le plus tôt sera le mieux ; il lui
présente en outre deux recrues opimes, d'abord Maurice du Mené, « chevalier preux,
« hardi et sage, et bien mon grand ami (dit Pennec). Je crois, sire, qu'il est de votre part,
« pour tant que je n'ay parlé à personne de vous servir que je ne le trouve aussi délibéré
« qu'homme pourroit estre. » (Ci-dessous p. 28.)*

*L'autre recrue avait encore plus d'importance. C'était Louis de Rohan, sire de Rainefort,
amiral de Bretagne, fils et héritier présomptif de Louis II de Rohan, sire de Guémené. La*

---

1. V. d'Argentré, *Hist. de Bretagne*, 3e édit., liv. XIII, chap. 36 ; et D. Morice, *Hist. de Bret.*, II, p. 67.
2. V. D. Morice, *Preuves*, III, col. 656 et 638, 639.
3. *Ibid.*, col. 580, cf. col. 581.

branche de Rohan-Guémené n'avait pas suivi la branche aînée dans la trahison anti-bretonne où le chef de cette dernière, Jean II, vicomte de Rohan, s'était vautré à plein corps. Aussi, en 1489, quand Jean du Quelenec, vicomte du Faou et amiral de Bretagne, imitant cette trahison, passa au parti français, la duchesse Anne donna l'office d'amiral au fils du sire de Guémené [1]. Rainefort depuis lors n'avait guère fait parler de lui: personnage effacé, important toutefois par sa naissance, son rang, son grand héritage. Pour s'engager dans le complot de Pennec il n'avait point l'excuse de plusieurs autres, qu'on voulait priver de leurs charges. Personne ne lui disputait son amirauté. Mais Rainefort, paraît-il, était mangeur, il avait besoin d'argent ; Pennec, en son langage pittoresque, écrivait à Henri VII « qu'il a besoin d'aide pour réparer ses navires » (ci-dessous, p. 31) ; en lui donnant de l'aide — lisez : de l'argent, — le roi en fera ce qu'il voudra : « Si vous plaît lui commander s'en aller « devers vous, il le fera et il mènera plusieurs gens de bien et ses navires prêts, ou vous ser- « vira par deçà, ainsi que l'aviserez » (p. 28). Quant à Rainefort, il est sans malice, il écrit « à Pennec: Je suis toujours délibéré de suivre votre intention, ainsi que, dernièrement que « parlâmes ensemble, je vous le dis. Et me deplaist que je ne puis trouver quelque argent pour « emploier à mes affaires » (ci-dessous, p. 31). Et il autorise Pennec à transmettre cette lettre à Henri VII.

Cette intrigue, on le voit, semblait déjà fort sérieuse. Si les Anglais étaient à ce moment descendus en Bretagne, ils eussent été reçus dans deux bonnes places, Morlaix et Brest, celle-ci presque imprenable, et pour s'avancer de là dans le pays ils auraient eu des intelli- gences toutes prêtes. Aussi Pennec écrivait-il, le 30 mars, à l'un de ses correspondants en Angleterre: « Si j'avois quelque argent, j'eusse déjà assez bandé (c'est-à-dire, réuni une « bande d'adhérents assez nombreuse) pour embesoigner moi seul dix mille Francs des meil- « leurs de France en Bretagne, s'ils ne la vouloient perdre » (ci-dessous n° XX, p. 34).

V

Henri VII aux dernières dépêches de Pennec dont on vient de parler, et à d'autres qui ne nous sont pas parvenues, répondit, le 5 avril 1492, par une longue lettre contenant une déclaration fort importante, qui dut servir de règle et de boussole aux fauteurs

---

1. Voir d'Argentré, *Hist. de Bret.*, liv. XIII, 53 ; et D. Morice, *Hist. de Bret.*, t. II, p. 196-197.

du complot. Il y annonce son intention formelle de faire avec son armée une descente en France vers le 8 juin prochain. Pressé par Pennec d'occuper de suite la place de Brest, le roi se dit prêt à le faire s'il y a urgence, mais il préférerait attendre jusqu'à la date ci-dessus indiquée, car, dit-il, « si à présent elle estoit entre nos mains, malaisément pour- « *rions pourvoir à la garde d'icelle, qu'elle ne fût reprise de nos ennemis avant nostre* « *passage de la mer, que entendons faire, à l'aide de Dieu, environ le 8° jour de juin prochain* » *(ci-dessous, n° XXV, p. 39). En deux mois une garnison anglaise, jetée dans Brest sans aucun soutien au dehors, eût très bien pu se voir forcée par blocus de rendre la place : préface désastreuse pour l'expédition qu'on méditait. Force fut de se rendre à cette bonne raison et de modifier, par suite de ce retard, le système de propagande du complot.*

Pennec, voyant un mécontentement fort aigre, issu d'ambitions déçues, troubler un grand nombre de têtes dans la haute aristocratie bretonne, jugeait le moment très favorable et voulait brusquer les choses. Il avait pressé le roi d'Angleterre d'écrire à ces mécontents, convaincu que, sur une telle démarche venant d'un tel prince, ils s'engageraient de suite à fond dans le complot. L'action militaire étant ajournée à deux mois, le travail de propagande devait, non s'interrompre, mais procéder avec plus de circonspection. Aussi, sur ces ouvertures, le roi répondait :

« Nous laissons d'envoier les lettres que désirez être écrites à plusieurs personnages de par delà, doutant [1] que nos entreprises seroient divulguées, qui peut être seroit cause de trop grand inconvénient, et espécialement à votre personne et à ceux qui ont bon vouloir à nous. Mais vous les pouvez assurer et acertener [2] de par nous et leur donner bonne et sûre espérance que, à l'aide de Dieu, en brief temps, nous remettrons le pays et peuple de Bretagne en sa liberté et franchise et hors de la captivité des François, et qu'ils vivront en l'avenir *sous prince de leur nation*, quel ils auront bien agréable. » (*Ci-dessous, p. 41*).

Si Henri VII se refusait à des actes qui par leur généralité eussent éventé le complot, il se prêtait volontiers aux démarches particulières faites à bon escient. Dans cette lettre il remercie Le Pennec des bonnes nouvelles transmises par lui sur les négociations nouées avec certain personnage que l'on ne nomme pas, « saige, vertueux, constant en tous affaires que « *manie,* » *à qui le roi d'Angleterre faisait offrir 2.000 écus de pension et qui avait, selon Pennec, « grant vouloir au service » du prince anglais. Nous savons, par un autre document, qu'il s'agissait d'Olivier de Coëtmen, ancien gouverneur d'Auxerre, capitaine fort distingué; nous le retrouverons plus loin.*

1. Craignant.
2. Rendre certains.

Quant à ce prince de leur nation que, dans sa lettre ci-dessus, Henri VII promettait aux Bretons, c'est le même dont il disait, comme on l'a vu, dans les articles *du 27 février:* « *Le temps viendra bien brief que* celui de Bretagne, à qui appartient le droit du pays, le « recouvrera » (*n° XIII, p. 19*). *Cette désignation si claire montre au doigt le personnage; un seul seigneur en Bretagne pouvait, avec un semblant de droit, élever des prétentions au trône ducal, un seul en avait élevé : Jean II, vicomte de Rohan, du chef de sa femme Marie de Bretagne, seconde fille du duc breton François Ier. L'insistance avec laquelle le roi d'Angleterre se plaît à proclamer le droit de ce prétendant, la bienveillance, la confiance qu'il lui témoigne, montrent bien que Rohan était en plein dans cette intrigue; nous en verrons d'autres preuves tout à l'heure.*

Le Pennec et ses amis, entre autres Carreau et l'un des gens d'armes de sa compagnie, Guillaume Pierre dit La Mothe, qui était son homme de confiance, mirent à profit le retard de l'expédition anglaise pour développer de plus en plus la propagande du complot anti-français. Parfois ils réussissaient, parfois ils avaient de rudes alertes. Ainsi, vers le 9 avril, Pennec se trouvant à Vannes rencontre un archer de la compagnie d'ordonnance de Carreau, qui revenait de Saintonge son pays natal et regagnait la place de Brest. Pennec lui donne des lettres pour son bon père (Carreau), l'archer promet de les porter en diligence. Mais les ports du littoral breton regorgeaient habituellement de vin de Gascogne bon et à bon marché; l'archer en prit tant que, huit jours après, de lui à Brest point de nouvelles non plus que des lettres, qui étaient fort compromettantes. Pennec l'apprend et ne doute pas que l'archer ne soit allé les vendre au roi de France ou à ses représentants en Bretagne; il se voit perdu, pendu, boucle en hâte son sac pour passer en Angleterre, prend toutefois le temps d'écrire à La Mothe, lui donnant le signalement de l'archer, le pressant de rechercher où il est passé et ce que sont devenues les lettres :

« Si m'avoit trompé dit-il, je serois perdu; aussi seroit mon père (Carreau), sinon que par ce voiage (d'Angleterre) je le sauvasse et moi avec. Je ne serai à mon aise heure ne demie tant que ne m'ayez fait savoir la certaineté de ce, et me tiendrai cependant au bois. Si m'avoit trompé, ne me fault plus arrester par deçà heure ne demie. Il aura demain huit jours que ledit archer est parti : il a eu temps de faire long voiage et de faire venir des gens ! » (*Ci-dessous, n° XXVII, lettre du 16 avril 1492*).

Cette panique naïve, et d'une exagération comique, était vaine. L'archer se retrouva ainsi que les lettres. Quinze jours après (le 2 mai), une autre missive de Pennec nous le montre tout à fait remis de cette chaude alarme, et arrangeant tranquillement avec Carreau le plan d'un voyage de propagande dans l'intérêt du roi d'Angleterre :

« Incontinent que pourrai aller par pays (*disait-il au capitaine de Brest*), je vous irai voir jour et nuit, pour mieux accomplir le service que je désire faire au roy. Et à ce que sans nul délai je m'y puisse embesongner emprès que je serai avec vous, faites toujours tenir prêts le messager et sa monture et bien accoutrés... Je suis fort joyeux et mercie Dieu de l'apprêt que avez en point pour voyager; il ne se pourroit trouver chose si avantageuse pour le service du roy. Il ne mettra point en oubli la peine que prenez pour le servir » (*Ci-dessous n° XXVIII*).

Ainsi, en ce commencement de mai, au renouveau de 1492, ils durent partir chacun de leur côté pour pousser activement leur campagne de propagande.

VI

Nous ne savons rien, malheureusement, de leurs chevauchées. Mais nous connaissons un des exploits de leur acolyte Guillaume Pierre, plus connu sous le nom de La Mothe. Le 9 mai, jour de la S.-Nicolas d'été, étant à Morlaix, La Mothe alla trouver un petit gentilhomme de sa connaissance appelé Yvon de Coëtcongar, et lui dit qu'il désirait parler à Nicolas Coëtanlem. Celui-ci était le premier armateur du port de Morlaix, l'un des plus grands et plus riches négociants de Bretagne; possesseur d'une fortune immense, il avait des comptoirs dans presque tous les pays de l'Europe, principalement en Angleterre, en Espagne, en Portugal. On le rencontra sur le quai, où il surveillait le chargement de ses navires. La Mothe lui dit qu'il avait à lui parler « pour son grand proufit » et le pria de venir le soir souper à son logis avec Coëtcongar.

Là, tous trois étant seuls, La Mothe fit jurer à ses convives, en grande solennité, de ne point révéler ce qu'ils allaient entendre, lui-même sans être prié jura. Cela fait, il leur exposa comment le capitaine de Brest, se trouvant menacé de destitution par des intrigues de cour auxquelles il prétendait résister, « Pierre le Pennec avoit appointé avec « Carreau qu'il rendrait la place de Brest aux mains des Anglois et du sire de Rohan, » ce que Carreau était résolu de faire, moyennant qu'on lui donnerait 5.000 nobles (ou écus d'or), 500 livres de revenu et 100 lances d'ordonnance. — Coëtanlem s'étant là-dessus écrié « qu'il s'en ébahissoit et ne le pouvoit croire [1], » La Mothe avait répliqué « que le sire de « Rohan, le maréchal de Rieux, les sires d'Avaugour, de Rainefort, Olivier de Coëtmen « qu'on disoit gouverneur d'Auxerre et Morice du Mené avoient pareillement intelligence « au roy d'Angleterre, et que tous les seigneurs de Bretagne et la plupart de ceux de

[1]. Ci-dessous, n° XLV, p. 68.

« *France étoient de la ligue,* » *ajoutant que* « *le roy d'Angleterre, le roy des Romains qui*
« *est allié de toutes les Allemagnes, et le roy d'Espagne, avec plus de la moitié des seigneurs*
« *de France, sont contre le roy (Charles VIII) et n'attendent pour se déclarer que la venue*
« *des Anglois* [1]. » *Pour hâter cette venue, qui d'ailleurs ne pouvait pas tarder, La Mothe*
devait incessamment aller de Brest en Angleterre avec Le Pennec, « *en l'un des navires du*
capitaine Carreau [2]. » *De tout quoi il concluait, en se tournant vers ses convives, que*
tous deux devaient s'empresser d'entrer aussi dans cette ligue, où ils trouveraient honneur
et profit.

    Nicolas Coëtanlem et Yvon de Coëtcongar, racontant plus tard ces circonstances, sou-
tinrent avoir vertueusement résisté à ces obsessions. Les faits sembleraient prouver
le contraire, car non seulement ils ne dénoncèrent point à l'autorité royale le com-
plot révélé par La Mothe, mais ils restèrent en relations amicales avec celui-ci et avec
Le Pennec, ils se firent les instruments de l'intrigue en remettant à leur adresse des lettres
qui s'y rapportaient; ils avouèrent même n'avoir pas douté un seul instant du succès final de
l'entreprise. Dès lors, comment Coëtanlem qui avait de grands intérêts engagés en Angleterre,
qui s'était déjà trouvé en relations fréquentes avec Henri VII, ne se serait-il pas prêté aux
désirs de ce prince, en qui il voyait à bref délai le maître de la Bretagne? Aussi, quelques
jours après son souper avec La Mothe, accepta-t-il volontiers de transmettre à Olivier de
Coëtmen les propositions du roi d'Angleterre venues par l'intermédiaire de Le Pennec. Il a
lui-même raconté comme elles furent reçues, et cela est assez curieux:

    « Olivier de Coëtmen, après qu'il eut vu lesdites lettres, les montra audit Coëtanlem, et
étoient ces lettres telles ou semblables en substance : — « En ce que touche l'article de celuy à
« qui avons fait offrir les 2000 écus de pension, nous sommes joyeux de ce qu'il est délibéré
« de nous servir, pourvu qu'il nous envoie un écrit de sa main, lequel garderons secret, et lui
« ferons telle reconnoissance qu'il en sera content. » — Et lors ledit de Coëtmen dit à
Coëtanlem tels mots ou semblables : — « J'ay bien dit à Pierre Le Pennec que, après le roy
« mon souverain seigneur, il n'y a prince que j'aimasse mieux servir que luy (le roi d'Angle-
« terre), » mais qu'au regard d'escrire lettres ni brevet de sa main, il ne le feroit pour rien au
monde. » (*N° XLV, ci-dessous p. 69.*)

    La réponse de Coëtmen indique les dispositions de bien des gens à ce moment en Bretagne.
Tous les Bretons qui avaient tenu le parti français étaient indignés du système inauguré
par l'influence de la reine, tendant à les évincer de partout. Tous étaient prêts à saisir

---

1. Ci-dessous n° XLVI, p. 74, et n° XLV, p. 68.
2. N° XLVI, p. 74.

la première bonne occasion de vengeance qui se présenterait et à l'aider de tous leurs efforts, s'offrît-elle sous la forme d'une invasion anglaise. Mais, à peu d'exceptions près, aucun ne se souciait de s'engager d'avance, c'est-à-dire de se compromettre pour un résultat douteux, tous se réservant d'ailleurs d'agir énergiquement le jour où une armée anglaise leur donnerait, par sa présence, la presque certitude du succès.

En somme, ces dispositions étaient très bonnes pour une descente en Bretagne. L'armée d'invasion, occupant sans coup férir deux ports, deux excellentes places comme Brest et Morlaix, eût eu une très solide base d'opération. Appuyée par la plupart des grands seigneurs, des hautes puissances de la féodalité bretonne, elle aurait chassé immédiatement les petites garnisons françaises laissées dans l'intérieur de la Bretagne, et se serait en quelques jours rendue maîtresse de toute la province, sauf trois ou quatre places très importantes fortement occupées par les Français, comme Nantes, Rennes, Saint-Malo, Fougères. Là, la trahison, qui dans la guerre de Bretagne avait si bien aidé les Français, se serait très probablement retournée contre eux et eût livré ces places aux Anglais. En moins de deux mois, la domination française pouvait disparaître du sol breton.

Le complot de Le Pennec était détestable; il n'était ni mal conçu ni dénué de chances sérieuses.

VII

Toutes ces démarches de Pennec, de son bon père et de leurs adhérents n'avaient pu se produire sans augmenter en Bretagne l'agitation des esprits, déjà excités, ceux-ci par le mécompte de leurs ambitions, ceux-là par les souvenirs et les rancunes d'une guerre à peine close. Sur tout le littoral nord de la péninsule, une rumeur sourde, propagée évidemment par les meneurs de l'intrigue, annonçait comme très prochaine une descente des Anglais. Si certains hauts barons envisageaient cette éventualité avec complaisance, il n'en était pas de même de la bourgeoisie et de la masse de la nation, qui redoutait avant tout le retour de la guerre, des pilleries, des misères et des désastres, dont elle accablait impartialement les petites gens de tous les partis.

Vers le 20 avril 1492, les bourgeois de Guingamp avaient dénoncé le péril et réclamé du secours au chancelier de Bretagne, Philippe de Montauban, qui de Rennes leur répondait, le 23 de ce mois :

« Messieurs, j'ai receu les lettres que m'avez escrites, par lesquelles et autres avertissemens qui m'ont esté faits de par delà [1], ai entendu les grands préparatifs d'armes que les Anglois font en leur païs pour se mettre en mer. Vous me faites savoir que je deusse vous avertir de cest affaire. Vous sçavez que le défaut d'avertissement procède d'entre vous du bas pays, car vous estes plus près des ports et lieux marins de ce pays [2] que moi. Toutesfois il ne faut s'arrester à cela. Je vous ai toujours vus et connus bons sujets et loyaux du Roi et de la Roine : par quoi j'espère que vos bons vouloirs de servir ne sont point diminués. Je vous prie qu'ayez l'œil et le soin, en votre endroit et terroir, à faire assembler le peuple pour résister et empêcher la descente des Anglois, s'ils la veulent faire, et vous avisez que, de ma part, j'espère partir incontinent pour m'approcher de vous, afin de vous aider, conseiller et donner ordre à ce qui sera nécessaire de faire.

« En ce qu'est des harnois [3] et artillerie que vous demandez, j'escris au Roi et à la Roine d'y pourvoir. Mais ce pendant il est de besoin que chacun en droit soi [4] fasse provision de harnois pour comparoir en dû estat aux *monstres* qui sont assignées, comme vous sçavez, car chacun est tenu de ce faire, et si autrement en estoit, y auroit danger d'en estre blâmé et repris.

« Je vous prie de rechef que chacun se mette en devoir de bien se défendre. Et vraiment, s'il y a quelqu'un qui fasse mise [5] davantage pour le service desdits Seigneur et Dame et la sûreté du pays, je m'emploierai et pourchasserai de faire tout rembourser et satisfaire, de sorte qu'ils se devront contenter [6] de ceux Seigneur et Dame... Escrit à Rennes, ce 23e jour d'avril. Le tout vostre, PHILIPPE DE MONTAUBAN. »

Quand les représentants de l'autorité emploient ce style, c'est qu'ils croient à un danger grave et imminent. Cette lettre confirme ce que nous disions tout à l'heure : qu'à ce moment il n'existait en Bretagne, pour faire face à une invasion anglaise, aucune force sérieuse, point de troupes régulières, simplement des milices populaires improvisées, des milices féodales mal exercées, d'autant moins sûres qu'elles étaient en grande partie dans l'immédiate clientèle des hauts barons mal contents. Rien là qui pût arrêter longtemps les vieilles bandes anglaises, bien disciplinées, bien aguerries. Si donc Henri VII avait pu et voulu suivre les avis de Le Pennec et faire descendre son armée en Bretagne vers la fin

---

1. D'Angleterre.
2. C'est-à-dire, de l'Angleterre. Assertion contestable, en raison du voisinage où le chancelier se trouvait de Saint-Malo.
3. Toutes sortes d'armes, d'équipages et de provisions de guerre.
4. Chacun en ce qui le concerne.
5. Dépense.
6. Tenir contents.
7. D. Morice, *Preuves de l'hist. de Bret.*, III, col. 726-727.

c

d'avril ou les premiers jours de mai, le succès de l'expédition n'était guère douteux. — *Montauban le sentait si bien qu'il demandait des troupes à cor et à cri. Le lendemain de sa lettre aux bourgeois de Guingamp, il écrivait au roi :*

« Sire, j'ay receu lettres faisant mention du fait d'Angleterre, quelles je vous envoye par ce porteur. Tout incontinent que les ai receues, ay envoyé vers Monsr le Prince (d'Orange), qui est à Morlaix tirant vers Brest, pour l'en avertir... Toutes provisions seront au mieux que faire se pourra ; mais vous plaise, Sire, diligenter les gens de guerre que par avant ces heures vous a plu ordonner à venir par deçà, ensemble les faucons [1] que Monsr le Prince vous a fait demander. » *(Ci-dessous n° XXXIII.)*

On le voit : pas plus d'artillerie que de troupes réglées. Aussi, au lieu d'aller à Guingamp où il ne pouvait porter aucun secours, Montauban descendit vers le sud. Sa lettre que nous venons de citer, datée du 24 avril 1492, est écrite à Malestroit. Il voulait, à défaut de mieux, surveiller lui-même le midi de la Bretagne, pendant qu'Orange en faisait de même vers le nord. Le 7 mai, ils se réunirent à Vannes [2] pour délibérer ensemble sur la situation, toujours aussi grave, dont le péril même semblait plutôt croître que s'atténuer. Le 12 mai, une lettre de Montauban au roi portait :

« Sire, vous plaise savoir que Monsr le Prince envoie le sénéchal de Quercy pour vous avertir de toutes choses qui sont par deçà. En quoy, Sire, me semble que vous devez pourvoir, car le bruit est grand de l'armée des Anglois, et qu'il vous plaise envoier gens dont il (le prince d'Orange) se puisse aider, car vos sujets de ce pays sont grandement foulés. » *(Ci-dessous n° XXXV.)*

A ce moment il y avait en Bretagne des artilleurs ; mais, comme on ne les payait pas régulièrement, ils pillaient le peuple : d'où, au sein des masses, une sourde indignation qui les poussait vers les mécontents et qui, en cas d'invasion, pouvait devenir fatale à la cause française. Aussi Montauban demandait le départ de ces artilleurs, dont, à raison de leur indiscipline, « vous vous trouveriez, disait-il au roi, très mal servi et dépourvu de tout « ordre et conduite d'artillerie. » *(Ci-dessous n° XXXVI.)*

De leur côté, pour donner cœur à leurs partisans et soutenir les espérances des meneurs du complot, pour fatiguer les Français de continuelles alertes et tenir la population dans une crainte permanente, les Anglais envoyaient de temps à autre des navires armés en guerre qui venaient croiser sur les côtes de Bretagne, donnaient la chasse aux barques

1. Pièces d'artillerie de campagne.
2. V. ci-dessous la lettre n° XXXIV.

imprudentes trop écartées du rivage, parfois même dans une descente rapide pillaient et brûlaient quelques villages. Un fait de ce genre eut lieu vers la mi-mai 1492 au Port-Blanc, paroisse de Penvénan, à quelques lieues de Tréguer. De Lannion à Pontrieu et Guingamp, l'alarme fut grande dans tout le pays. Nous en avons pour témoin la lettre d'un brave gentilhomme (Bertrand d'Acigné, seigneur de la Roche-Jagu, en Ploëzal) qui, à la tête de quelques bandes de volontaires, courut de suite au lieu de la descente pour repousser l'ennemi :

« Messieurs *(écrivait-il aux bourgeois de Guingamp)*, présentement, environ une heure après minuit, j'ai été averti des nouvelles et descente de nos ennemis, dont pareillement j'espère qu'avez été avertis. Et pour vous avertir plus amplement, ensemble [pour] vous dire la nécessité de quelque artillerie nécessaire à nous fournir o poudres et boulets pour y servir et les envoyer au Port Blanc, — où présentement je monte à cheval pour m'y rendre o l'équipage que pourray trouver, comme le lieu le plus apparent de la descente desdits ennemis, — je vous envoye l'alloué[1] de Guingamp, auquel vous prie d'ajouter foy de ce que vous dira de par moy ; ensemble, d'avertir les paroissiens et le peuple, ainsi que devant avez été avertis, de se rendre à Lannion pour marcher la part qu'il sera avisé. A tant Dieu qui vous ait en sa garde. De Lantreguer, ce mardy à deux heures après minuit. Le tout vostre, B. D'ACIGNÉ[2]. »

Bien entendu, quand tout ce monde arriva au Port-Blanc, les Anglais depuis beau temps étaient partis. Cet audacieux coup de main, accompli à quelques lieues de trois villes fortes et riches (Tréguer, Lannion, Guingamp), frappa vivement l'opinion et fit courir un frisson dans toute la Bretagne. On y vit l'annonce certaine de la descente depuis longtemps prédite, maintenant prochaine, imminente, de toute l'armée anglaise. Le roi, ne se croyant pas en mesure de bien défendre la province avec ses seules troupes, s'adressa aux villes et aux principaux seigneurs, les pressant de s'armer, de réunir leurs amis, d'organiser la défense, de se porter partout où besoin serait pour combattre l'invasion et soutenir le bon vouloir du peuple. Plusieurs des barons — entre autres le comte de Laval[3] — répondirent au roi avec tout le respect convenable, mais sans montrer de zèle. Quelques-uns ne répondirent pas. Quant au vicomte de Rohan, sa réponse trahit le fond de son cœur : on y lit à la fois le dépit furieux de son ambition déçue et l'espérance effrénée allumée en lui par l'annonce, en quelque sorte officielle de l'invasion étrangère où il pensait cueillir une couronne.

---

1. *Adlocatus*, de *ad locum*. Le second juge d'une juridiction bretonne, dont le premier était le sénéchal.
2. D. Morice, *Preuves*, III, col. 727. Le 15 mars 1492 était un mardi.
3. Ci-dessous n° XXXVIII.

VIII

Nous publions ci-dessous le texte de cette lettre dans le recueil des Documents inédits
sur le Complot breton *de* 1492 (*no XXXVII*), *mais dans l'histoire que nous racontons, c'est
une pièce capitale qui mérite d'être examinée, commentée en quelque sorte phrase par phrase.
Elle débute ainsi :*

« Sire, j'ay reçu les lettres qu'il vous a plû m'écrire, contenant que M. le prince (d'Orange)
vous a fait savoir le bruit et les nouvelles qui courent en Bretagne, que les Anglois y veulent
descendre. Et pour ce qu'il est besoin y donner prompte provision, vous me priez que de ma
part je vous serve et m'emploie à la garde et tuicion[1] du pays, ainsi que en moi avez votre
fiance[2], et que je fasse savoir à tous ceux de ma connoissance qu'ils s'emploient aussi de leur
côté en cet affaire, et que du service qu'ils vous y feront en aurez bonne souvenance. »

C'est là le résumé de la missive royale. Voici la réponse :

« Sire, en cet affaire il n'est point besoin de prier : mais commandez seulement ce qu'il vous
plaira, et vous serez obéi de ma part en tout ce qu'il me sera possible. Mais pour ce que je n'ai
maison au pays qu'elle ne soit quasi démolie, je ne m'y tiens point, et suis à cette cause contraint de me tenir par deçà, ma femme et moi. »

*Cette lettre est datée de la Garnache, château situé près de la frontière bretonne, mais en
Poitou. Cela veut dire en bon français : Je suis prêt à vous obéir et à défendre la Bretagne
contre les Anglais ; mais je n'ai plus en Bretagne de domicile habitable (c'était une
insigne fausseté) : donc je n'irai point en Bretagne, je resterai en Poitou, je ne vous
obéirai pas. Refus de concours effronté, rehaussé d'une soumission ironique et accompagné d'une insolence, car immédiatement après Rohan ajoute :*

« Aussi, Sire, je crois que vous avez si bien pourvu de Monsr le Prince à la garde du pays,
qu'il le saura mieux faire que moi et qu'il ne vous en adviendra point d'inconvénient — s'il plaît
à Dieu ! »

*C'est-à-dire : Il vous a plu de m'ôter le commandement de la Bretagne pour en investir le
prince d'Orange, je m'en venge en vous refusant mon concours ; tirez-vous de là comme vous
pourrez avec votre prince, qui pour sortir de ce guêpier a bon besoin que Dieu l'assiste ! — La
lettre continue :*

1. Défense.
2. Confiance.

« Sire, au regard de faire savoir à ceux de ma connoissance qu'ils vous y servent et que en aurez bonne souvenance, je le ferai très volontiers. Mais je leur ai porté, le temps passé, tant de mensonges pour les induire à vous servir, qu'à grand peine voudront plus ajouter foy à chose que je leur die. »

Ici ce n'est plus seulement de l'insolence, c'est un outrage en pleine face au roi, nettement accusé de dol et de mensonge. Impossible de s'y tromper, cependant Rohan insiste et développe complaisamment son injure :

« Dernièrement, Sire, qu'il vous plut m'envoyer en Bretagne comme votre lieutenant général [*cette lieutenance qu'on lui a enlevée lui tient au cœur*], vous m'écrivites que je vous envoyasse, par rôle, ceux qui seroient gens pour vous y servir et les sommes qu'il me sembleroit que devriez donner à chacun, et que les appointeriez [1] en façon qu'ils devroient être contents. — Sire, en ensuivant ce qu'il vous avoit plu m'écrire, je leur en tins paroles et vous envoyai ledit rôle : mais de tous ceux que je vous envoyai n'en appointâtes pas un seul. Pour quoy, Sire, je n'oserois me vanter d'en finer [2] si bien que je voudrois. »

Ainsi voilà le roi formellement atteint et convaincu d'avoir menti, trompé, manqué à ses engagements, et d'avoir forcé Rohan de porter à ses amis de fausses promesses. Rohan déclare qu'il en a assez, qu'il ne portera plus à personne les mensonges du roi, que d'ailleurs ce serait en pure perte, parce que nul ne veut plus s'y laisser prendre.

Nous le demandons : a-t-on jamais vu pareil outrage jeté par un sujet à son souverain ? Cette lettre n'a-t-elle pas à elle seule tous les caractères d'un acte de rébellion ? Rohan, pour comble d'impudence, la clôt par ces paroles :

« Sire, je ne sais si l'on vous pourroit avoir fait quelque rapport de moi ; mais je vous supplie qu'il vous plaise ne vous en défier point, quelque chose que l'on puisse vous dire, car je ne vous ferai point de faute. Écrit à la Garnache, le XXVIe jour de mai [3]. »

Quel besoin pouvait avoir le roi d'un rapport pour être fixé sur la loyauté, la fidélité de Rohan, quand il avait sous les yeux cette lettre, dont chaque ligne sue la félonie et la rébellion ?

Et nous, qu'avons-nous besoin de chercher davantage le premier instigateur, le chef véritable du complot, dont Le Pennec était seulement l'organisateur ?

Ce chef, n'est-ce pas celui que le roi d'Angleterre a promis par deux fois de donner pour

1. Vous leur donneriez des pensions, des appointements.
2. D'en trouver.
3. Ci-dessous, n° XXXVII, p. 55-56.

duc aux Bretons ? celui qui, concurremment avec le chef de l'armée anglaise, devait rece-
voir de Carreau les clefs de la place de Brest ?

N'est-ce pas l'ambitieux baron, prétendant à la couronne de Bretagne, qui, se croyant
à quelques jours du moment où une armée étrangère va venir lui apporter cette cou-
ronne, ne peut plus contenir son insolence, se dresse déjà en rival contre son souverain, et
lui lance impudemment l'insulte ?

Le chef du complot de 1492 est et ne peut être que Rohan.

Pour avoir une telle audace, il devait, le 26 mai, se croire bien sûr du succès. Pennec, Car-
reau, tous les meneurs et fauteurs de l'intrigue se vantaient sans doute d'avoir étendu bien loin
le réseau de leur embauchage et de leurs affiliations. Par suite des sympathies qu'ils répu-
taient acquises à leur cause, ils tenaient pour assuré le triomphe de l'armée anglaise. Avec
une confiance impatiente ils attendaient le 8 juin, jour fixé par Henri VII pour la descente de
sa flotte et qui devait, pensaient-ils, marquer dans les destinées de la Bretagne, au moins
dans celles de leur entreprise, une péripétie décisive.

Les Bretons étrangers au complot attendaient aussi impatiemment, non une échéance fixe,
mais la fin d'un état de crise qui pesait sur tous.

IX

Enfin, ce 8 juin tant attendu parut.

Il n'amena en Bretagne rien de nouveau, ni une garnison anglaise dans Brest, ni une
voile anglaise à l'horizon.

Rude déception pour les conjurés.

Mais bientôt ils reprirent à espérer. On apprit qu'une flotte anglaise de trente à quarante
voiles, portant des troupes commandées par Robert Wylloughby, seigneur de Brooke et
grand-maître d'Angleterre, avait paru à l'entrée de la Seine et se dirigeait maintenant
vers l'Ouest, donnant la chasse aux navires français, insultant et pillant les côtes normandes.
De suite on vit là l'armée promise par le roi Henri VII pour le 8 juin, et très probable-
ment en effet le roi l'avait mise en mer dans le but de tenir sa promesse. Toutefois cette
flotte s'attardait beaucoup aux menus profits de sa croisière sur le littoral normand. Le
16 juin 1492, arrivée devant le havre de Barfleur (non loin de Quettehou et de Valogne)
elle y vit réfugiés deux beaux navires de commerce revenant de Messine et de Naples
« chargés de bonnes et riches marchandises, en grant valeur » et quarante-cinq bâtiments

*bretons chargés de sel. Wylloughby, tenté par ce butin, mit une partie de ses troupes à terre;
vigoureusement reçus par la noblesse et la milice du pays, renforcées des compagnies d'ordonnance venues de Caen, de Baïeux, de Saint-Lo, de Coutances, et de quelques pièces d'artillerie tirées de Valogne, les Anglais furent contraints de se rembarquer. Le lendemain,
17 juin, dimanche de la Trinité, Wylloughby fit descendre toutes ses troupes, au nombre de
1,500 hommes, et en personne à leur tête rengagea le combat. L'action fut longue, rude,
le succès disputé; ne pouvant rompre les Français, Wylloughby se vit obligé de re-
gagner sa flotte. Le 18, les Anglais restèrent à bord, mouillés devant le havre; mais cinq
ou six de leurs bâtiments se détachèrent dans la direction du Nord pour aller en Angleterre chercher du renfort (Ci-dessous n° XXXIX, p. 58, 59).*

*Cette flotte venue devant Barfleur ne pouvait être, en effet, qu'une partie, une division de
l'armement destiné à la Bretagne. Ce n'est pas avec 1,500 hommes qu'on pouvait conquérir
cette province, surtout après avoir permis aux Français de s'y fortifier à loisir : pour cette
conquête au moins fallait-il quatre fois autant. La flotte de Wylloughby était l'avant-garde
de l'armement total, partie la première dès qu'elle avait été prête, picorant sur les côtes
de Normandie pour donner le temps au reste de l'expédition de la rejoindre et de venir avec
elle exécuter en Bretagne la descente projetée. Malheureusement, quand Wylloughby, las
d'attendre, envoya presser le départ des autres divisions, elles n'étaient pas prêtes, elles
ne purent pas l'être en temps utile : finalement, cette expédition ne parut jamais en
Bretagne.*

*Ainsi l'Angleterre perdit par sa faute sa dernière occasion, sa dernière chance d'enlever
— pour un temps plus ou moins long — la Bretagne à la France et de la mettre sous son
protectorat.*

*Pour expliquer cette faute, faut-il dire — comme Bacon et dom Morice [1] — qu'Henri VII
n'avait jamais voulu sérieusement faire la guerre à Charles VIII? qu'en demandant à son
Parlement des subsides dans ce but, il jouait une comédie destinée uniquement à faire
affluer l'argent dans son trésor ? Nous ne le pensons pas. Henri VII, il est vrai, était moins
atteint de gallophobie que le gros de la nation anglaise; mais il était vivement piqué du
honteux échec subi par sa politique dans la guerre de Bretagne, il voulait sincèrement s'en
venger, et enfin, s'il eût joué la comédie, quel besoin d'entrer lui-même dans son Parlement
au commencement de 1492 et de compromettre sa personne en adressant de sa bouche aux
représentants de sa nation ces paroles solennelles : « Quand j'ai voulu envoyer des secours*

---

1. Bacon, *Hist. Henrici VII*, édit. de 1647, p. 165 ; D. Morice, *Hist. de Bretagne*, II, p. 215.

« en Bretagne par mes lieutenants, je vous ai fait connaître mes intentions par mon chan-
« celier. Aujourd'hui, étant résolu de faire en personne la guerre à la France, je viens en
« personne vous les expliquer [1]. »

Seulement, Henri VII était lent par caractère, il ajournait, il hésitait, lâchait à regret
son argent ; venu au pouvoir par la guerre civile, il se préoccupait beaucoup des fac-
tions et redoutait les embarras extérieurs qui eussent pu encourager ses ennemis du dedans.
Par ces motifs, l'armement de Bretagne, très lentement mené, ne fut pas prêt à temps, pas
même pour la fin de juin, et fit perdre ainsi définitivement à l'Angleterre la possibilité de
reprendre la Bretagne. — Un mois après, c'était trop tard.

X

Un mois juste après le combat de Barfleur, nous retrouvons notre vieille connaissance
Guillaume Carreau. Nous l'avions laissé, le 2 mai, capitaine de Brest, en correspondance
réglée avec Le Pennec, combinant une campagne de propagande au profit de l'Angleterre,
en vue de faire réussir l'invasion promise pour le 8 juin.

Le 18 juillet, il est toujours capitaine de Brest, toujours en correspondance, mais non
avec Le Pennec ; sa lettre est adressée « à très haut et puissant seigneur Monseigneur le
« Prince (d'Orange), lieutenant général du Roy en Bretagne. » Il informe le prince des
bruits qui courent sur les attaques prochaines des Anglais, il lui demande des troupes pour
les repousser, de l'argent pour fortifier contre eux le château de Brest. (Ci-dessous
n° XLI.)

Donc, à vau l'eau le complot de Bretagne !

Comment cela s'était-il fait ? Nous manquons de détails précis, de renseignements expli-
cites. Nous avons assez d'indices pour reconstituer les traits principaux, la physionomie de
cette débandade.

Vers la fin de juin ou le commencement de juillet, Nicolas Coëtanlem et Yves de Coëtcongar
furent saisis comme fauteurs du complot sous l'accusation de lèse-majesté, tous deux
emmenés à Paris pour y être jugés par le Parlement. Coëtanlem fut enfermé au Louvre,
au bout d'un ou deux mois il s'évada ; Coëtcongar, à la Bastille, où il était encore détenu
« en grant misère, » sans avoir été jugé, en novembre suivant. A ce moment il fut relâché,

1. Bacon, *Hist. Henrici VII*, édit. 1647, p. 161-162.

ayant obtenu, comme Coëtanlem, des lettres de rémission, dont l'exposé renferme beaucoup de faits curieux relatifs au complot[1]. On y voit, entre autres choses, que Coëtanlem et Coëtcongar avaient été arrêtés sur la dénonciation faite au prince d'Orange par l'âme damnée de Carreau, ce La Mothe même qui les avait l'un et l'autre catéchisés et fait entrer dans le complot[2]; et de plus, que la correspondance de Le Pennec avec l'Angleterre, confiée par lui à Carreau, avait été « mise aux mains » du même prince d'Orange[3]. Quant à Le Pennec, dans ces lettres de rémission son nom revient souvent, il figure avec Carreau comme le meneur de l'intrigue. Mais de ce qu'il est devenu pas de nouvelles. S'il eût été supplicié, jugé ou simplement arrêté, ces lettres ne pourraient manquer de le dire : leur silence est concluant pour la négative.

Avec ces données on voit assez bien, en gros, comment les choses se passèrent.

Vers la fin de juin, quand on eut pu se convaincre que la flotte anglaise qui avait attaqué Barfleur ne continuait pas sa route jusqu'en Bretagne, Le Pennec, alarmé, dut passer en Angleterre et là s'efforcer par tous moyens d'obtenir le départ immédiat de l'expédition promise par le roi pour le 8 juin. Il vit de ses yeux que, rien n'étant prêt, ce départ était impossible; que dès lors il n'y avait plus rien à faire, parce que, tout reposant sur cette promesse, c'était le fondement qui abandonnait l'édifice, et tout manquait avec elle.

Restait, pour les agens les plus compromis de l'intrigue, de pourvoir à leur sûreté. Pour Pennec, tout rendu en Angleterre, c'était fait. Sans doute, en informant son bon père de la ruine définitive du complot, il le pressa de venir le rejoindre, lui promettant de la part d'Henri VII monts et merveilles. Mais Carreau, nous l'avons dit, avait la vocation invincible d'être capitaine de Brest et de ne lâcher cette place qu'avec la vie. Qu'il y commandât au nom de Charles ou d'Henri, de l'Angleterre ou de la France, ce lui était (dans une certaine mesure) chose secondaire, pourvu qu'il y commandât. Il avait en main un moyen sûr d'y rester et de se sauver en même temps. Pour cela, il est vrai, il fallait couper le cou à son plus que fils Pierre Le Pennec et le condamner à un exil perpétuel. Mais il aurait la satisfaction de rentrer dans son devoir et de rendre service à son pays. Mettons que cette considération l'emporta. Il fit son marché avec le prince d'Orange : à condition de rester capitaine de Brest, il lui vendit le complot, pièces et gens, livrant toutes les lettres et nommant tous les complices.

Le roi Charles VIII, ou plutôt le prince d'Orange et Philippe de Montauban, soutenus

1. V. ci-dessous nᵒˢ XLV et XLVI, p. 67-72 et 73-77.
2. Ci-dessous p. 70 et 75.
3. Ibid. p. 70.

par Anne de Bretagne, usèrent de cette fortune avec une modération à la fois très grande et très habile. De tous les personnages compromis on n'en arrêta que deux, pour l'honneur du principe, Coëtcongar et Coëtanlem. Quant aux autres, Rohan, Rainefort, Morice du Ment, Coëtmen, etc., on procéda autrement. Emprisonner, juger, condamner ces hauts personnages, c'était mettre en rumeur toute la Bretagne, même, à cause de leurs alliances, la moitié du royaume ; c'était donner trop d'importance à l'intrigue et appeler, par la persécution, l'intérêt sur ses fauteurs. Donc contre eux pas de poursuites ; on se borna à leur faire savoir qu'on avait en main de quoi les mener au besoin jusqu'à l'échafaud, — et ils devinrent souples comme des gants.

Le roi ne se borna pas à intimider et réduire à l'impuissance ses ennemis. Il voulut donner à ses amis, à ceux qui, dans cette crise périlleuse, étaient restés inébranlablement fidèles à sa cause, c'est-à-dire aux vrais Bretons, la meilleure récompense, surtout la plus précieuse à leurs yeux ; par une déclaration solennelle en date du 7 juillet 1492, il confirma les privilèges de la Bretagne : le droit de n'être imposé qu'après délibération et consentement des représentants de la nation dans l'assemblée des Etats, en la forme ordinaire ; le droit de réserver exclusivement pour la défense de la province les devoirs et billots (ou octrois) levés dans les villes bretonnes ; la souveraineté juridique du Parlement de Bretagne, et le droit pour les Bretons de n'être jamais jugés hors de leur pays[1]. Cet édit redoubla le zèle des Bretons, leur loyauté, leur fidélité envers la royale couronne, dont les lis maintenant alliés aux hermines paraient le front de leur bien-aimée duchesse.

XI

Cependant le roi d'Angleterre, sous la pression de l'opinion publique, continuait toujours ses préparatifs pour une invasion en France. Wylloughby était toujours à la tête de cet armement, toujours, disait-on, prêt à partir et toujours ne partant jamais. En France, au commencement d'août, toujours aussi on comptait sur une descente des Anglais, mais on la croyait retardée jusqu'à la Sainte-Catherine, 25 novembre[2]. Cette fois, Henri VII trompa tout

---

1. D. Morice, *Preuves de l'hist. de Bret.* III, 728.
2. Voir ci-dessous nᵒˢ XLII et XLIII, p. 63, 64, et Rymer, *Fœdera*, édit. de la Haie, 1741, t. V, 4ᵉ partie, p. 46, 47.

le monde et prévint de plus d'un mois la date indiquée. Il aborda en France le 6 octobre, en retard de quatre mois seulement sur l'époque jadis fixée aux meneurs du Complot breton. Aussi, sans s'occuper de la Bretagne, il débarqua tranquillement son armée à Calais, et de là s'en fut assiéger Boulogne. Place bien défendue, siège traînant en longueur. Entre temps, Henri VII put se convaincre qu'il n'avait rien à attendre de ses deux alliés du continent — le roi des Romains et le roi d'Espagne — qui lui avaient promis un appui actif. Isolé, il pouvait soutenir la lutte, non arriver à de grands résultats. Il profita habilement du dépit, de l'indignation produite dans son armée par ce refus de concours ; un grand conseil des principaux chefs et des principaux seigneurs anglais se prononça pour la paix, elle fut conclue le 3 novembre (traité d'Etaples), et Henri VII n'y obtint d'autre avantage que le remboursement, par Charles VIII, des frais faits par l'Angleterre (de 1488 à 1491) pour soutenir contre la France les droits d'Anne de Bretagne. C'était payer à bon marché la suppression d'une grosse guerre et de plus la consécration définitive, par l'Angleterre elle-même, des résultats politiques du mariage de Langeais, c'est-à-dire de l'union personnelle de la Bretagne à la France.

De ce côté, triomphe définitif, sécurité complète. Aussi le roi — et surtout la reine-du-chesse qui est ici spécialement nommée — voulurent-ils effacer les dernières traces de ce complot anglo-breton, qui avait pu un instant faire craindre un divorce entre la France et la Bretagne. On expédia des lettres de rémission aux deux prisonniers arrêtés à cette occasion, Coëtanlem et Coëtcongar : le premier était déjà, par voie d'escapade, loin de sa prison, mais toujours sous l'accusation de lèse-majesté.

Non seulement les lettres délivrées à l'un et à l'autre portent complète abolition du crime et des peines quelconques encourues à ce sujet, mais elles s'efforcent d'abolir autant que possible le complot lui-même, en niant itérativement son existence et le ré-duisant à n'être plus qu'une fable, imaginée par La Mothe pour surprendre la bonne foi des deux Bretons et se faire adjuger leurs biens. Politiquement, rien de mieux. Histori-quement, ce système officiel n'est pas soutenable, et ce point de vue optimiste se trouve absolument contredit par un autre document non moins officiel, presque de même date, l'ordonnance du roi, du 10 octobre 1492, convoquant les Etats de Bretagne à Vannes au 8 novembre suivant, pour obtenir d'eux certains subsides à l'effet de repousser l'armée an-glaise récemment débarquée à Calais. Dans l'exposé des motifs on lit :

« Comme, pour pacifier et accorder toutes questions et différens, pour nourrir paix et amour entre nous et nos subjets du pays et duché de Bretaigne, ayons esté mûs et conseillé faire traiter et accomplir le mariage de nous et de nostre très chère et très amée compagne la Royne... de laquelle chose noz anciens ennemis et adversaires les Anglois ont conçu tel despit et aigreur à l'encontre de nous, que, sans autre occasion, ils ont toujours depuis tâché par moyens sinistres et mauvais passer la mer et entrer en nostredit pays et duché en intention de le prendre et envahir et appliquer à eux. Dont, pour ce faire, ils ont fait de grands préparatifs comme il est vraisemblable, *considéré les pratiques et secrètes intelligences qu'ils avoient dressées et moyennées sur aucunes des plus fortes et principales places de nostredit pays et duché, desquelles jà ils se faisoient forts.* Toutefois, moyennant l'aide de Dieu *et de nos bons parents et sujets qui de ce ont esté avertis et qui le nous ont fait savoir à diligence,* lesdits Anglois (qui de leur part ont été de ce semblablement avertis et assavantés), *sachans et voyans leur dite entreprise rompue,* ont été démûs [1] de ce faire et ont pris leur passage par le pas de Calais et sont descendus en la compagnie de leur roy tant en la ville de Calais qu'en la comté de Guines, etc... [2] »

Les termes dans lesquels le roi parle ici des « secrètes pratiques et intelligences dressées « et moyennées par les Anglais contre les principales places de Bretagne, et dont ils se « faisaient forts, » — c'est-à-dire dont ils se promettaient un plein succès, — ces expressions montrent bien l'entière réalité du complot anglo-breton de 1492 et même la gravité du péril qu'il tint pendant plusieurs mois suspendu sur la Bretagne.

Aussi le roi n'hésita point à honorer d'une haute dignité l'homme qui avait le plus contribué à conjurer ce péril : par lettres-patentes du 2 novembre 1492, veille de la paix d'Etaples, le prince d'Orange, jusque-là chargé du commandement de la Bretagne comme lieutenant général, c'est-à-dire à titre provisoire, fut nommé à titre définitif gouverneur du duché.

Jointe à la reconnaissance solennelle des libertés bretonnes promulguée le 7 juillet précédent, cette mesure sanctionna de façon irrévocable le triomphe du système politique inauguré dès le lendemain du mariage de Langeais, consistant à restituer, dans l'administration de la Bretagne, leur place, leur influence légitime aux vrais Bretons, aux cœurs vaillants, désintéressés, qui avaient soutenu à tout risque et jusqu'au bout la cause de la patrie. Grâce à ce système honnête et intelligent, — mais fatal aux ambitions des intrigants et des traîtres, et contre lequel le complot de 1492 était une dernière protestation, — bientôt les divisions de parti s'effacèrent, les traces des dernières luttes disparurent, et tous les Bretons s'unirent dans un double sentiment : amour jaloux de leur vieille nationalité, des

---

1 Détournés, dissuadés.

2. D. Morice, *Preuves de l'Hist. de Bret.,* III, col. 733, 734.

libertés généreuses qui sauvegardaient l'existence de la patrie bretonne, — dévouement loyal, inaltérable, à la patrie française.

XII

Le recueil de documents qui suit la présente Introduction se divise en trois parties :
1° Correspondance de Pierre Le Pennec *(n^{os} I à XXXII).*
2° Pièces diverses *relatives au Complot de 1492 (n°s XXXIII à XLVI).*

3° Pièces annexes, *qui sans se rapporter directement au Complot, en éclairent l'histoire par les précieux renseignements qu'elles donnent sur la situation de la Bretagne à cette époque (n°s XLVII à LX).*

Nous allons indiquer l'origine des documents contenus dans chacune de ces classes.

XIII

On a vu plus haut comment la correspondance de Le Pennec, confiée à Carreau, avait été livrée au prince d'Orange. Les originaux durent être envoyés par celui-ci à la cour de France, sans doute à Anne de Bretagne, mais il en garda copie. C'est cette copie contemporaine, parfaitement authentique, aujourd'hui conservée à Besançon dans les Archives du département du Doubs, qui nous a fourni le texte publié ci-dessous.

Mais pourquoi cette copie à Besançon ?

Parce que le prince d'Orange (Jean de Chalon) la déposa dans ses archives particulières, qui n'étaient autres que celles de la maison de Chalon, lesquelles ont fini par arriver dans le dépôt départemental de Besançon par une série de circonstances, que notre excellent et très obligeant confrère, M. Jules Gauthier, archiviste du Doubs, a bien voulu nous faire connaître, dans une lettre dont nous devons ici reproduire les termes :

« La ligne mâle des Chalon (dit M. Gauthier) s'étant éteinte en 1530 dans la personne de Philibert de Chalon, vice-roi de Naples, l'héritage laissé par lui, qui comprenait en seigneuries et en biens de toutes sortes le dixième environ de la Franche-Comté, passa à son neveu René de Nassau, fils de Claude de Chalon. René, mort en 1544, eut pour héritier le fameux Guillaume de Nassau, prince d'Orange, dont Philippe II confisqua tous les biens de Franche-

Comté, en punition de la révolte de la Hollande. Ce séquestre ne fut levé que lors de la paix de Munster en 1648.

« *En 1684, le prince d'Isenghien, créancier de Guillaume-Henri des Nassau pour une somme de 1,700,000 florins, acquit par décret, le 17 mai, les terres des Nassau-Chalon situées en Franche-Comté. Restitués temporairement en 1697 — par suite du traité de Ryswick — à Guillaume-Henri devenu roi d'Angleterre, ces biens revinrent en 1702 à la maison d'Isenghien, qui n'en jouit sans conteste qu'à partir de l'an 1730.*

« *Les archives de Chalon subirent toutes ces vicissitudes. Vers 1740, l'inventaire général en fut dressé par M. de Monnier, conseiller, puis président de la Chambre des Comptes. Il forme dix volumes in-folio. Vers 1742, tous les titres généraux de la maison de Chalon, qui y étaient analysés, furent remis au prince d'Isenghien, puis déposés à Besançon dans l'hôtel de la Vicomté, qui existe encore en cette ville, rue des Martelots et place Dauphine (ou de l'État-Major). Cet hôtel faisait partie des domaines de la maison de Chalon, et après la mort de M. de Gand de Mérode, prince d'Isenghien, il fut la propriété de ses deux filles, Louise-Pauline (Mme de la Rochefoucauld) morte vers 1770, et Élisabeth-Pauline, mariée au comte de Lauraguais, condamnée à mort, le 6 février 1794, par le tribunal révolutionnaire de Paris. A cette époque, les titres de Chalon furent confisqués, brûlés en partie, le reste déposé aux Archives du département du Doubs.*

« *En 1826, par arrêté du 29 avril, le comte de Milon, préfet du Doubs, en restitua 56 liasses au prince Pierre d'Aremberg, fils et héritier de la duchesse d'Aremberg, fille elle-même de Mme de Lauraguais. Ces 56 liasses existent encore aujourd'hui au château d'Arlay, appartenant au prince d'Aremberg, ancien député du Cher. Le reste des archives de Chalon, cent liasses environ, et l'inventaire en dix volumes dressé au XVIIIe siècle, sont demeurés aux Archives du département du Doubs. C'est dans ce fonds précieux que se trouve conservée la correspondance de Pierre Le Pennec.*

« *Les lettres qui la composent sont transcrites, sans ordre de date ni numérotage ancien, dans un cahier en papier, format in-4° de 22 feuillets ou 44 pages. L'écriture est de la fin du XVe siècle, et une main de la même époque a tracé, en guise de titre, sur la couverture ces mots : « Angleterre. Double de pluseurs lectres et articles. » Le filigrane du papier offre la figure d'un cœur transpercé d'un poignard. Dans l'inventaire général des titres de la maison de Chalon, ce cahier figure sous la cote $\frac{I}{126}$, et il est représenté par une analyse fort peu exacte, inutile à reproduire ici. Dans l'inventaire actuel des Archives du Doubs, sa cote est E 1300. »*

Il n'y a rien à ajouter à ces renseignements très intéressants et très complets. Notons seulement que, dans le manuscrit, le copiste qui a transcrit les lettres a mis à chacune d'elles (sauf deux, n°ˢ VI et XII ci-dessous) un titre que nous avons reproduit. Ces titres ne sont peut-être pas toujours exacts. Par exemple, en tête du n° XVIII ci-dessous on lit celui-ci : « Lectres dudict Penec, envoyées au roy d'Angleterre, lesquelles n'ont peu passer. » Or, il est certain que ces lettres arrivèrent à leur destination, comme le prouvent le n° XXV, qui est la réponse du roi d'Angleterre, et les n°ˢ XXIII et XXIV qui contiennent d'évidentes allusions au n° XVIII.

Nous croyons aussi que le copiste s'est trompé en attribuant à Olivier de Coëtlogon, pro-cureur-général de Bretagne sous la duchesse Anne, les n°ˢ XIII et XXIII. L'auteur de ces lettres est très probablement un Breton, et qui ne veut pas être reconnu, puisqu'il se cache sous cette signature fantaisiste : Celui qui a vestit le gipon de taut fates. Dira-t-on que le copiste avait reconnu, malgré cette signature, l'écriture de Coëtlogon, que c'est pour cela qu'il lui attribue ces lettres ? Mais, il le déclare lui-même, l'écriture en était contrefaite (voir n° XXIII). On ne peut donc fonder cette attribution que sur des preuves intrinsèques, tirées du texte des pièces. Or ce texte parle du « procureur-general, » c'est-à-dire de Coëtlogon, comme étant un personnage distinct de celui qui écrit les lettres. Enfin, si elles étaient de Coëtlogon, il faudrait considérer ce dernier comme ayant été en Angleterre le premier et le plus fervent instigateur du Complot, investi de toute la confiance du roi Henri VII : il aurait donc eu tout intérêt à rester près de ce prince pour presser l'exécution des mesures d'où dépendait le succès de l'entreprise. Au contraire, il aspirait à rentrer en Bretagne, il avait même fait prendre du roi de France un sauf-conduit pour faciliter son retour. (Voir ci-dessous n°ˢ XIII, p. 19; XLV, p. 67; XLVI, p. 75.)

En imprimant la correspondance de Le Pennec, il était indispensable de la mettre dans l'ordre chronologique; trois des pièces n'ayant pas de date (n°ˢ XI, XIX et XXXII), la place que nous leur donnons sur certains indices est nécessairement conjecturale.

C'est à M. Jules Gauthier, archiviste du Doubs, que nous devons la connaissance, la com-munication, la transcription de cette si curieuse correspondance. Il a bien voulu aussi en revoir les épreuves sur le manuscrit du XVᵉ siècle. C'est donc lui qui a fourni, qui a établi le texte de la première partie de notre recueil. Nous lui adressons ici l'expression de toute notre reconnaissance.

XIV

Les pièces de notre seconde partie proviennent pour la plupart de la correspondance *administrative de Bretagne en 1492, dont quelques débris trop rares sont conservés dans les manuscrits de la Bibliothèque Nationale (ci-dessous nᵒˢ XXXIII à XLIII.)*

Les deux plus importantes (nᵒˢ XLV et XLVI) proviennent des Archives Nationales; ce sont les lettres de rémission accordées à Coëtanlem et à Coëtcongar. Pour l'histoire du Complot elles sont d'une importance capitale : elles éclairent et complètent la correspon- dance de Le Pennec, qui sans elles resterait sur bien des points une énigme.

Nous devons encore, dans cette partie, à M. Jules Gauthier les lettres royales portant nomination du prince d'Orange au gouvernement de Bretagne (nᵒ XLIV).

XV

Les pièces de notre troisième partie sont toutes d'origine bretonne ¹.

La première (nᵒ XLVII, Béguin du duc François II) présente une nomenclature, un tableau complet de la cour de Bretagne, à la fin du XVᵉ siècle, que l'on chercherait vaine- ment ailleurs.

La seconde (nᵒ XLVIII, Inventaire du château de Nantes) décrit le riche mobilier de la demeure ducale, déjà en partie pillé, gâté, dispersé par les rébellions, les trahisons qu'avait essuyées la duchesse Anne.

Les pièces suivantes (nᵒˢ XLIX à LII) montrent la joie excitée dans le peuple breton par l'avènement de la duchesse au trône de France, la constante sympathie des Bretons pour le fidèle serviteur de cette princesse, devenu lors du Complot de 1492 le représentant de l'autorité royale en Bretagne, le prince d'Orange.

Le nᵒ LIII donne l'état complet de l'artillerie qui armait les places de Bretagne dans le temps du Complot. Les pièces qui suivent (nᵒˢ LIV à LX), spécialement relatives à l'ar- tillerie de Rennes, fournissent des renseignements propres à mieux faire comprendre la nature, la forme, la valeur de cet armement.

L'histoire de l'artillerie, indispensable pour éclaircir celle des événements militaires depuis le XIVᵉ siècle, est encore, on le sait, bien mal connue. En ce qui touche la Bretagne, elle n'existe pas. On nous permettra donc d'insister un peu sur les dernières pièces de notre

---

1. Dans cette partie, l'inépuisable obligeance de M. Jules Gauthier nous a encore fourni la lettre fort intéressante de la duchesse Anne pour le prince d'Orange, ci-dessous nᵒ XLIX.

recueil (*à partir du n° LIII*) *et d'indiquer sommairement quelques-unes des notions qui s'en dégagent.*

Par là se terminera cette Introduction.

XVI

L'Inventaire général de l'artillerie de Bretagne dressé en 1495 — qui reproduit évidemment, à peu de chose près, l'état de 1492 — contient un dénombrement de plus de 700 bouches à feu, d'espèces et de dénominations très variées. En voici le tableau par ordre alphabétique :

Bombardelles.	*3*
Canons	*172*
Courtauts.	*5*
Coulevrines	*90*
Petits canons et menues coulevrines	*37*
Faucons	*170*
Haquebutes ou hacquebuces	*90*
Petits faucons et haquebutes	*50*
Mortiers	*5*
Pétard	*1*
Ribaudequins.	*10*
Serpentines	*74*
Total.	*707*

Laissant de côté pour l'instant les armes qui figurent ici en très petit nombre et qu'on peut appeler exceptionnelles (bombardelles, courtauts, mortiers, pétard et ribaudequins), *nous restons en présence de cinq genres de bouches à feu qui constituent l'artillerie usitée en Bretagne à cette époque :* canons, coulevrines, faucons, haquebutes *et* serpentines.

Les haquebutes ou haquebuces, dont le nom un peu altéré est devenu plus tard arquebuse, *étaient des armes portatives, dont un homme pouvait se charger. Dans cette classe rentraient aussi les « petits faucons » assimilés aux haquebutes dans le tableau précédent, et même cer-*

E

taines coulevrines dites coulevrines à main ; mais ces petits faucons et coulevrines faisaient probablement la charge de deux hommes, l'un des porteurs soutenant l'arme sur son épaule pendant que l'autre tirait. Nous reviendrons plus loin aux haquebutes.

L'artillerie de position ou de trait, c'est-à-dire les bouches à feu qu'on ne déplaçait plus une fois en place, ou qu'on ne déplaçait qu'en les faisant traîner par des chevaux, comprenait les canons, les coulevrines, les serpentines, les faucons.

Si l'on veut caractériser, distinguer les unes des autres ces diverses armes sans descendre au détail, on peut dire que les canons représentent la grosse artillerie, l'artillerie de siège et de forteresse ; les faucons, l'artillerie légère et de campagne. Entre deux, les coulevrines et les serpentines forment la transition. Mais cela n'est vrai qu'en général, car il y a de petits canons qu'on pouvait employer en campagne, et des faucons qu'on plaçait sur les murailles pour la défense des places.

Pour préciser davantage, prenons quelques chiffres et quelques détails dans notre Inventaire, d'abord le poids le plus fort indiqué pour les pièces de chaque espèce. Le canon le plus lourd que nous y trouvions pèse 7,500 livres; il s'appelait Guingamp, parce qu'il avait été fondu dans cette ville, car il était de fonte, comme on disait alors, c'est-à-dire de fonte de cuivre[1]; il avait servi en 1489 au maréchal de Rieux pour assiéger Brest défendu par le capitaine Carreau; il était venu de là armer les remparts de Rennes, où il se trouvait encore en 1492. (Inventaire, Rennes, art. 1, ci-dessous p. 123.)

La coulevrine la plus pesante que fournisse notre Inventaire est de 3,000 livres (Inv. Brest, art. 34); la plus pesante serpentine, de 800 livres (Inv. Rennes, 23). Le faucon le plus fort atteint ce même poids de 800 livres (Ren., 9, et inv. de Quimper); on en trouve même un de 1,000 livres, mais d'une fabrication exceptionnelle, car on se croit obligé de dire qu'il est « du grant (c'est-à-dire de la taille et de la façon) d'une coullevrine » (Inv. St-Malo, art. 1). Le poids de 800 livres était même peu ordinaire aux faucons, dont les plus gros d'habitude ne dépassaient guère 500 livres. (Inv. Brest, 4 et 27, et ci-dessous pièce n° LIV.)

En 1488 et 1489, nous voyons la ville de Rennes faire des marchés pour 4 serpentines de fer, dont chacune devait atteindre le poids de 3,000 à 3,500 livres[2], tout à fait inusité dans les armes du même nom que mentionne l'Inventaire général de 1495; aussi serions-nous porté à croire que les serpentines de Rennes répondent aux coulevrines de l'Inven-

1. Ou plutôt d'un alliage d'étain et de cuivre qu'on appelait en Bretagne mintaille.
2. Voir ci-dessous pièces LIV et LVI.

taire général : et de fait, la signification des deux noms est si proche, qu'ils ont dû être souvent employés l'un pour l'autre.

D'ailleurs, dans chaque espèce d'armes, on distinguait deux catégories ; il y avait les grands et les petits canons, les grandes et les petites couleuvrines, grandes et petites serpentines, gros et petits faucons.

Avant d'indiquer les poids et les dimensions relevées dans notre Inventaire, pour chaque espèce et pour chaque catégorie, rappelons que dans toute bouche à feu on distingue deux parties : la chambre *et la* volée. *La* chambre *est la partie postérieure du canon, où se place la charge. La* volée *est la partie antérieure, qui donne au boulet sa direction et augmente sa force de projection. Dans les pièces de cette époque, en grand nombre, qui se chargeaient par derrière, c'est-à-dire par la culasse, la chambre était mobile, on pouvait la séparer de la volée pour faire le chargement, et on lui donne habituellement le nom de* boîte. *Une pièce d'artillerie à chambre mobile ou à boîte est une pièce qui se charge par la culasse. Quand on ne mentionne point cette particularité, c'est que le chargement se fait par la gueule : car on avait à la fois des pièces d'un système et des pièces de l'autre.*

De même, dans la fabrication de ces pièces, on usait de deux matières diverses : les unes étaient faites de fer forgé, les autres de fonte de cuivre. Notre Inventaire, on va le voir, nous montre tout cela.

XVII

CANONS. — *Les canons appelés dans l'Inventaire* gros *ou* grands canons *atteignent ou dépassent le poids de mille livres. Après le canon* Guingamp *de 7,500 l. dont on a déjà parlé, nous trouvons à Nantes « un gros canon de fonte nommé* le Mareschal, *du poix de « 6,000 à 7,000 l., » ainsi appelé sans doute en l'honneur du maréchal de Rieux (Inv. de Nantes, art. 42) ; — à Rennes, le canon baptisé* Orange *en l'honneur du prince de ce nom, qui pèse 5,899 l. (Inv. Ren., 7, et ci-dessous pièce LIX) ; — à Nantes, le* Cousin, *long canon de cuivre de 3,500 l. (Nantes, art. 41) ; — à Saint-Malo, le* Renard *(canon de cuivre, à boîte), de 3,000 l. (St-Malo, art. 1), et à Brest un autre du même poids (Brest, art. 1) ; — à Dinan, le* Colin *(de cuivre à boîte) de 1,200 l., et un autre de même matière, à boîte aussi, pesant 1,000 l. (Dinan, art. 28 et 61). Notons encore à Rennes deux gros canons longs de*

10 pieds chacun, dont l'un avait une boîte de 1,200 l., l'autre une de 900 ; et un autre canon ayant 7 pieds de volée,; plus une boîte de 800 l. (Rennes, art. 25 et 26).

Ces trois canons sont les plus longs que mentionne notre Inventaire. Nantes en avait aussi un de 7 pieds de volée, dont on ne dit pas le poids, mais dont on sait le nom, qui était celui non d'un prince, mais d'un fondeur de canons, il s'appelait Claux (*Inv. Nantes, 12 et 13*). Les autres longueurs de volée marquées dans notre Inventaire pour les gros canons sont 6 pieds, 5 pieds, 4 pieds 1/2, 4 pieds [1]. On trouve même à Fougères « un gros canon court de fer de 2 pieds 1/2 de vollée, à 1 boîte de même. » (*Fougères, 12.*)

Quant au calibre, les diamètres d'ouverture indiqués par l'Inventaire pour les gros canons sont un demi-pied, un demi-pied et deux doigts, c'est-à-dire, probablement, deux pouces, un demi-pied et quatre doigts (*Inv. Nantes, 12, 22, 28*). — On fondit à Rennes, en 1489, deux gros canons de 10 à 11 pieds de volée, qui lançaient des boulets de fer de 40 livres. (*Ci-dessous pièce LVII*).

Venons aux petits canons. Il y en avait en effet de fort petits, ne pesant que 80 ou 100 livres. (*Inv. Saint-Malo, 14 ; Redon, 6.*) On en trouve d'autres de 200 et de 500 l. (*Inv. Saint-Malo, 5, 27 ; Dinan, 41.*) — Pour ce genre de pièces, la longueur de volée la plus habituelle est de 3 ou de 4 pieds [2]. Certains n'ont que 2 pieds 1/2 et même 1 pied 1/2. (*Inv. Saint-Malo, 16, 17, 24.*) Par contre, et par exception, un canon de fer à boîte, qualifié petit, a jusqu'à 5 pieds de volée. (*Fougères, 2.*) — Deux « petits canons » de cuivre à boîte, de 4 pieds de volée, portaient chacun 4 livres de plomb. (*Fougères, 6 et 7.*)

A Dinan, on rencontre deux canons qualifiés « canons perriers » parce qu'ils lançaient des boulets de pierre : tous deux de cuivre, à boîte, l'un nommé le Clément, pesant 500 livres, l'autre 250 livres seulement. (*Inv. Dinan, 2, 3, 5*) ; un troisième, en fer, à boîte, dont on ne dit pas le poids, lançait des boulets de granit de 5 livres pesant. (*Ibid. 25.*) Quelques autres pièces, qui ne sont point qualifiées perriers, devaient encore lancer des boulets de pierre, car notre Inventaire mentionne d'assez notables réserves de ces projectiles (grès ou granit) en diverses villes, entre autres, à Vitré et à Brest. (*Inv. Vitré, 5, 7 ; Brest, 5, 41.*)

XVIII

COULEVRINES. — *Notre Inventaire ne mentionne point de coulevrine pesant plus que la*

---

1. Voir Inv. Rennes, art. 27 ; Fougères, 1, 10, 21 ; S.-Malo, 5 ; Conq. 10 ; Croisic, 5 ; Nantes, 26, 28.
2. Inv. Rennes, 29 ; Fougères, 3, 6, 7, 8, 18, 19 ; Saint-Malo, 13, 14, 15, 18, 26, 30, 31 ; Redon, 6.

Hideuse, fondue à Nantes, qui après avoir armé pendant quelque temps la place de Redon, vint finir à Brest ; elle pesait 3,000 livres. (Inv. Brest, 34.) Mais ce n'était point là un poids exceptionnel ; nous le retrouvons dans trois autres « grosses coulevrines de fonte, » une à Saint-Malo, deux au Croisic. (Inv. Saint-Malo, 6 ; Croisic, 1.) Après cela, on en rencontre une de 2,300 livres, trois de 2,000, deux de 1,500, une de 1,600, une de 1,000 livres[1]. Au-dessous de ce chiffre, on tombait dans la catégorie inférieure, car deux pièces de ce genre, l'une dite la Mignonne, l'autre « une des Déesses de Nantes, » pesant chacune 800 livres, sont qualifiées « petites coulevrines, » (Inv. Rennes, 2 ; Croisic, 2.)

Ce qui distinguait particulièrement les coulevrines, c'était leur longueur. On en voyait une à Saint-Malo longue de 15 pieds (Inv. Saint-Malo, 32) ; à Concarneau, deux « grosses ou longues coulevrines de fer, d'une pièce, à tourillons, » dont une « à tête de serpent sur le devant, » avaient chacune une volée de 12 pieds. (Conq, 2 et 7.) Les autres longueurs de volée données par l'Inventaire sont, pour douze de ces pièces, 8 pieds (Inv. Saint-Malo, 9 ; Brest, 32 ; Conq, 1, 4, 5, 9), pour d'autres, 7, 6, 5 pieds (Fougères, 13 ; Saint-Malo, 20 ; Vitré, 18).

A Dinan il y avait, dans le magasin de la tour aux Poêliers, des « plombées, » c'est-à-dire des boulets de plomb pour coulevrine, du poids de 12 livres (Dinan, 10).

Tout ce qui précède s'applique aux grandes coulevrines. Venons aux petites. Pour les pièces de cette catégorie nous trouvons dans l'Inventaire de 1495 les poids suivants : 750 livres, 500 l., 400 l., 300 l., 200 l., 170 l., 150 l., 120 l.[2]. — Quant aux longueurs de volée des petites coulevrines, l'Inventaire indique, pour plusieurs d'entre elles, 6 pieds, 5 pieds, 4 pieds[3].

Beaucoup de ces pièces, grandes ou petites, étaient, conformément à leur nom, ornées d'une tête de serpent[4]. — A Dinan il y en avait une très petite, du poids de 120 livres, qu'on appelait, on ne sait pourquoi, la Verrotière (Inv. Dinan, 45.) — Il y avait aussi à Brest (art. 43) des coulevrines à main ; c'était des armes portatives ; nous y reviendrons à l'article des haquebutes. — Mais les 37 « menues coulevrines et petits canons, » mentionnés à l'art. 49 de l'inventaire de la même place, ne pouvaient être, croyons-nous, des armes portatives, car elles avaient des boîtes mobiles et reposaient sur des « affûts ferrés. » Ce devait être des pièces très légères, assimilables comme mobilité aux petits faucons.

1. Inv. Rennes, 8, 22 ; Saint-Malo, 5, 32 ; Brest, 3 et 34.
2. Inv. Saint-Malo, 11 ; Dinan, 8, 20, 30, 42, 44, 45, 55, 56 et 63.
3. Inv. Vitré, 15, 17, 18 ; Fougères, 5 ; Saint-Malo, 9, 11, 20.
4. Inv. Dinan, 20, 42, 55, 56 ; Conq, 17.

SERPENTINES. — *Les serpentines, celles du moins de notre Inventaire, étaient en général de moindres dimensions, d'allure plus légère que les couleuvrines. — Il y avait aussi deux catégories de serpentines, les grandes et les petites, celles-ci dans notre Inventaire de beaucoup les plus nombreuses, 61 sur 74. Les poids indiqués pour diverses pièces sont 800 livres, 400 l., et 160 l.*[1] *; celle de 400 l. est dite « petite serpentine » (Inv. Dinan, 4). — Quant aux dimensions, sur les 61 pièces de ce genre qualifiées petites, 48 sont marquées comme ayant 3 pieds de volée (Brest, 50 ; Redon, 8), et 10 comme en ayant 5 (S. Malo, 12 ; Redon, 7 et 9). — Quatre autres, dont les volées avaient 7 pieds de long, doivent être classées dans les grandes (Nantes, 9, 21, 29.)*[2]

XIX

FAUCONS. — *Sur ce genre de pièces, l'Inventaire ne nous donne guère d'autres renseignements que leur poids. On n'y trouve pas de faucon qualifié gros au-dessous de 350 livres, ni aucun qualifié petit au-dessus de 300. On a donc là, quant au poids, la limite commune des deux catégories. Cela se confirme par un marché de la ville de Rennes, du 28 janvier 1488 (ci-dessous nº LIV), pour la fabrication de 30 faucons de cuivre par leur « canonnier ouvrier en fonte » Guillaume Evain. Dans ce nombre il devait y en avoir deux de 400 à 500 livres, six de 300 l., deux de 200, et dix-huit de 140 à 150 l., tirant sur « chevalets. » De tout cela il n'y a que les deux premiers qui soient qualifiés gros.*

Nous avons vu plus haut que quelques gros faucons allaient exceptionnellement jusqu'à 800, même 1,000 livres, mais on les assimilait alors à des couleuvrines. Le poids ordinaire des gros faucons ne dépassait guère 500 livres. Notre Inventaire en mentionne aussi de 400, de 355 et de 350 livres[3].

Au-dessous, c'était les petits faucons, dont le poids variait beaucoup depuis 300 livres jusqu'à 40. Dans l'Inventaire on en trouve de 293 livres, 288, 250, 230, 200, 160, 150, 140, 120, 100, 70, 60, 50 et 40 livres[4]*. Les petits faucons étaient bien plus employés*

1. Rennes, 23 ; Dinan, 4 ; Redon, 7 et 8.
2. Voir encore, sur les serpentines, Inv. Guérande, 10 ; et Le Croisic, 7.
3. Inv. Rennes, 10, 11, 13 ; Saint-Malo, 1, 2 ; Brest, 4, 27 ; Croisic, 3 ; Nantes, 1, 6, 11, 13, 16, 30, 34, 37 ; Vannes.
4. Inv. Rennes, 3, 12, 14 à 19 ; Vitré, 8, 10 à 13 ; Fougères, 10 ; Saint-Malo, 4, 7, 19 ; Dinan, 6, 27, 47 ; Moncontour ; Brest, 23, 28, 29, 31, 39, 51 ; Conq, 8 ; Guérande, 1, 2, 3 ; Croisic, 3, 6 ; Redon, 1 à 4, Nantes, 2 à 5, 10, 14, 15, 17 à 20, 31 à 33, 35, 36, 38.

que les gros, car sur les 170 faucons décrits dans notre Inventaire, 24 ou 25 seulement dépassent 300 livres, et la plupart des 145 autres restent au-dessous de 200 l. Il y en a six de 40 livres seulement, qui descendent ainsi au poids des haquebutes et ressemblent bien à des armes portatives. Ils présentent une autre particularité, c'est leur nom ; voici comme les décrit l'Inventaire, au chapitre de la place de Dinan :

« 6. Item, en ladicte tour (des Poisliers), 6 petits bastons de fonte *de la Bataille des Trente*, de Dinan, avecques 5 boëtes, du poix, boëte et vollée de chascun desd. bastons, de 40 livres ou environ. »

Et un peu plus bas, toujours à Dinan :

« 27. En la tour avis de la maison Dieu de l'Ostellerie, ung petit faulcon *de la Bataille des Trente* et 4 boëtes pour y servir, du poix, boëte et vollée de chascun des bastons, de 70 livres. »

L'artillerie fut introduite en Bretagne peu de temps après la bataille des Trente, puis-qu'on en usait certainement en 1363, au siège de Bécherel[1]. Pour perpétuer la renommée de cet illustre combat, on en donna le nom à 30 des pièces de l'artillerie primitive réparties entre diverses villes de Bretagne, et remplacées, semble-t-il, sous le même nom, par de nou-velles quand les premières vinrent à être détruites, car on ne faisait point de pièces de fonte, c'est-à-dire de cuivre, au XIVe siècle, mais seulement de fer forgé.

Notre Inventaire mentionne sur les faucons divers détails bons à signaler, qu'on trouve principalement aux chapitres de Brest, de Guérande et de Nantes. Il note des faucons à tourillons avec clef, et d'autre sans clef (Guérande, 1) ; des faucons à croc (S.-Malo, 7 ; Redon, 3, 4), et même « à croc chevillé » (S.-Malo, 4) ; d'autres à bourrelet devant et à cheville ou à clou derrière (Nantes, 15 et 35). Le canon de beaucoup d'entre eux, au lieu d'être cylindrique ou cylindro-conique, était à pans coupés (Nantes, 3, 10, 18, 19, etc.) Quelques-uns étaient ornés de fleurs de lis (S.-Malo, 1) ; beaucoup, surtout à Nantes, d'une cordelière et d'une tête de serpent (Nantes, 3, 11, 18, 19, etc.; Dinan, 47).

Nous ne dirons rien de la façon dont les faucons et les autres bouches à feu étaient mon-tées, — sur roues ou rouelles, sur affûts à roues ou sans roues, ferrés ou non ferrés, sur chevalets, sur tréteaux, sur poulains, — quoique l'Inventaire parle souvent de ces divers genres de supports ; mais cette question nous mènerait trop loin. — Toutefois, nous soup-çonnerions fortement les deux petits faucons à croc de 70 et de 50 l., « tirant sur un

---

1. Voir nos *Etudes historiques bretonnes*, 1re série, p. 34 (Paris, Champion, 1884).

tréteau, » *que l'on rencontre à Redon (art. 3 et 4), d'avoir été des armes portatives, faisant, comme nous l'avons dit plus haut, la charge de deux hommes.*

XX

HAQUEBUTES. — *On ne peut douter que ces haquebutes ou haquebuces, qui, plus ou moins modifiées dans leur nom et leur structure, sont devenues un peu plus tard des arquebuses, ne fussent dès le XVᵉ siècle des armes portatives. Notre Inventaire le dit formellement :* « *Quatre petites hacquebuttes de fonte à croq, en leurs affustz, pour tirer à main, du poix* « *de 25 livres ; et 8 autres hacquebuttes de fonte, en leurs affustz, du poix de 30 l. chas-* « *cune.* » *(Fougères, 16.)*

On dira peut-être que les 8 dernières haquebutes, ici opposées aux 4 premières, n'étaient pas portatives. Vu la faible différence de poids (5 livres seulement), cela n'est guère admissible. Seulement il y avait de ces armes, quoique portatives, qu'on destinait à être en quelque sorte immobilisées sur les murailles d'une ville, comme plus tard ce qu'on a appelé les fusils de rempart. C'était là une différence dans l'emploi accidentel de l'arme, non dans son caractère essentiel. On peut donc, croyons-nous, regarder toutes les haquebutes comme por-tatives, soit par un homme, soit par deux, comme nous l'avons déjà expliqué.

Sur 90 haquebutes mentionnées par lui, l'Inventaire de 1495 nous donne le poids de 47. Il y en a 14 de 38 livres, 8 de 30, 8 de 28, 7 de 25, 4 de 20, 4 de 17 l. 1/2, et 2 de 15 livres [1]. — *Les pièces publiées ci-dessous sous le nᵒ LX nous font connaître deux mar-chés conclus par la ville de Rennes en 1490 et 1491, pour la fabrication, d'abord de 8 ha-quebutes de cuivre, ensuite de 27 de même métal. Dans le premier marché, le poids indiqué pour chaque arme est 30 l., et 40 dans le second. Mais il semble que le fondeur visait à ré-duire ces poids autant que la question de solidité le permettait, car les 8 premières haque-butes, pèsent en moyenne 27 livres 3/8 au lieu de 30 l. Des 27 autres, 9 seulement atteignent le poids fixé, c'est-à-dire 40 l. ; 9 autres ne vont qu'à 38 l. ; 8 à 36 ; une dernière à 28 l. 1/2.*

D'autres armes, nous l'avons déjà dit, doivent être assimilées aux haquebutes, au moins comme armes portatives dans la mesure que nous indiquions tout à l'heure. C'est, entre

---

1. Inv. Rennes, 20 et 21 ; Fougères, 16 ; Moncontour ; Guérande, 4 et 5 ; Redon, 5 ; Conq, 12. Voir aussi sur les haquebutes. Inv. Fougères, 14 ; St-Malo, 33 ; Brest, 9 et 43.

autres, les coulevrines à main, mentionnées en l'art. 43 de l'Inventaire de Brest ; c'est encore les petits faucons à croc tirant sur tréteau et ceux que l'on trouve à Fougères confondus dans le compte des haquebutes (Foug., art. 14) ; on n'en peut douter quand on rencontre dans une autre partie de l'Inventaire « 100 petites plombées (c'est-à-dire 100 balles de plomb) pour hacquebuttes et petits faucons » (Guérande, 7). Le calibre de ces faucons et celui des haquebutes était donc le même.

XXI

Venons maintenant aux pièces que nous avons au début appelées exceptionnelles, parce qu'elles figurent en très petit nombre dans notre Inventaire. Il y en a qui à la fin du XVe siècle commençaient déjà à entrer dans l'archéologie militaire. C'est surtout à Dinan qu'on rencontrait, près des faucons de la Bataille des Trente, ces vénérables reliques.

Et d'abord, dix ribaudequins. *Ce nom figure au XIVe siècle parmi les pièces de la première artillerie à feu. Ceux de Dinan ne remontaient pas aussi haut, car ils étaient de fonte de cuivre. Le ribaudequin, d'après les dessins que l'on en trouve dans les manuscrits, était une pièce courte et dont la volée allait en s'évasant vers la gueule : disposition, ce semble, assez médiocre. Le poids habituel de ce genre de pièce, d'après notre Inventaire, aurait été de 200 à 300 livres. Dans les ribaudequins de Dinan (on n'en voit que dans cette place), 4 sont de 300 livres, 1 de 250, 2 autres de 200 (la volée seule), et 2 de 150 (de même) ; le dixième pèse 350 livres, mais en comprenant dans ce poids 2 boîtes mobiles dont il est accompagné, car tous ces ribaudequins sont à boîte, et pour eux, comme pour toutes les pièces de ce temps se chargeant par la culasse, on avait autant que possible une boîte de rechange, pour ne pas être forcé en cas d'accident d'interrompre le tir. (Inv. Dinan, 1, 21, 26, 40, 49, 51, 53, 54, 57 et 59.)*

On trouve aussi à Dinan, dans le magasin ou arsenal de la tour aux Poëliers « un petart de fer *» (art. 22), sur lequel on ne nous donne aucun renseignement. Ce genre de pièce, non moins ancien que le ribaudequin, semble avoir été de médiocre dimension, mais portant une forte charge de poudre.*

Plus archéologiques encore que les ribaudequins de Dinan étaient les bombardelles de Vitré, *que l'Inventaire décrit ainsi :*

« 1. Sous les galleries et porches de devant l'église de Vitré, 2 bombardelles de fonte, sur 2 chariots à 4 grosses roues ferrées à bocteaux de fonte, et à 2 lymons.

« 17. Au jardin devant la tour de Gastesel, 1 bombardelle de fer qui se charge par devant, portant 9 livres de poudre, la pierre de 14 livres, et a de vollée 5 piez. »

Les bombardes, usitées depuis le XIVe siècle jusqu'au milieu du XVe, étaient des canons énormes destinés à lancer d'énormes boulets de pierre; ils avaient de fréquents accidents ; aussi, dès qu'on se fut avisé de faire des boulets de fer donnant sous un moindre volume un poids beaucoup supérieur à celui des boulets de pierre, on revint pour les canons à des dimensions plus raisonnables, on laissa là les bombardes et même souvent on les dépeça pour faire de nouvelles pièces (Voir ci-dessous, les n°s LVI et LVII).

Les bombardelles étaient des bombardes d'une dimension moindre, destinées aussi, comme on le voit, au jet de boulets de pierre. Les lourds chariots sur lesquels sont chargées les deux premières bombardelles de Vitré nous reportent, en fait de montage et de transport des pièces, tout au moins à la première moitié du XVe siècle. La troisième bombardelle, étant de fer, pouvait remonter plus haut.

Les gros mortiers que nous trouvons à Vitré (art. 2 et 3), appartenaient aussi à cette antique artillerie, car ils étaient destinés à lancer des boulets de pierre de grès dont on gardait une petite provision au boulevard d'une des portes de la ville. (Vitré, 5.) — Quant aux 2 mortiers de fonte de Brest (art. 46) et au mortier de fer « non monté » de Concarneau (Conq, 11), l'Inventaire ne donne à leur sujet aucun détail.

Jusque dans le XVIe siècle assez avancé, peut-être dans le XVIIe, on a donné le nom pittoresque de courtault à des canons dont la volée était, proportionnellement à leur diamètre, plus courte que dans les pièces ordinaires. On trouve à Saint-Malo 4 courtauts, d'abord deux « petits de fonte, à tourillons, sans roues ni affûts, qui ont 3 pieds 1/2 de volée, du poids de 250 livres chacun » (art. 3). C'était, on le voit au poids, de très petites pièces, peut-être se chargeant par la gueule, car il n'est pas question de boîtes. Les deux autres sont qualifiés « gros courtaulx de 3 pieds 1/2 de volée, à 3 boëtes de fer pour tout, « montés de leurs affûts ferrés » (art. 10). On ne dit point leur poids, sans doute il était fort supérieur à celui des deux premiers, car il s'agit ici de fortes pièces ; mais il importe de noter que gros et petits courtauts ont même longueur de volée, 3 pieds 1/2, ce qui donne à croire que telle était la dimension habituelle des pièces ornées de ce nom. — Il existait aussi à Guérande un courtault de fer, qui avait perdu sa boîte. (Inv. Guérande, 12.)

XXII

Après le matériel de la vieille artillerie bretonne, il serait intéressant d'étudier le personnel qui la fabriquait et qui la mettait en œuvre. Mais cela ne se peut faire ici. Résumons seulement en quelques lignes l'état des canonniers et artilliers de la ville de Rennes, en 1489 (ci-dessous n° LVIII). — Cette liste comprend 43 personnes, en tête et hors ligne Guillaume Evain, le grand fondeur de canons de cette ville, suivi de près par trois autres qualifiés comme lui « canonniers et ouvriers de fonte, » savoir, un Allemand, Haquin Renaiaren ou Renaire, et deux Bretons, Pierre Lefebvre et Mathurin Dupont : ce dernier ayant pour spécialité la fabrication de la poudre.

Après cet état-major viennent 30 canonniers et artilliers, dont 5 ne s'occupaient pas des armes à feu, savoir : 1 ouvrier d'arbalètes, 1 ouvrier de fers de vireton, 3 artilliers qui ne sont point qualifiés canonniers et travaillaient aux engins de guerre autres que les bouches à feu.

Les 25 autres sont tous intitulés canonniers : 14 n'ont pas d'autre désignation ; c'était eux qui faisaient exécuter les manœuvres des pièces par les hommes que l'on plaçait sous leurs ordres, eux qui pointaient, qui tiraient, etc.

Les 11 autres se partagent ainsi : 2 charpentiers-canonniers, 3 artilliers-canonniers, 3 canonniers et ouvriers de fonte et 3 canonniers et ouvriers de forge. Enfin il y avait 9 aides-canonniers, dont 7 canonniers sans autre désignation, 1 artillier et 1 charpentier.

Les canonniers qualifiés ouvriers de forge fabriquaient les pièces d'artillerie en fer ; le plus habile d'entre eux était Robin de la Broce, dit Broçault ou Brossaut, qui habitait près Rennes dans la paroisse de la Chapelle des Fougerets ; la ville passa avec lui de nombreux marchés pour son artillerie (voir ci-dessous les pièces LIV et LVI). Les autres, Jean Le Maistre et Jean de Troye, moins renommés, quoique placés sur le même rang, n'étaient peut-être que ses acolytes.

Il en devait être de même des trois canonniers ouvriers en fonte (Bertran Turcays, Guillaume Evrard et Jean Chevet) à l'égard des quatre maîtres fondeurs en cuivre, Evain, Renaire, Lefebvre et Dupont ; toutefois on rencontre parfois Chevet associé à Evain, Renaire et Lefebvre pour la fabrication des haquebutes (ci-dessous n° LX, pièce B).

L'Inventaire de 1495 fournit quelques indications analogues. On y voit que le plus gros canon de Bretagne, le Guingamp, de 7,500 l., avait été fondu, en même temps qu'un autre de la même force, par Guillaume Evain et Haquin Renaire (Inv. Rennes, 1). On y trouve les noms de plusieurs autres maîtres fondeurs de Bretagne, Ménier à Rennes (Ibid., 24) qui appartient à une époque plus ancienne ; Rousselet et Bernardon à Saint-Malo (S.-Malo, 1 et 6) ; Claux à Nantes (Nantes, 12 et 13), etc.

Il y a bien d'autres renseignements à tirer de cet Inventaire, surtout pour l'histoire locale et l'archéologie militaire de la Bretagne, par exemple, la nomenclature ancienne des tours et portes de Fougères, de Dinan et de Saint-Malo, des châteaux de Brest et de Nantes, etc. Citons ici — pour finir par là — ce qui regarde Dinan. L'Inventaire nous fait connaître, pour cette place, les noms anciens de 12 tours et de 3 portes, savoir, la tour des « Poisliers » (Poëliers) qui contenait le magasin d'armes de la ville, la tour aux Bourgeois, la tour « avis la maison Dieu de l'Hôtellerie, » tour Tronchant, tour Cardevily, tour Jean May, tour Chalet, porte de Saint-Malo, tour de Juhel, tour de Rochefort, tour Rouynel, tour de Vaux, tour des Arbalétriers, portail du Guichet, portail de l'Hôtellerie.

Et pour Saint-Malo : le moineau de Grasmolet, la tour des Champs-Auvert, la tour du Moulin, le Poussier Carré, la tour Morlée (ou peut-être Moillée), tour Saint-Jean, tour Dufiel, etc.

Mais il faut nous arrêter, nous en avons assez dit pour faire apprécier l'importance de ce document — dont il reste encore beaucoup à dire.

ARTHUR DE LA BORDERIE.

Saint-Ideuc, 1er septembre 1884.

DOCUMENTS INÉDITS

SUR LE

COMPLOT BRETON

DE

M.CCCC.XC.II

ᴌs documents inédits que nous avons recueillis sur le complot breton de 1492 se partagent naturellement en deux séries.

La première, qui nous a été communiquée par M. Jules Gauthier, archiviste du département du Doubs, se compose exclusivement de la correspondance de Pierre Le Pennec, qui fut, comme on l'a vu dans l'Introduction, l'âme, l'instrument principal, peut-être l'inventeur, en tout cas l'agent le plus actif de ce complot avorté.

L'autre série comprend des pièces d'origines diverses, se rattachant à ce complot et aux attaques tentées par les Anglais contre la Bretagne et la France en 1492, qui toutes se reliaient elles-mêmes, au moins dans le principe, à l'entreprise de Le Pennec.

La *Correspondance de Pierre Le Pennec* forme un ensemble qu'il y a tout intérêt à conserver dans l'ordre même où il nous est parvenu. Elle se compose de trente-deux pièces, (ci-dessous nᵒˢ I à XXXII), allant du 24 décembre 1491 au 10 mai 1492.

La seconde partie de nos *Documents sur le complot de 1492* comprend quatorze pièces diverses (nᵒ XXXIII à XLVI), la première du 5 avril 1492, la dernière du mois de novembre suivant.

Les titres placés en tête des lettres de la *Correspondance de Pierre Le Pennec* existent dans les copies anciennes qui les ont fournies, sauf deux ou trois, que nous avons suppléés et indiqués en les mettant entre crochets.

Dans la seconde partie, au contraire, tous les titres ont été suppléés par l'éditeur.

PREMIÈRE PARTIE

CORRESPONDANCE DE PIERRE LE PENNEC

I

Lettres du grant milort audit maistre Pierre le Penec [1].

(1491, 24 décembre.)

Monsieur maistre Pierre, je me recommande à vous tant comme je puis. Ce religieux, porteur de cestes, s'en retourne presentement par delà, auquel ay dit aucunes choses pour les vous exposer. Si vous pry que en tout ce que vous desclairera de par moy le vueillez croyre, et me faire savoir si chose est que pour vous puisse, pour l'acomplir de bon cueur. Ce soit Nostre Seigneur qui vous doint ce que desirez. Escript au manoir de Eltham, ce XXIIII° jour de décembre.

Signé : Le tout vostre Robt. Wylughby [2].

Et dessus lesdictes lectres : A monsieur maistre Pierre le Pennec.

NOTES.

1. Pierre le Pennec était en 1488 membre du Conseil du duc de Bretagne avec le titre de maître des requêtes à l'extraordinaire. Voir D. Morice, *Preuves de l'Histoire de Bretagne*, III, col. 606 et Compte (inéd.) du béguin de François II, duc de Bretagne. *(Arch. d'Ille-et-Vilaine.)* Il y avait une famille noble de ce nom originaire de l'évêché de Nantes, paroisse d'Escoublac, près Guérande (arrondissement de Saint-Nazaire), et une autre de l'évêché de Tréguier et des environs de Morlaix (Finistère), dont le nom s'écrit régulièrement *Le Pennec'h* ; mais au XV° siècle on n'avait point de ces scrupules orthographiques, et ce Pierre Le Pennec appartient aux Pennec ou Pennec'h des environs de Morlaix.

2. Robert Willughby, Wyllughby ou Willoughby, seigneur de Brooke, fut sénéchal de l'hôtel du roi d'Angleterre (*senescallus hospitii regis angliæ*), autrement dit « grand maître » ou « grand milord » d'Angleterre, au moins de 1490 à 1501. (Voir Rymer, *Fœdera*, édit. de La Haie 1741, t. V, part. 4°, p. 33 et 163.) Il avait toute la confiance du roi d'Angleterre Henri VII, comme le prouvent les diverses missions politiques et militaires qui lui furent confiées par ce prince. Voir D. Morice, *Preuves de l'Histoire de Bretagne*, t. III, col. 665 ; et Rymer, *Fœdera*, t. V, part. 3° p. 197, et part. 4°, p. 31, 32, 33, 35, 46, 47, 163.

II

Lettres de Champaigne, varlet de chambre du Roy d'Angleterre, adressées audict Penec.

(1491, 26 décembre.)

Monsieur le commissaire, je me recommande à vous de très bon cueur. J'ay receu voz lectres que m'avez envoiées par ce porteur, dont de ce que vous souvient me rescripre vous remercye de très bon cueur, vous priant de n'estre mal contant de ce que ne vous ay escript, car, je vous prometz, ce n'a pas esté par vous avoir eu hors de souvenance, mais en deffault de ne pouvoir recouvrer clerc. Au parsus, soiez seur que le Roy vous a en très singulière recommandacion et se loue fort de vous, de ce que continuez ainsi bon et vray Breton. Et si la fortune se donnoit que ne peussiez y continuer par delà, vous pouez estre seur qu'il vous entretiendra bien, si voullez venir par deça. Touteffoiz, il me semble que luy faictes et ferez meilleur service par delà que par deça pour le présent.

Monsieur le commissaire, je vous asseure que je suis très fort joieux et case [1] de ce que tenez et acquictez la promesse que feistes lors que estiez par deça, dont n'y perdrez riens. Aussi je vous pry que vueillez avoir souvenance du bon courtault que me parlastes pour porter aysément ung home armé ; et si vous est possible de le m'envoyer, je vous en vouldroye volontiers prier et je vous feray finance [2] de quelque bon hobin ou hacquenée que vous sera aggréable.

Et à tant vous di à Dieu que, monsieur le commissaire mon amy, vous doint ce que plus desirez.

Escript au manoir de Eltham le lendemain de Noel, jour saint Estienne.

Et desoubz : Le tout vostre frère et cousin, J. DE CHAMPAIGNE.

Et sur le dos : A monsieur le commissaire maistre Pierre le Penec.

NOTES.

1. Aise : c'est le mot anglais.
2. Je vous donnerai en paiement.

Lettre de Olivier de Coetlogon envoiée audict Penec.

(1491, 26 décembre.)

Monsieur l'aumosnier, je me recommande à vous tant cordialement que possible m'est, en vous merciant des lectres que par plusieurs foiz m'avez escript, et singulièrement par monsieur le prieur, present porteur. Par voz dernieres lectres m'escripvez que je vous deusse avoir escript de mes nouvelles par l'omme que vint prandre congié de moy à mon lit. Je vous jure ma foy que ainsi l'avoye fait et bien au long, car je ne treuvoye pas autres que voulsist prandre le charge de porter lectres par delà. Et pource que mesdictes lectres estoient encores à fermer quant il vint devers moy, ne peut les actendre, disant qu'il avoit encores à besongner à Wexmaistre [1] et que je les lui envoyasse à son logis audict lieu, ce que je fis incontinent, mais mon homme ne le trouva point et desjà s'en estoit allé : et partant demeurerent mesdictes lectres. Et vous asseure que si j'eusse trouvé par qui vous escripre plus tost et plus souvent, je l'eusse fait. Au parsur, mes compaignons et moy, savoir Jehan de Ploet [2], maistre Jehan Gibon [3] et autres, avions prins chascun congié à nous en aller par delà tous despeschés de ce Roy, fors moy, à qui il dist qu'il s'en alloit à Porsemuit [4], qu'estoit sur nostre chemin à aller à Santonne [5] et que là je prandroye congié de luy. Et quant nous fuismes près de Santonne, je départi de mesdicts compaignons pour tirer devers lui et envoié mon sommier et mes bagues avec eulx audict Santonne. Et moy arrivé devers luy, après plusieurs parolles il me remena de repeue en repeue jusques à Howynsores [6], tousjours me persuadent de vouloir le servir en me offrant de grans biens, ce que je ne lui voulu accorder et, que que ce soit, que je n'eusse eu congié de la Royne ma maistresse [7] et que j'eusse esté ung voyaige par delà veoir ma femme et mes autres amys. Et voyant que ne lui vouloye accorder, me deffendit l'issue de son Royaulme et commanda que on ne me baillast point de lectre de pas, et rescript à mes compaignons que ne me actendissent point et que n'estoit point délibéré de me laisser encores partir de son pays. Ainsi suis demeuré, et vous promectz, monsieur l'aumosnier, que jamais je n'eu plus grand dueil et pour plusieurs raisons que longues seroient à escripre, non point que j'aye paour d'estre mal traicté de ma personne, qui [8] ains me fait le Roy tres bien traicter et m'a donné de l'argent pour mon entretenement, et ne demande autre chose hors que je le vueille servir, ce que je ne suis point deliberé de faire pour le present. Mais en cest endroit ce m'est trop grant desplaisir, foulle et scandal, ainsi que mieulx pouez congnoistre, et si fault il avoir pascience. Ainsi, mon amy, veiez le malheur de vostre pouvre compaignon. J'envoie mon serviteur Guillaume devers ma femme et autres amys leur dire de mes nouvelles, à ce qu'ilz ne soient en soucy de moy. Je vous prie que, s'il a besoing de riens, que lui soiez aidant. Ledict prieur vous dira plus au long de mes nouvelles, car il a le tout de mon affaire sceu. Priant Dieu, monsieur l'aumosnier, que vous doint ce que plus desirez. Escript à Velthan le XXVI° jour de décembre.

Et dessoubz : Vostre bon et loyal frere et cousin, O. DE COËTLOGON [9].

Et dessus lesdictes lectres: A monsieur l'aumosnier messire Pierre le Pennec.

NOTES.

1. Westminster.

2. Jean de Ploër ou Plouër ; mais on prononçait alors probablement *Ploé,* car d'Argentré en l'une des éditions de son *Histoire de Bretagne,* l. XIII, ch. 45, écrit *Plouet* et en l'autre *Plouër.* — Il était homme d'armes de la garde du duc de Bretagne (D. Morice, *Preuves de l'Hist. de Bretagne,* III, col. 605) et seigneur de Trevanalouën, et fut envoyé, au commencement d'octobre 1488, par la duchesse Anne de Bretagne, à Maximilien, roi des Romains, pour lui demander des secours (d'Argentré, *loc. cit.*). — C'était sans doute à même fin que lui, Coëtlogon, et Gibon avaient été envoyés en Angleterre par la duchesse pendant qu'elle se défendait contre l'invasion française, en 1491.

3. Jean Gibon, procureur-général près la Chambre des Comptes de Bretagne, avait déjà été ambassadeur de la duchesse Anne, en Angleterre, en 1490. Jean Gibon était conseiller-maître de la Chambre des Comptes de Bretagne dès 1488, d'après le Compte du béguin du duc François II, partie inédite. V. aussi Courcy, *Nobiliaire de Bret.,* 2° édit., au mot *Gibon.*

4. Portsmouth.

5. Ici et plus loin, le ms. porte *Santonne.* C'est croyons-nous une faute du copiste pour *Hantonne,* qui est Southampton.

6. Windsor.

7. La reine Anne de Bretagne.

8. *Sic* ms. probablement pour *quar.*

9. Olivier de Coëtlogon avait été institué procureur-général de Bretagne au commencement de l'année 1488 (D. Morice, *Pr. de l'Hist. de Bret.,* III, 578). — Dans cette année et les trois suivantes, il fut chargé de nombreuses missions diplomatiques : la première en 1488, près du roi d'Angleterre, au nom du duc de Bretagne François II (Lobineau, *Hist. de Bret.,* I, 783). Après la mort de ce prince, sa fille et héritière, Anne de Bretagne, envoya Coëtlogon vers le roi de France en 1488 (Lobin. *Hist.* I, 792 ; Mor. *Hist.* II, 190) ; en 1489, vers le roi d'Angleterre (Lob. *Ibid.* 794; Mor. *Ibid.* 192) ; en juillet et août 1490, à deux reprises vers le roi de France (Lob. *Ibid.* 808 et 809); en 1491, après la surprise de Nantes par les Français (20 mars), d'abord en Hongrie vers le roi des Romains (Lob. *Ibid.* 813, et Mor. *Ibid.* 206): sans parler de sa dernière mission avec Plouër et Gibon en Angleterre, où ils se trouvaient encore tous les trois quand la guerre de Bretagne finit par le mariage de la duchesse Anne avec le roi Charles VIII.

IV

Lettres dudict Coetlogon adressées audict Penec.

(1491, 30 décembre.)

Monsieur l'aumosnier, je me recommande à vous tant de bon cueur comme je puis. Je vous ay escript naguiéres par le prieur de Morlaix bien au long de mes nouvelles. Et pour ce que par Guillaume, present porteur, en pourrez encores savoir plus au long, me deporte de vous en escripre, vous priant me faire savoir s'il est chose que pour vous puisse, pour l'acomplir, aidant Nostre Seigneur, que vous doint ce que vostre cueur désire.

Escript à Londres le penultime jour de decembre.

Et desoubz : Votre bon et loyal cousin, O. DE COETLOGON.

Et dessus : A monsieur l'aumosnier Pierre le Penec.

V

Lectre que maistre Jehan Gibon escript au Penec.

(1492, 11 janvier.)

Mon cher cousin, à vous de fort bon cueur me recommande. J'é receu les lectres que m'avez escriptes de Brest, et auparavant je vous avoye escript la destresse de moy et mes compaignons, et si[1] fort desplaisant que ne vous ay veu et parlé à vous, pour deviser ensemble de plusieurs noz adventures que ne sont à escripre : ce que j'espère que ferons en brief, pour tant que vostre serviteur m'a dit que bientost pourrez estre à Vannes, mais ne pourray parler à vous jusques au retour de la court, où feray pour vous ce que me rescriprez ou ferez savoir comme pour moy mesmes, soïez en sœur. Quant Anglois sauront la vérité du mariaige de nostre princesse, grant amertum leur sera au cueur, et graces à Dieu il ne l'a oubliée, quelque deffault que princes et hommes lui aient fait. Le procureur général[2] est demeuré bien esbay de par delà et n'a peu avoir congé. Pleut à Dieu que s'en fût venu, car je doubte, quant ilz sauront à certain le tout de par delà[3], que ne lui en sera de mieulx.

En vous priant me faire savoir voz plaisirs, esquelz faire m'employray de tout mon pouoir par ma foy. A tant priant Nostre Seigneur que vous doint acomplissement de voz desirs.

Escript à Morlaiz, ce vendredi XI jour de janvier.

Et dessoubz : Vostre loyal cousin, J. Gibon.

Et dessus : A monsieur messire Pierre le Penec, conseillier du Roy nostre sieur.

NOTES.

1. *Sic* ms., pour *sui*.
2. Olivier de Coëtlogon.
3. D'après cette phrase et la précédente, quand Olivier de Coëtlogon écrivait les lettres ci-dessus nos III et IV, des 26 et 30 décembre 1491, on ignorait encore en Angleterre le mariage d'Anne de Bretagne avec le roi Charles VIII, célébré à Langeais le 6 de ce mois.

VI

[Lettre de Henri VII, roi d'Angleterre, à Pierre le Pennec.]

(1492, 25 janvier.)

Très chier et bien amé, nous avons receu troys paires de voz lectres, que escriptes nous avez, et bien au long entendu le contenu en icelles. Et vous mercyons de la payne et travail que prenez pour nous faire service, mesmement de ce que ainsi souvent nous faites savoir des nouvelles de par delà, en quoy nous faictes plaisir et service très agréable. Nous vous avons puis naguieres signifié bien au long de nostre intencion par le religieux, touchant la matière que savez. Et avec ce vous avons ordonné une certaine somme d'argent à vous estre baillée et delivrée par delà pour aider à survenir à voz affaires, ce pendant que vous en ordonnons de l'autre.

En oultre, nous vous envoyons le sauf conduit que desirez avoir, pour l'omme que savez, en la manière que le requerez. Et si ainsi est que ne le tienne assez suffisant selon son desir, renvoiez le nous et nous rescripvez la somme que le demande, et nous lui envoirons, car nous desirons grandement lui faire plaisir et nous emploier en tout ce que peut estre à son bien, honneur et prouffit.

Pareillement, nous vous envoyons le troys sauf conduits dont nous requerez par vosdictes lectres, et les avons fait expedier tous troys au nom de Jehan Guymelier et ses facteurs, ainsi que le requerez par vosdictes lectres.

Touchant le cappitaine ' que vous dictes que l'on veult oster de la garde d'une place, lequel est bien vostre espécial amy, désirant savoir si nostre plaisir est que l'entretenez, nous vous prions que mectez paine de toujours l'entretenir. Et soiez seur que recongnoistrons envers lui le plaisir et service que nous fera.

Au surplus, faictes nous souvent savoir de telles nouvelles que vous surviendront, ainsi que avez acoustumé de faire, et nous ne mectrons pas en obly le bon service que vous nous faictes. Et soit Nostre Seigneur qui, très chier et bien amé, vous ayt en sa garde. Escript à nostre palais de Westmoustier, le xxvme jour de janvier l'an iiiixx et xi '.

Et signé, HENRY R.

Et de secrétaire, MEAUTIS.

2

Et dedans lesdictes lectres ung brevet en parchemin, où il est escrip ce que s'ensuyt :

Maistre Pierre, j'ay veu ce que m'avez escript par ce porteur et vous mercye bien cordialement des nouvelles et bons advertissemens que me faictes, en quoy me faictes plaisir très agréable, quel ne mectray en obly. J'ay bien au long communiqué avec cedict porteur, sur lesdits advertissemens, et lui ay desclairé sur ce mon entencion pour le vous signifier. Si vous prie le vouloir oyr et féablement croyre en ce que vous exposera de ma part, tant en ce que en autres choses.

Et signé : HENRY R.

Et sur le dos desdictes lectres : A nostre très chier et bien amé maistre Pierre le Pennec.

NOTES.

1. Guillaume Carrel ou Carreau, capitaine de Brest, voir ci-dessous les n°ˢ XV, XVI, XVII.

2. L'année officielle anglaise commençant alors au 25 mars, cette date de 1491, exprimée en vieux style, répond, dans notre manière actuelle de compter, au 25 janvier 1492.

VII

Lettres dud. [grand] milort audict maistre Pierre le Penec.

(1492, 28 janvier.)

Monsieur maistre Pierre, je me recommande à vous de très bon cœur. J'ay receu les lectres que m'avez envoyées. Et par avant la recepcion d'icelles, avoye sollicité le Roy mon maistre presque de tout le contenu en vosdictes lectres, touchant l'omme que savez. Et vous envole le Roy mondict maistre tout ce que vous lui requerez, ainsi que pourrez plus amplement veoir et entendre par la lectre que vous escript [1]. Et à ceste cause me depporte de plus avant vous en escripre ; mais je vous prometz qu'il a bon vouloir envers vous, et est deliberé de recongnoistre le bon service que vous lui faictes.

J'ay parlé à Sourdéac [2] pour l'argent que vous doit, lequel m'a respondu que pour le présent il n'en n'est pas fort bien garny, mais le plustost que pourra vous contantera.

Monsieur maistre Pierre, faictes moy savoir s'il est aucune chose que desirez, que pour vous faire puisse, et je le feray très volontiers et de cueur, par l'ayde de Nostre Seigneur, que vous doint ce que plus desirez.

Escript au palays de Wastmosstier lez Londres, le XXVIIIe jour de janvier.

Et dessoubz : Le tout vostre amy (de mesme celle de l'autre part), [Robt. Wylughby].

Et dessus : A monsieur maistre Pierre le Pennec.

NOTES.

1. La lettre précédente n° VI.
2. C'est apparemment « Jehan de Sourdéac, eschanczon du roy d'Angleterre, » mentionné en 1487 dans le Compte de Guillaume Juzel, trésorier de Bretagne, comme ayant présenté « un hobin » au duc de Bretagne François II. (D. Morice, *Preuves*, III, 537.) Il est encore mentionné dans les n°s XIV et XXII ci-dessous.

VIII

Lectres adressées audict Penec envoiés de Olivier Coëtlogen.

(1492, 4 février.)

ONSIEUR l'aumosnier, je me recommande à vous tant de bon cueur comme je puis. Naguieres vous ay escript et bien au long fait savoir de mes nouvelles. Et pour ce que il n'est riens survenu de nouveau, ne sçay à present que vous escripre. J'é entendu que on m'a désapointé par delà du tout de mes offices, et non pas de ceste heure, mais du temps que estoye en ambaxade pour la Royne nostre maistresse devers le Roy des Rommains et ce Roy[1], et si ne sçay l'occasion pourquoy, sinon pour bien et loyaulment l'avoir servie. Je croy que Dieu a fait pour moy, quant il a mis en l'entendement de ce Roy[2] de me empescher de retourner par delà, car je croy que je n'eusse eu de quoy vivre, pour tant que ou voyaige que j'ay fait ay despendu tout mon vaillant, et à tout le moins cedict Roy me donne la vie tandis que seray par deça. Monsieur l'aumosnier, ce sont les bons guerdons de court ; mais j'ay espoir en Dieu que on congnoistra une fois si j'é bien ou mal servy et selon le mérite ou desmérite en avoir retribucion.

Je vous pry, monsieur l'aumosnier, que par les premiers me faictes savoir des nouvelles, et si chose est que je puisse pour vous, pour l'acomplir à mon povoir, aydant Nostre Seigneur, que vous doint ce que plus desirez.

Escript à Londres ce quart jour de fevrier.

Desoubz : Vostre loial frère et cousin :   O. DE COËTLOGON.

Et sur le dos desdictes lectres : A monsieur l'aumosnier messire Pierre le Penec.

NOTES.

1. « Ce roy, » c'est le roi d'Angleterre Henri VII. « La royne nostre maistresse, » c'est Anne de Bretagne. Le séjour prolongé de Coëtlogon en Angleterre étant devenu suspect, on l'avait en France et en Bretagne destitué de toutes ses charges, en faisant remonter rétrospectivement les effets de cette destitution au temps où il était allé en ambassade vers le roi des Rommains.

2. Henri VII, roi d'Angleterre.

IX

Lectre envoyée par Richard Estienne audict Penec.

(1492, 4 février.)

Monsieur, je me oblié à vous demander lectre pour avoir partie de voz saufconduitz, et pour cause. Car j'espère envoier la barque chargé de sel en Angleterre, et suis dorenavant deliberé d'estre marchant, et à celle cause vous supplie que ne vueillez faillir en me faire avoir deux ou troys ou quatre, et me faictes savoir de voz nouvelles.

Desoubz : R. frère DE LEPEY.

Et sur le dos : A Monsieur l'aumosnier

X

Lettres de Jehan Simon, marchant à Excestre, adressées audict Penec.

(1492, 6 février.)

Monsieur, très humblement je me recommande à vous et de bon cueur etc. Vous plese savoir que ce jourd'uy je suis arrivé à Excestre de Londres, et ay heu grand pain et grands despens à Londres pour acomplyr mes besongnes etc. Monsieur, je vous ay envoié par le navire de Yvon le Marchant vostre mael [1] et ung petit sacquelet où il y a des drogeriez dedens, telles que m'avez mandé et est tout en ung coffeneau [2] dedans ledict sacquelet. Et pour ce que l'apoticairy est fort cheir par deçà, il est seellé ladicte coffeneau et pour plus seur j'ay seellé ledict sacquelet de ma seel. Et si je eust peu plus toust envoyé, je eusse fait de bon cueur. En oultre je envoie ung bien bon sauf-conduit à Henry Lagadacque [3] pour ung navire de cent tonnaux ; ains, comme vous en porez bien veoir, si vous plaist, je vous prie que vueillez aider et conseiller ledict Lagadec pour mestre en besongne à mon proufit, et ne veulx donner à mains que cent angelotz ladicte saufconduit, et dura ung an entier, et monsieur Broke [4], qui est admiral d'Angleterre, m'a fait avoir, lequel m'a promis que en sera bien obeye et tenu, etc.

Touchant vostre hacqueney, je ne vous sçay encores escripre, mais par le premier navire que yra par delà je vous envoira le certain. Aidant Nostre Seigneur que vous doint l'acomplissement de tous vous desirez.

Escript à Excestre, lundi le VI [e] jour de febvrier anno etc. 1491 [5].

Le tout vostre serviteur.

Et desoubz : Jehan Symon, tousjours à vostre commandement.

Et plus au dessoubz en deux lignes et demye est escript :

Monsieur, je vous supplie que me vueillez mander par li premier que viendra par deça cy aves receut tout vostre besougnez, assavoir est, vostre mael et vostre sacquelet, et vous me ferez ung grand plaisir.

Et dessus le dos : A maistre Pierre Penec estant à Morlays etc.

NOTES.

1. Votre malle.

2. En un coffret.

3. La forme régulière de ce nom breton est *Lagadec* ou *Lagadeuc*, du breton *lagad*, œil, *Lagadec* qui a de grands yeux. Il y avait deux familles nobles de ce nom dans l'évêché de Tréguier, non loin de Morlaix. Mais ce nom était aussi porté par plusieurs familles non nobles.

4. Robert Willughby, seigneur de Brooke. Voir le n° I, note 2.

5. Vieux style. En style actuel, 1492.

XI

Mémoire dudict Penec.

(1492, avant le 25 février.)

MEMOIRE de monstrer les lectres qui m'ont esté envoiées pour avoir troys ou quatre sauf-conduits, et de dire à celui qui garde lesdicts saufconduits qu'il advise le meilleur moien pour les baillier sans dangier à celluy que les requiert et de prandre une confession de les avoir receuz et obligacion d'en paier les deniers. Il me semble que Coetcongar [1] ou Le Heut [2] les pourront baillier ; si feroit celui qui les garde sans dangier, car celui qui les demande est homme sceur.

Item, memoyre de demander la responce des lectres que j'envoye par Coetgongar du Boys de la Roche [3].

Item de recouvrer mes XL nobles et les cinquante que j'é avancez par le prieur à la femme etc., et de dire à mon compere que je m'esbays de la variacion que je treuve en ce que m'a fait savoir par Guillaume et le present porteur touchant lesdicts cinquante nobles. Par Guillaume il m'a fait savoir que les eusse prins à Brest et qu'il les eut rambourcez. Par le present porteur il m'a fait dire que n'en bailleroit que XX escuz et que le parsus lui est deu à cause du prisonnier etc. Il m'est estrange trouver tels langaiges devers ung homme de bien. Le deffault d'argent est cause, comme pourra dire le porteur, que l'on n'a fait plusieurs grans services à l'omme [4] qui envoye lesdicts nobles, et pourroit estre en l'avenir, dont il faudra que me descharge, affin que l'on congnoisse que n'a pas tenu à moy, que le reprouche en vienne où il appartient.

Item, memoire de savoir des nouvelles de Monsieur le prince [5], du chancelier [6], de leur train et de leur conduite, où ilz font leur résidence et où ilz la veullent faire en l'avenir, et quelx nouvelles ilz ont eu des V° hommes d'armes et des IIm piétons qu'ilz avoient envoyé quérir et de toutes autres choses à l'esgard du porteur.

Signé desoubz : Le compère P. L.

NOTES.

1. Coëtcongar, terre noble en Ploujean, aujourd'hui commune du canton et arrondissement de Morlaix (Finistère). Famille bretonne noble de ce nom, qui subsistait encore en 1543.

2. Le Heuc, famille bretonne noble encore existante en 1536, — tirait son nom d'une terre et manoir noble appelé

Le Huc ou *la Héuc*, en la paroisse de Quemenéven, aujourd'hui commune du canton et arrondissement de Châteaulin (Finistère).

3. Probablement le Bois de la Roche, terre et manoir noble en Garlan, commune très voisine de Morlaix, canton de Lanmeur (Finistère). Il y a toutefois d'autres terres de ce nom dans cette région, une surtout assez importante, dite aujourd'hui *Coat-ar-Roch* (traduction bretonne de *Bois de la Roche*) en Commana, commune du canton de Sizun, arrondissement de Brest, Finistère. Nous inclinerions à croire qu'il s'agit plutôt de celle de Garlan.

4. Le roi d'Angleterre.

5. Le prince d'Orange, lieutenant général du roi en Bretagne.

6. Philippe de Montauban, chancelier de Bretagne.

XII

[Lettre du roi d'Angleterre à Pierre Le Pennec.]

(1492, 25 février.)

Très chier et bien amé, nous avons receu les lectres que escriptes nous avez par vostre serviteur, et veu le mémoyre[1] que lui avez baillé, par lesquelz nous advertissez de plusieurs choses dont suysmes bien contans de vous. Et pour tant que desirez savoir nostre vouloir et entencion sur partie desdictes choses, nous avons donné charge à celui à qui vous parlastes à Lemnyon[2], sur la fenestre de la chambre de son logis, de vous en faire ample desclairacion, laquelle vous envoyons présentement[3]. Et vous prions de y besongner ainsi que en vous avons nostre seurté, en asseurant de par nous les personnaiges à qui vous avez à besoingner que de toutes les choses contenues en ladicte desclaracion ne se y trouvera aucun deffault, car pour rien ne vouldryons que ceulx que se veullent emploier à nostre service se trouvassent deceuz à noz promesses.

Oultre, vous prions que la responce que le religieux aura de l'omme devers lequel il devoit aller, de la nous faire savoir en toute dilligence, car nous désirons le bien de lui comme le nostre propre. Et sur toutes choses vous advertissons que saigement vous conduisez esdictes affaires; car se n'y prenez bien garde, nous doubtons que grant inconvénient en pourroit venir à vostre personne, de quoy serions très desplaisant, veu le bon vouloir que congnoissons que avez à nous faire service. Au surplus, nous avons commandé à vostredict serviteur d'actendre et sejourner en nostre ville d'Excestre jusques à avoir nouvelles de vous, ainsi que le desirez par vosdictes lectres.

Et à tant soit Dieu que, très chier et bien amé, vous ayt en sa saincte garde. Escript à nostre palais de Westmostier, le XXVe jour de fevrier M IIII[xx] et XI[4].

Et signées : HENRY R.

Et du secrétaire, MEAUTIS.

Et sur le dos desdictes lectres : A nostre trés chier et bien amé messieur Pierre le Pennec.

NOTES.

1. C'est la pièce précédente ci-dessus n° XI.
2. « Lemnyon » pour Lennyon ou Lannion.
3. C'est la pièce suivante ci-dessous n° XIII.
4. *Sic,* lisez: M. IIIIe IIII[xx] XI, c'est-à-dire 1491 vieux style, 1492 nouveau style.

3

XIII

Double d'uns articles envoiez avecques les secondes lectres dudict Roi d'Angleterre, despesché par Olivier de Coetlogon.

(1491, 27 février.)

A u regard des lectres et memoyres qu'avez envoié par deça, le tout en substance ne requiert responce que de quatre choses. La première et principalle si est de la matière dont me parlastes à Lannuyon[1] sur la fenestre de la chambre de mon logis, de laquelle je parlé ou temps de lors où je devoye, mais pour les choses entrevenues l'entreprinse est rompue, ainsi que pouez entendre. Mais depuis la recepcion de voz lectres en ay eu longue communicacion avec le Roy, lequel m'a donné charge de vous en escripre son intencion. Il lui semble bien ladicte matière estre fort bonne entreprinse, mais que elle se puisse mener affin, et est contant de donner les cinq cens livres de rente par heritaige et oultre bailler à l'omme[2] recompance d'autant vaillant que vault le benefice que posside. Et lui fera ladicte recompance en pareil bénéfice ou autrement, en si bonne et seure recompance qu'il en devra estre contant. Et si lui baillera toute telle et pareille charge qu'il avoit au temps que premier lui parlastes de ladicte matière, car selon que j'entends il a moindre nombre à present que n'avoit ou temps de lors. Et d'abondant lui donnera cinq mil escuz d'or contans, et est bien délibéré davantaige de l'entretenir mieulx que jamais ne fut ; de ce vous le pouez asseurer que nulle faulte ne se y trouvera, car c'est le prince que vive que mieulx tient ses promesses et esquelles jamais deffault ne se treuve. Il me semble que si ledict homme a vouloir de besongner, qu'il y doit entendre, car les offres sont bonnes, seures et grandes, et ne doit pas pourtant laisser à mectre la besongne affin si on ne lui donne le tout de l'argent comptant qu'il demande, car il aura afaire à ung maistre qui est bien pour le recompanser et plus vaillant que ne demande ; mais vous le congnoissez estre tel qu'il se eslargist moins en promesses que en effect. Et pour ce, au plus tost que pouriez, mandez par deça de son intencion, à ce que on y face une fin.

Touchant l'autre article, concernant la venue d'aucuns des pays d'amont ou pays d'abas[3], il semble au Roy que le moins que pouriez converser avec eulx sera le meilleur, fors pour la preservacion de vostre personne, car en celui cas est besoing aucuneffoiz de temporiser, ainsi que bien l'entendez.

Au regard de l'autre article, faisant mencion que desirez savoir le plaisir du Roy, si veult que mectez payne de guangner et recouvrer à son service le *mouchet*, le *grant homme*[4], et autres, il est d'advis que en ce n'y aura que tout bien si osez prandre l'aventure de leur en parler et si vous semble le pouoir faire sans dangier de vostre personne, à quoy sur toutes choses il desire que prenez garde. Vous pouez asseurer le *mouchet* que, quelque rapport que on ayt fait au Roy de sa personne, jamais ne l'a eu en suspeczon et tousjours l'a tenu et tient pour bon et loyal. Et de moy je suis seur que nul n'a esté ne n'est bien venu devers luy qui lui en rapporte mal, car il dit l'avoir tousjours trouvé véritable, et lui semble que les choses qui ont esté faictes par delà ont esté faictes oultre son gré et volunté : ainsi le pouez asseurer qu'il a désir et vouloir à lui plus grant que jamais n'eut. Et si veult tenir son party, il le lui donnera à congnoistre par experience, et si fera il paroillement aux autres gens de bien, mais il n'est pas besoing qu'ilz se desclairent jusques à ce qu'ilz voyent le temps convenable.

En ce que sont les gentilshomes de par delà et archiers etc., que desirent vous suyvre, il lui semble que ce sera très bien fait que les entretenez de toutes bonnes parolles confortables, affin qu'ilz puissent tousjours demeurer bons Bretons, car il a bien esperance que le temps viendra bien brief que celui de Bretaigne à qui le droit du pays appartient [1] par le moien de ses vroys amys et bons parans le recouvrera, et ceulx que ce sont monstrez et declerez vrais et loyaulx Bretons seront relevez et mis hors de la captivité des Françoys, et a intencion davantaige de les faire remunerer particulierement chascun, selon qu'il aura congnoissance de sa bonne loyaulté, condignement selon qu'ilz auront desservy. Mais je vous advertis que vous prenez de grans charges, et principallement puisque avez à faire à tant de gens. Et si vous faillez à saigement vous conduyre, vous devez tenir pour asseuré que estes en très grant dangier de vostre personne, car vous n'avez pas afaire à bestes endormies.

Oultreplus, le Roy s'esmerveille que n'avez recueilly cinquante nobles, qu'il avoit baillez tous contans à celui que savez pour les vous bailler, et n'est pas contant de la dilacion de luy. Et pour ce dictes le luy et les prenez, car le Roy le veult, et aussi davantaige m'a dit qui feroit bailler par deça au facteur de Nicollas Coetanlem [2] une somme d'argent, affin que ledict Nicollas la vous delivre par delà. Et ne faictes doubte que n'ayt grant vouloir à vous, et est délibéré de vous pourveoir par deça d'un bon bénéfice et vous donner pancion pour vous entretenir honnestement.

Le procureur général [3] se tanne fort par deça, et voulsist estre avec sa femme, combien que le Roy le traicte bien. Il se recommande cordialement à vous, et vous prie que lui faictes savoir des nouvelles de sa femme et autres amys et aussi de son serviteur Guillaume, qui s'en alla avec les autres ambaxadeurs bretons qui estoient par deça avec ledit procureur.

Sur toutes choses de rechief je vous advertiz que prenez garde à vostre affaire et à la conduicte de voz ouvraiges, car les choses me semblent estre trop plus dangereuses que ne les estimez. Et incontinent que aurez veu cestes lectres, mectez les ou feu, de paour que quelque jour ilz ne soient trouvées.

Escript à Londres ce XXVII° jour de fevrier. Par celui qui a vestit le gippon de *taut fates* [4].

NOTES.

1. Lannion. Aux environs de cette ville, la prononciation populaire est *Lannuon*.
2. Il s'agit ici de Guillaume Carrel, capitaine de Brest; voir ci-dessous n°° XV, XVI, XVII.
3. Ici *pays d'amont* semble désigner la France; *pays d'abas*, la Bretagne.

4. Noms de convention ; le mouchet ou émouchet est une sorte d'oiseau de proie, plus petit que l'épervier.

5. Cela semble désigner le vicomte de Rohan, qui du chef de sa femme prétendait avoir droit au duché de Bretagne Cf. n° XXV ci-dessous, vers la fin.

6. Coëtanlem, famille noble du pays de Morlaix et de Saint-Pol de Léon. Nicolas de Coëtanlem fut un hardi marin et grand armateur du port de Morlaix ; voir ce qu'en dit M. Antonin Dupuy, *Hist. de la réunion de la Bretagne à la France*, t. II, p. 316, 445-446, et *Etude sur les Coatanlem* dans le *Bulletin de la Société académique de Brest* de 1873. Sur la part qu'il put prendre au complot de Pierre Le Pennec, voir les n°° XXI et XXV ci-dessous et surtout le n° XLV contenant les lettres de rémission qu'il obtint à ce sujet en novembre 1492.

7. Olivier de Coëtlogon lui-même, réputé auteur de cette dépêche.

8. *Sic.* Taffetas !...

XIV

Lectres adressées audict Penec venant d'Angleterre de Guillaume de la Rivière.

(1491, 29 février.)

Jhesus Maria.

Mon cousin, mon chier amy, je me recommande à vous tant que faire le puis. En vous merciant de voz lectres que m'avez escriptes et du bon vouloir que vous avez à bon roy Henry, qui fera miracle en sa saincte vie contre ses ennemis, lequel vous tient son loyal serviteur, et ne perdrez point le bon service que lui aurez fait. Au parsus, mon cousin, j'é parlé à Sourdéac de vostre argent, lequel est celuy que savez que n'a pas ung gros, mais il dit quant il aura de quoy il n'a pas tins à l'en advertir, mais vielle debte vient à lieu.

Mon cousin, mon amy, je vous prie que vous escripvez de mes nouvelles à ma seur de Kerimisan [1], que demeure auprès de Saint Cador [2], comment je fays bonne chière, Dieu mercy et le Roy mon bon maistre, et que je pance que nous la visiteron de brief si plaist à Dieu [3]. Auquel je prye que vous ayt en sa garde.

Escript à Westminster le XXIX jour de fevrier etc.

Monsieur le secretaire evesque d'Exestre se recommande bien fort à vous.

Et dessoubz : Le tout vostre chier cousin, GUILLAUME DE LA RIVIÈRE [4].

Et dessus le dos : A messire Pierre le Penec.

NOTES.

1. Peut-être pour « Kerinisan. » Il y avait une famille noble de ce nom dans l'évêché de Saint-Pol de Léon, originaire de Plounevez-Lochrist, aujourd'hui commune du canton de Plouescat, arrondissement de Morlaix (Finistère.)

2. *Sic.* Probablement pour Saint-Cadou. Il y a un village de ce nom en la commune de Ploumilliau (Côtes-du-Nord), et un autre en la commune de Sizun (Finistère.)

3. Allusion fort claire à une prochaine descente des Anglais en Bretagne.

4. Cette famille de la Rivière était bretonne, probablement celle qui produisit Gilles de la Rivière, vice-chancelier de Bretagne sous le duc François II. Mais ce Guillaume était depuis longtemps habitué en Angleterre, car en 1489-1490, dans un compte du trésorier Juzel, on le voit près de la duchesse Anne comme « escuyer du roy d'Angleterre, » vers qui cette princesse le renvoie. (D. Morice, *Preuves*, III, 665.)

XV

Lectres dudict Penec adressées audict cappitaine de Brest [1].

(1492, 9 mars.)

MON cappitaine, Sevestre est en ce jour arrivé de court, qui m'a dit que Jehan *Kerveziec* [2] doit estre longtemps avenu à sa maison et vous avoir adverti de tout ce que l'on procure contre vous en court, qu'est du tout vous desappoincter et envoier ung autre plus sceur et plus féable au Roy que vous lui garder Brest: ce que a refusé le bailli de Caen, qui a esté mandé pour venir en court par plusieurs foiz pour prandre ceste charge, qu'il a tousjours refusée. Touteffoiz doit arriver bientoust en court emprés le partement dudict Sevestre. Je ne sçay si prandra ceste charge, ou s'ilz y envoyront d'autres. Vous avez bien servy : tous gens de bien ne sont d'oppinion que ne devez point aller devers le Roy pour mandement que vous face en court et ailleurs, ainsi que dit Sevestre. De moy, je vous ay tousjours dit que vostre bien et honneur ou vostre mal et deshonneur est entre voz mains ; vous avez de quoy vous aider. Je vous ay tousjours dit et vous ai escript dernièrement par mon paige que de vostre ennuy je seroie aussi desplaisant et plus que du mien, et que je ne esper guere vie ne autre chose que je puisse emploier pour vous faire plaisir et service. Je vous ay monstré certifficacion de ce que je pouoye faire pour vous. Si vous y voulez entendre, envoiez moy homme sceur ; si Kergadroit [3] vous semble bon, si fait il à moy ; et dedans le temps que me ferez savoir, je vous mectré en bonne et loyalle seureté. Je n'actends fors vostre response pour m'en aller à Vannes. Ce messaigier retourné, je m'en partyray incontinant, aidant Nostre Seigneur qui vous ayt en sa saincte garde.

Escript à Morlaix ce vendredi IXe jour de mars.

Et dessoubz : Le plus vostre que fils, PIERRE LE PENEC.

Et dessus : A Monsieur le cappitaine de Brest.

NOTES.

1. Le capitaine de Brest était alors Guillaume Carrel ou Carreau, Français d'origine, qui commandait déjà dans cette place pour le roi en 1489, peu de temps après que les Français s'en étaient emparés; voir lettre de Charles VIII du 27 juin (1489) dans D. Morice, *Preuves* III, col. 645. Il était encore capitaine ou gouverneur de Brest le 18 juillet 1492,

d'après une pièce inédite du Ms. fr. n° 15541 (ci-dessous n° XLI); ce qui prouverait qu'après s'être laissé quelque temps entraîner par les menées de Le Pennec, il était venu à résipiscence et avait été maintenu dans sa charge. Ce capitaine de Brest semble avoir été originaire du Poitou, car dans une pièce du 3 mars 1491 (vieux style) il se qualifie «chevalier, seigneur de Chiré et de Courgé,» deux terres dont la première est située en Saint-Varent, aujourd'hui chef-lieu de canton de l'arrondissement de Bressuire, Deux-Sèvres, et l'autre (Courgé) dépend de la commune de Vançais, canton de Lezay, arrondissement de Melle, même département. On l'appelait souvent Carreau, mais dans cette pièce même il signe Carret (D. Morice, Ibid. col. 699-700.)

2. Ou Keruezec, peut être pour Kerguezec, vieille famille noble de l'évêché de Tréguer, originaire de la paroisse de Trédarzec, aujourd'hui commune du canton de Lesardrieux, arrondissement de Lannion, Côtes-du-Nord.

3. Sic. Peut-être pour Kergadiou. Il y avait deux familles bretonnes de ce nom, originaires l'une de la paroisse de Ploujean, l'autre de la paroisse de Plourin, ces deux paroisses aujourd'hui communes de l'arrondissement et du canton de Morlaix (Finistère).

XVI

Autres lectres dudict Penec adressées au capitaine de Brest.

(1492, 13 mars.)

MON cappitaine, je me recommande à vous tant de bon cueur que faire le puis. J'é receu voz lectres par le present porteur, auquel ay communicqué bien au long de toutes choses, ainsi que vous pourra mieulx rapporter. Par lui je vous envoie la certiffication que j'é de vous entretenir[1] et autres lectres, lesquelles vueillez garder si secretement que autre n'en n'ayt congnoissance. Je suis tout esbay que n'ay responce de mon homme; incontinent que en aurcy nouvelles je vous en advertiray par le moien que ay dit à ce porteur, et pareillement le feray des autres que je rescrips à present de la teneur que cedict porteur pourra vous dire, car il les a veues.

Mon cappitaine, ne vous laissez point sousprandre, faictes bon guet et bonne porte, et à l'aide de Nostre Seigneur je vous mectré en bonne seureté de brief et en plus de biens et de honneurs que n'eustes jamais sans comparaison. Il est requis que je face quelque voyaige, ainsi que j'é dit à cedict porteur, pour les causes dont il vous peut advertir.

Je vous prie que vous recommandez à Dieu de bon cueur et l'appellez à juge et tesmoing de l'injure et oultraige que l'on vous procure à tort. Si lui presentez chascun jour, soir et matin, ung seaulme duquel je baille le nom audict porteur (c'est le derrain de la dernière matine) et vous recommandez à Nostre Dame, sainct Christofle et saincte Suzanne et seigneur de Cresune[2], et j'é bonne confiance en Dieu que vous trouverez chascun jour de mieulx en mieulx.

Mon cappitaine, Dieu vous doint s'amour et sa grâce, et vous ayt en sa saincte garde.

Escript à Morlaix ce mardi XIII° jour de mars.

Soyez seur que je n'auray bon soir ne bonne nuyt tant que vous voye à vostre ayse et seureté.

Et desoubʒ: Le tout plus vostre que filz, PIERRE LE PENEC.

Et dessus: A mon cappitaine.

NOTES.

1. L'autorisation du roi d'Angleterre de faire des ouvertures à *l'omme*, c'est-à-dire au capitaine de Brest, comme on le voit dans le n° XIII, contenant les articles qui étaient joints à la lettre du roi n° XII.

2. Le texte porte *Cresune* ou *Cresine*.

XVII

Lectres dudict Penec envoyés au capitaine de Brest.

(1492, 26 mars.)

Mon cappitaine, je me recommande à vous de tout mon cueur, desirant savoir de voz nouvelles. Je suis en bon point, la Dieu mercy, et feys bonne chière avec une myenne niepce près à troys lieues de ceste ville de Pontivi, ou je seray jusques à samedi ou dimanche, et de cy me rendré à Vannes, aidant Nostre Seigneur.

Mon cappitaine, je trouvé messire Morice du Mené ¹ mardi dernier en ceste ville, qui s'en retourne de la court, et me dist que, sur le debat d'entre lui et Meriadec pour la cappitainise de Morlays, le Roy n'avoit desclairé son intencion à luy ne à l'autre ne baillé mandement. Bien tenoit il la main audict messire Morice, et la Royne audict Mériadec. Touteffois ledict messire Morice est délibéré de garder sa place et de ne la rendre pour mandement que le Roy en donne, et ainsi l'a dit à l'admiral ² et à plusieurs et au Roy ; avecques, plus m'a dit que si ledict Meriadec le surprenoit en sadicte place, que avec ses amys il le chasseroit dehors. Il désire d'estre amy de l'omme duquel je vous envoye les lectres avec les miennes par La Mothe ³. Si sont plusieurs dont je nomme les aucuns à Ladicte Mothe, que m'ont prié à merveilles de besongner pour eulx. Plus me dist ledict messire Morice que le prince d'Oranges estoit gouverneur de Bretaigne, fors que la conté de Nantes qui est demourée au seigneur de La Trimolle, et disoit que ledict prince s'en venoit par deça et amenoit VIᶜ hommes d'armes, IIIᵐ Vᶜ Souysses pour la garde du pays de Bretaigne, et le chancelier de Bretaigne venoit tenir conseil à Rennes bien acompaignez. Si vous congnoissez les personnaiges, vous diriez bien que n'en n'y a point moins de suffisans nulle part.

Encore me dit que ceulx de la garnison de Sainct Omer avoient prins l'ambaxade que le Roy envoyoit en Angleterre et XXX hommes d'armes que la conduysoient et des autres gens de guerre de France plus de XX hommes d'armes, quelz tous ensemble estoient à faire les escoutes audict lieu de Sainct Omer.

Ledict messire Morice a passé par monseigneur de Gyé, au Vergier ⁴, auquel lieu arriva, eut jeusdi huit jours, une poste que l'admiral de France envoyoit devers ledict sieur de Gyé, par lequel il lui rescripvoit que le Roy estoit certain que le conte d'Auxonfort ⁵ avoit passé à Calays avec VIᵐ Angloys ; ledict conte est nommé en Angleterre le meilleur cappitaine et le plus hardy que y soit. Je

4

le congnois, il fut compère du Roy de son dernier filz et est admiral d'Angleterre et seigneur d'Escalles. Aussi escripvoit que le prince d'Oranges avoit dit au Roy que ne viendroit point en Bretaigne si le sieur de Rohan et le mareschal de Ryeux ne vuydoient le pays. Ledict sieur de Rohan est allé en court, dès aujourd'huy a XV jours, se plaindre de luy avoir osté la lieutenandise de Bretaigne, de luy avoir cassé XL hommes d'armes, et demander son filz que l'on veult marier, à son desceu, à la fille de monsieur de Candalle⁶. Ledict mareschal de Ryeux s'en est venu de court sans charge nulle, avec sa pension de XII ᵐ d. (sic) et sa compaignie de cent hommes d'armes qui est à Arras. L'on luy a voulu hoster XL hommes d'armes, mais sa presence à Paris les a sauvez. On a cassé Laval⁷, Avaugourt⁸, Quintin⁹, Montefilant¹⁰, qui est avec son père, le marechal de Rieux, à Nozay¹¹.

Mon cappitaine, incontinent que auray oy nouvelles de mon homme, qui partit vendredi eut huit jours avecques les lectres que je monstré à La Mothe, j'envoyré devers vous. Cependant tenez vous en voz gardez en vostre place, et faictes tousjours bon guet et bonne porte : aller dehors vous est dangereux. Si vous me voulez faire savoir de voz nouvelles, faictes mectre voz lectres en ceste ville, en la maison de Guillaume le Guern appellé en françoys de Launoy¹² où ilz seront en aussi bonne seureté que en ma main. Dieu mercy que, mon cappitaine, vous ayt en sa saincte garde. Escript à Pontivi, ce lundi XXVI° jour de mars.

Le sieur Des Cordes¹³ s'en est allé de Paris sur les marches de Picardie et y a cuidé mener le mareschal de Ryeux. Ledict messire Morice extime que les Soysses et les autres hommes d'armes que venoient avec ledict prince soient retardez pour le passaige desdictz Angloys.

Dessoubz : Le tout plus vostre que filz, PIERRE LE PENNEC.

Et dessus : A mon cappitaine.

NOTES

1. Maurice du Mené — d'une vieille famille de Bretagne, rameau de la famille Charuel qui avait un de ses membres à la bataille des Trente en 1351. La terre du Mené est en Plourach canton de Callac, arrondissement de Guingamp, Côtes-du-Nord. — Ce Maurice du Mené servit longtemps la France sous Louis XI, revint en Bretagne à la mort de ce roi, fut capitaine des archers de la garde du duc de Bretagne en 1488 (*Registre de la Chancellerie de Bretagne* inédit, puis de la duchesse Anne : personnage remuant et actif, joua un rôle assez important dans la guerre de Bretagne sous Charles VIII. — D'Argentré en parle avec détail dans son *Histoire*, livre XIII, chap. 36. Le compétiteur de Maurice du Mené pour la capitainerie de Morlaix, Hector de Mériadec, avait été, depuis 1480 environ, l'un des hommes d'armes de la garde du corps du duc François II et ensuite de sa fille Anne de Bretagne ; voir D. Morice, *Preuves*, III, 388, 427, 605, 725. Ces Mériadec étaient un ramage de la famille de Guicuznou, originaire de la paroisse de Plougasnou, près Lanmeur, ancien diocèse de Tréguer.

2. L'amiral de Bretagne, Louis de Rohan, seigneur de Rainefort, dont il est question ci-dessous dans les lettres nᵒˢ XVIII, XX et XXV.

3. La Mothe, homme d'armes de la compagnie de G. Carrel, capitaine de Brest, et homme de confiance de ce dernier. *L'omme duquel je vous envoye les lectres* est évidemment le roi d'Angleterre.

4. Le Verger, château situé en la paroisse de Seiches, aujourd'hui commune et chef-lieu de canton, arrondissement de Baugé (Maine-et-Loire). Ce château, fort beau alors et où Charles VIII résida plus d'une fois pendant la guerre de Bretagne, appartenait à Pierre de Rohan, sire de Glé ou Gyé, marêchal de France, connu sous le nom de maréchal de Glé.

5. Il s'agit sans doute du comte *d'Oxford*, John Vere, qui était à la fois grand chambellan et amiral d'Angleterre : voir Rymer, *Fœdera*, édit. de La Haie, 1741, t. V, 3ᵉ partie, p. 186, et 4ᵉ partie, p. 86.

6. Lieutenant-général du roi en Guienne. Quant à Jean II, vicomte de Rohan, et à Jean de Rieux, maréchal de Bre-

tagne, mentionnés l'un et l'autre dans cette lettre, nous ne dirons rien ici d'eux ni du rôle très important joué par l'un et l'autre dans la guerre de Bretagne sous Charles VIII (1487-1491), parce que toutes les histoires de Bretagne en parlent avec détail. Voir toutefois ci-dessous (n° XXXVII) la curieuse lettre du vicomte de Rohan au roi Charles VIII, en date du 26 mai 1492.

7. Gui XV, comte de Laval, baron de Vitré.

8. François de Bretagne, fils naturel du dernier duc de Bretagne François II, baron d'Avaugour et sire de Clisson : il avait soutenu le parti du roi, *même contre son père François II.*

9. Pierre de Rohan, sire de Quintin (Côtes-du-Nord), frère du vicomte de Rohan, avait constamment, pendant la guerre de Bretagne, soutenu le parti du roi.

10. François de Laval, sire de Montafilant (près Dinan, Côtes-du-Nord) et baron de Châteaubriant, frère puîné de Gui XV, comte de Laval. Il était gendre du maréchal de Rieux, qui était ainsi, sinon son père, comme dit ici Le Pennec, du moins son beau-père.

11. Nozai, aujourd'hui chef-lieu de canton de l'arrondissement de Châteaubriant, Loire-Inférieure. C'était alors une châtellenie appartenant au maréchal de Rieux, ayant pour chef-lieu le château de la Ville-Aucher (aujourd'hui Ville-au-Chef), nommé dans la lettre suivante n° XVII.

12. *Guern* signifie effectivement *aune* et *lieu planté d'aunes,* en breton.

13. Philippe de Crèvecœur, seigneur d'Esquerdes, maréchal de France ; il mourut en 1494. On écrit souvent son nom « Des Querdes » et même comme ici « Des Cordes » dans les pièces du temps. Esquerdes est aujourd'hui une commune du canton de Lumbres, arrondissement de Saint-Omer, département du Pas-de-Calais.

XVIII

Lectres dudict Penec envoyées au Roy d'Angleterre lesquelles n'ont peu passer [1].

(1492, 27 mars.)

Sire, tant et si très humblement que faire le puis me recommande à vostre bonne grâce. Et vous plaise savoir que j'é parlé à l'omme pour lequel je vous escripvoye dernièrement faire mectre de l'argent entre les mains de vostre subgect Jehan Symon à Excestre et pour ses navires et aussi pour son serviteur, que le m'a rendu en sa liberté, à ce que j'y eusse trouvé ledict argent prest pour le baillier audict homme et à son serviteur. Il ne m'eust peu faire meilleure responce. Si vous plaist lui faire savoir vostre bon plaisir, il l'acomplira, et croy que homme ne vous servit jamais mielx que fera. Si vous plaist lui commander s'en aller devers vous, il le fera et il menera plusieurs gens de bien et ses navires [2] prest, ou vous servira par deçà ainsi que l'aviserez. Bien est il requis que ses navires soient reparez en dilligence pour sa seureté et de voz autres serviteurs que sont par deçà. Si vostre bon plaisir est envoier prandre le logis [3], ainsi que vous ay souvent rescript, vous pouriez par ce moien pourveoir au tout de ce que vous plaira faire mannier par deçà en bonne seureté et de vous et de voz serviteurs de par deçà ; mais toute dilligence extresme y est requise, comme souvent vous en ay adverty, et à ceste heure plus que jamais pour les nouvelles de court que m'ont esté dictes par un grant homme de bien, saige [4] et seur messaigier, duquel vous servirez si vous plaist et bien : c'est un chevalier preux et hardi et saige, et bien mon grant amy. Je loue Nostre Seigneur, sire, et croy qu'il est de vostre part, pour tant que je n'ay parlé à personne de vous servir que je ne le treuve aussi délibéré que homme pourroit estre. D'une chose se esbayssent tous gens de bien que congnoissent le train des François, que vous et voz alliez ne faictes autre dilligence d'assaillir voz ennemis; vous les eussiez trouvé au despourveuz en tous endroiz, et encores le sont aujourd'huy. Chascun de l'ordonnance est en sa maison, et ont congié plusieurs jusques au XXVᵉ de may ; ilz ne sauroient faire assemblée que valist en troys moys.

Sire, ledict chevalier me dist que le gouvernement de Bretaigne estoit baillé, fors le conté de Nantes, au prince d'Oranges et qui s'en venoit par deçà et amenoit Vᶜ hommes d'armes et IIᵐ Vᶜ Souysses que Pierre Loys [5] conduisoit, et le chancelier [6] Philippes de Montauban venoit à Rennes tenir chancelerie et conseil. Avoit pour gens de conseil maistre Allain Berart, Cojalu [7], l'ambaxade qui vint dernierement d'Espaigné et passa par vous avec le salpestre, messire Morice de Guenekervelic [8] pour gens à robbe longue; à robbe courte Chambellan [9] et Keranré [10]. Ceste venue me fait vous supplier de haster voz besongnes par deça ; et pourra estre que s'ilz se trouvent à l'avantaige et lesdicts navires sont prest et vous acomplissez ce que je vous ay rescript souvent et que je vous escrips present, que l'on vous en menera quelqu'un. L'omme à qui sont lesdicts navires [11] en est bien délibéré si vous plaist luy ayder : si sont plusieurs autres. Je suis presque désespéré par deffault de savoir de voz nouvelles et près que ne pers couraige pour la crainte desdicts prince et chancelier et leur bande, que ne me ayment point, et je ne [sçay] où me retirer. Le vouloir que j'é à vostre service me mect en trop grant dangier, et me povyez mectre en seureté si vous eust pleu mectre affin en bonne dilligence mes entreprinses, et aviez tout le pays, et encores pourriez avoir si vous plaisoit et commander, entendre et vacquer en toute dilligence.

Sire, le sieur de la Trimolle est demouré gouverneur de la conté de Nantes et cappitaine de la ville et chasteau, et y a ses gens en peu de nombre, environ XXX ou XL. Ledict prince [12] a bien cuidé avoir le tout et pour ce a différé longtemps sa venue, mais il a faillu qu'il se contentast de ce que on lui a baillé.

Aussi me disoit ledict chevalier que messire Morri [13] de Guechquivilic lui avoit dit que l'on craignoit [14] à Paris le mariaige du roy françois et de la dernière roynne et que l'on actendoit une citacion de Romme sur lesdicts roy et royne. Ledict messire Moris avoit esté une foys ordonné pour aller à Romme de par ledict roy françois, dont il s'est deschargé et s'en vient par deça.

Sire, ledict chevalier m'a dit encores que la garnison de Sainct Omer avoit prins les ambaxadeurs de France qui alloient devers vous et XXX hommes d'armes qui les conduysoient et plus XX autres hommes d'armes en une autre bande, et avoient mené le tout audict lieu de Sainct Omer, et estoit grant bruit à Paris des exploictz de guerre que faisoient les gens de ladicte garnison de Sainct Omer sur les Françoys. Leur nombre est estimé à II^m hommes de cheval, et sont tous les jours aux portes de Theroanne, où il n'y a pas dix hommes d'armes, et aux portes de Bethune, où ilz sont quelque XXX hommes d'armes, et ainsi de toutes les autres villes, quelles sont mal garnies. Le Roy des Rommains se haste fort à l'aise ; de lui n'estoient aucunes nouvelles certaines à Paris. Aucuns disoient qu'il estoit à deux petites journées des Soysses, venu pour l'octroy d'une franchise qu'ilz lui avoient requis long temps a, et pour prandre VI^m Soysses, qu'ilz lui offrent souldoyer pour ung an. Le roy françois a envoié le mareschal de Bourgoigne devers lesdicts Soysses essayer de les guangner et d'en avoir quelque nombre.

Sire, depuis que ledict chevalier est party de court, il a veu au Vergier, où il se rendit avec le mareschal de Gié, unes lectres que l'admiral de France [15] escripvoit audict mareschal par ung poste qui arriva jeusdi eut huit jours audict lieu du Vergier, qui contenoient que vostre subgect le conte d'Auxonfort estoit passé avecques ung nombre de voz autres subgectz, qu'on estimoit de V à VI^m hommes, de Douvres à Calays, et que le roy françois en estoit acertené par plusieurs qui les avoient veuz, quelx disoient qu'ilz marcheroient plus avant. Et pourtant le mareschal Des Cordes s'en est allé tout batant sur les marches de Sainct Omer. Pour ce bruyt de voz subgectz, ledict chevalier estime que ne descendra pas tant de gens de guerre par deça [16] avec ledict prince [17] comme il avoit esté advisé et que je vous rescrips cy davant.

Lesdictes lectres dudict admiral de France contenoient encores que ledict prince et chancelier [18] avoient dit au roy françoys qu'ilz ne feussent point venuz en Bretaigne si les sieurs de Rohan et de Ryeux ne vuydoient le pays deparavant. Ledict mareschal de Gié avoit fait savoir à son frère le sieur de Guemené par le mareschal de Ryeux, que avoit aussi esté au Vergier avec ledict mareschal de Gyé à son retour de court, que n'eust point faute de suivre [19] lesdicts prince et chancelier, et en avoit aussi prié ledict mareschal de Ryeux et tous ses autres parans et amys. Et pourtant m'a dit le sieur de Guemené que, lesdicts prince venu et chancelier, il s'en yroit demourer en ses maisons de France.

Ledict mareschal de Ryeux s'en est venu de court sans charge nulle ; bien l'ont ils voulu envoier à Arras, par le pourchaz du mareschal Des Cordes, et aussi messire Morice du Mené : touteffois ilz s'en sont deschargez et est chascun en sa maison. Ledict mareschal est à la Ville Auchier près Nozay : j'entends qu'il a XII [m] d. (sic) de pansion et cent hommes d'armes quelx vont à Arras, desquelx il avoit perdu XL si n'eust esté en court ou temps qu'il y alla derrierement.

Ledict messire Morice [20] n'a peu avoir mandement pour sa cappitainerie de Morlais, pour l'empeschement que lui donne Meriadec. Touteffoiz le roy françois tient la main audict messire Morice, et la Royne à Meriadec : sur ces débas ledict Morice est délibéré de garder sa ville et de ne souffrir point Meriadec y entrer comme cappitaine.

Ledict sieur de Rohan manda le mareschal de Gyé pour venir parler à lui à Beaufort en Valée mercredi eut huit jours, et s'y rendit ledict messire Morice aussi pour acompaigner ledict mareschal de Gyé et pour voir ledict sieur de Rohan qui s'en alloit en court : auquel lieu aucun privé serviteur dudict sieur de Rohan dist audict messire Morice que ledict sieur de Rohan se vouloit plaindre audict roy françois de troys grandes foulles que lui faisoit pour recompance du bon service que lui avoit fait. L'une estoit de lui avoir osté la lieutenantise de Bretaigne [21] ; l'autre estoit pour son filz que lui vouloyent marier, à son deceu, avec la fille du sieur de Candalle qu'on appelle le *Capdau* [22] ; sa femme, mère de la fille, est seur de la feu duchesse mère de la roynne françoyse et fille de Foix, et dit on que l'oncle de ladicte fille, nommé le sieur de Meille, que le procureur général [23] congnoist, pourchasse ledict mariaige et ledict chancelier par le moien de la Royne. Ledict sieur de Meille estoit cappitaine de la garde des hommes d'armes du feu duc [24]. L'autre foulle dont ledict seigneur de Rohan se doit plaindre, c'est de XL hommes d'armes de sa compaignie que on luy a cassé. Il doit aussi demander sondict filz pour le dangier dudict mariaige. Les compaignies des sieurs de Laval, de Montafillant, d'Avaugourt, de Quintin et de plusieurs autres sont cassées, et baille on cent hommes d'armes de nouvelle creue au duc de Lorraine, cinquante audict sieur de Meille et XX à Lornay [25], pour le recompanser de son office de grant escuier de Bretaigne. Les cent hommes d'armes du mareschal de Ryeux, du sieur d'Albret [26], du prince d'Oranges, les IIII [xx] gentilz hommes de la maison de Bretaigne, les cent hommes d'armes de Saint Cir et d'Odet de Ries [27] sont de nouvelle creue. Pareillement et pour ceste charge ont il cassé les autres, que se montent IX [c] hommes d'armes, et tous ceulx qui estoient de paravant en Bretaigne, dont ilz prennent argent assez sans en vouloir riens employer à l'entretenement des Bretons, que leur deult bien au plus parfont du cueur.

Jehan Françoys, général des finances de Bretaigne, va en ambaxade en Espaigne offrir rendre Roxillon et parler du mariaige de la fille de Bourgoigne au filz d'Espaigne. Le duc d'Orléans est à Caen en Normandie et va visiter les places et les fortifier.

Sire, Dieu vous doint très bonne vie et longue et vitoire contre voz ennemis.

Escript à la Ville Audrain près Ponthivi, le mardi XXVII [me] jour de mars.

Et desoubz : Vostre très humble et très obéissant serviteur : PIERRE LE PENNEC.

Et dessus de l'autre part est escript ce que s'ensuit :

Sire, je vous envoye cy dedans unes lectres que j'é receues depuis avoir escript le davant de cestes, pour mieulx vous informer du bon vouloir que celuy qui les escript a à vous et du besoing qu'il a de aide pour réparer ses navires, affin que vostre bon plaisir soit y pourveoir en dilligence pour obvier à tous dangiers, et vous en serez si bien servy que jamais prince ne autre ne le fut myeulx. Il me demande ayde pour lesdicts navires, et par mon ame je suis le plus neccessiteux que soit en terre de mon estat. Dieu congnoist de quel couraige lui ayderoye si je le povoye faire. Sire il ne tient ne ne tiendra que à vous se n'estes bien servy par deça.

Et dessus en escripcion : Au Roy.

Et dedans lesdictes lectres estoient les lectres qui s'ensuyvent :

Lectres escriptes par Rainefort audict Pennec.

(1492, 28 mars.)

Monsieur l'aumosnier, ainsi que vostre messaigier arriva devers moy, monté à cheval pour m'en aller à Hannebond, pourquoy n'euz loysir de vous escripre. Monsieur l'aumosnier, faictes moy souvent savoir de voz nouvelles, car je suis tousjours deliberé de suyvre vostre intencion, ainsi que derrain que parlasmes ensemble le vous le dis, et me desplaist que je ne puis trouver quelque argent pour emploier à mes affaires, quelles savez, et de ce que j'auray, tout incontinent, pour commancer à ménaigier. Et si de vostre part y povez rien trouver, je vous prie que l'avoiez à celuy que a la charge, car le tout e[s]t à vous comme à moy ; car je n'entends qu'il y ayt riens departy entre nous deux. Et adieu.

Escript à Guemené, ce mercredi XXVIII° jour de mars.

Et dessoubz : Le tout vostre, vueillez ou non : Loys de Rohan [2].

Et sur le dos desdictes lectres : A Monsieur l'aumosnier.

NOTES

1. Il parait cependant, par les lettres ci-dessous n°ˢ XXII et XXV, que cette lettre et celle n° XX arrivèrent à leur adresse.

2. Il s'agit ici de Louis de Rohan, seigneur de Raincfort, amiral de Bretagne, dont il est question ci-dessous dans la lettre n° XXV et à la fin de celle-ci.

3. Ce mot « le logis » pourrait bien désigner la place de Brest.

4. Maurice du Mené, v. n° XVII.

5. Pierre Loys de Vaiten, maitre d'hôtel du roi Charles VIII.

6. Chancelier de Bretagne.

7. Pierre Cojalu, conseiller et maitre des requêtes du duc de Bretagne en 1488 (D. Morice, *Preuves.* III, 606), sénéchal de Guingamp et ambassadeur en Angleterre en 1490 (Ibid. 659 et 670), procureur de la cour de Rennes, cham-

bellan de la duchesse et de nouveau ambassadeur en Angleterre en mai 1491 (Ibid. 702). — Alain Berart ou Berard, sénéchal de Lamballe, avait été employé aussi en des missions délicates, et entre autres envoyé soutenir les intérêts de la Bretagne, en 1491, dans l'assemblée ou conférence diplomatique de Tournai. (Lobineau, *Hist. de Bret.* I, 813 ; cf. D. Morice, *Preuves*, III, 818.)

8. Sans doute Amauri de Quenechquivillic, secrétaire du duc de Bretagne en 1488. (D. Morice, *Preuves*, III, 606.)

9. Chamballan, de la famille noble de ce nom. La terre noble de Chamballan en Rougé, aujourd'hui chef-lieu de canton de l'arrondissement de Châteaubriant (Loire-Inférieure). Homme d'armes de la garde du duc de Bretagne en 1488 (D. Morice, *Preuves*, III, 605), il pourrait bien être le même que Jean de Chamballon (faute d'impression), seigneur de la Richardaie et capitaine de Guérande en 1490. (Ibid. 659.)

10. Il faut lire « *Keranré* »; l'orthographe régulière serait Keranrais ; de cette vaillante famille qui avait deux de ses membres au combat des Trente en 1351. Celui-ci était homme d'armes de la garde du duc de Bretagne en 1488. (Compte du béguin du duc François II.)

11. Rainefort, l'amiral de Bretagne.

12. Le prince d'Orange.

13. « Morri, » pour Amauri.

14. C'est-à-dire « que l'on craignait pour le mariage. » On craignait que le mariage de Charles VIII et d'Anne de Bretagne ne fût cassé par la cour de Rome. — Notez que dans cette correspondance on n'appelle jamais Charles VII le roi *de France*, mais le « roi françois. » Pour les Anglais et leurs amis, *le roi de France* était Henri VII.

15. Louis Malet, sire de Graville, amiral de France.

16. En *Bretagne*.

17. Le prince d'Orange.

18. Le prince d'Orange et le chancelier de Bretagne Philippe de Montauban.

19. Le ms. porte « et suy'vy » qui semble une faute du copiste.

20. Maurice du Mené.

21. Pour la donner au prince d'Orange ; voir sur ce sujet les plaintes du vicomte de Rohan renouvelées dans sa lettre au roi Charles VIII du 26 mai 1492, ci-dessous n° XXXVII.

22. Gaston de Foix II° du nom, comte de Candale et de Benauges, *capdau* ou captal de Buch, marié en premières noces à Catherine de Foix, fille de Gaston IV, comte de Foix, et sœur de Marguerite de Foix, seconde femme de François II, mère d'Anne de Bretagne. (Moréri de 1759, t, V, p. 206, 207.)

23. Olivier de Coëtlogon, voir ci-dessus n° III.

24. François II, duc de Bretagne, mort le 9 septembre 1488. Jean de Foix, vicomte de Meille, était frère de Gaston de Foix, II° du nom, comte de Candale et captal de Buch.

25. Louis de Lornai. De 1489 jusqu'au mariage de la duchesse Anne de Bretagne, il avait commandé le corps de troupes allemandes envoyé par Maximilien d'Autriche au secours de cette princesse. Voir D. Morice. *Preuves de l'Histoire de Bretagne*, III, 725; et Mém. de la Soc. archéol. d'Ille-et-Vilaine, t. IV, p. 266-268, et t. VI, p. 268.

26. Alain d'Albret, dit le Grand, sire d'Albret, de 1471 à 1522 ; il avait joué dans les guerres de Bretagne un rôle assez odieux.

27. *Sic*, pour Odet d'Edie, et mieux d'Aydie, frère puîné d'Odet d'Aydic, sire de Lescun et de Comminges. Raymond de Cardaillac ou Cardillac, sieur de Saint-Cyr ou Saint-Cirq. Tous étaient du nombre des seigneurs français mécontents venus en Bretagne sous le règne du duc François II pour faire la guerre au roi. Voir D. Morice. *Preuves*, III, 569, 580, 686, 688; et Duc de la Trémoille, *Correspondance de Charles VIII, en 1488*, p. 281.

28. Seigneur de Rainefort, amiral de Bretagne, fils aîné de Louis II de Rohan, seigneur de Guemené, auquel il succéda à la mort de ce dernier en 1508.

XIX

Lettres envoiées audict Penec, par Richard Estienne, maistre d'ostel de Rainefort.

(1492, vers la fin de mars.)

MONSIEUR l'aumosnier, tant que plus faire le puis me recommande à vostre bonne souvenance. Hier, envoyé à Kerouzé querir vostre levriere, laquelle vous envoyré par Thomas Gegaden avec une lectre que madame Kerouzé [1] vous escript. Je seray vendredy prouchain à Kerhest, sans faillir, et le samedi ensuivant à Guemené [2], car plus tost ne puis partir. Car je envoie en Cornoaille et me convient actendre le retour de mon homme.

Je suis tousjours vostre, aidant Nostre Seigneur, qui vous doint le désir de vostre cueur.

Escript à Saint Paul [3] ce vendredi à midi.

Et dessoubz : Vostre loyal cousin, RICHARD ESTIENNE.

Et dessus : A vous monsieur l'aumosnier.

NOTES.

1. *Kerouzéré*, château (encore existant) et seigneurie en la paroisse de Sibiril, aujourd'hui commune du canton de Saint-Pol du Léon, arrondissement de Morlaix, Finistère. Il y avait une vieille famille bretonne de ce nom qui a subsisté jusqu'au milieu du XVIe siècle.

2. Guémené–Guingan, chef-lieu de canton de l'arrondissement de Pontivi (Morbihan). C'était un vaste château, chef-lieu d'une grande seigneurie appartenant à Louis II de Rohan, père de Louis de Rohan, seigneur de Rainefort.

3. C'est Saint-Pol de Léon.

XX

Lectres dudict Penec adressant à Olivier de Coetlogon.

(1492, 30 mars.)

Monsieur le procureur, je me recommande à vous de tout mon cueur, je m'esbays que le Roy[1] ne fait autre dilligence ès choses que lui ay rescript et qui entendent à l'exécution d'icelles, et[2] ne me rescript quelques bonnes lectres pour entretenir le tout et singulièrement le cuppitaine mon grant amy[3]. Il est seur qu'il y entende une foiz pour toutes en meilleure dilligence qu'il est au monde possible et asseurer mon petit maistre[4], duquel je luy envoye les lectres que m'a rescript dempuis que avoys parlé à luy, par lesquelles il me demande lui aider à réparer ses navires, mais je n'ay de quoy; je l'entretiens à la seurté du Roy. Jamais homme ne fut si bien servy qu'il sera de luy si luy plaist.

Monsieur le procureur, si j'avoie quelque argent, j'eusse desjà assez bandé pour enbesoigner moy seul dix[m] francs[5] des meilleurs de France en Bretaigne s'ilz ne la vouloient perdre : *ultra posse nichil.* Je vous prye de me recommander souvent ainsi humblement qu'il appartient à la bonne grace du Roy et de l'avertir qu'il est eschappé ung prisonnier de son pays, qui a certiffié au Roy françois avoir congneu la façon que le Roy propose tenir pour faire la guerre en France et le nombre de gens qu'il doit passer avecques lui et ailleur, qu'il estime à cinquante mille hommes, et dict que le Roy fera crier liberté et deffendra les pilles, tiendra justice, auctorysera les bons et pugnira les mauvais, et plusieurs autres choses dont je avertiré le Roy plus au long et de brief que m'en infourmeré mieulx à la verité. Je vous pry au parsus que faictes provision de lanniers et de lannerez[6], voyci la saison; maistre François le faulconnier est nostre amy, auquel je me recommande, à Monsieur de Champeigne, de la Rivière et Sourdéac, Pierre et sa femme. Et soit en plus large Nostre Seigneur, que vous ayt en sa saincte garde.

Escript à Ville Audrain, ce vendredi penultiesme jour de mars.

Et desoubz : Vostre bon et léal cousin, Pierre le Pennec.

Et sur le dos desdictes lectres : A monsieur le procureur general de Bretaigne

---

NOTES.

1. Le roi d'Angleterre.
2. « Il » Ms. faute.
3. Le capitaine de Brest.
4. Rainefort.
5. *Sic.* Il faut lire probablement : « dix mille François. »
6. Le *lanier* est une espèce de faucon de leurre, à bec et pieds bleus, plumes mêlées de noir et de blanc. Le *lanure* est la femelle ; le *laneret*, plus petit, est le mâle.

XXI

Lectres dudict Pennec au millort d'Angleterre [1].

(1492, 30 mars.)

Mon très honnoré sieur, à vostre bonne grâce tant humblement que faire le puis. Vous plaise savoir que j'é souventeffois rescript au Roy, aussi ay je à vous faire dilligence de acomplir aucunes choses pour lesquelles ay envoyé mon serviteur devers lui, et dempuis lui en ay souvent rescript sans [2] jamais avoir peu savoir de ses nouvelles ne des vostres. Une foyz pour toutes, il est heure qu'il entende à mectre à execucion ce que luy ay rescript naguieres et que oultre il satisface à ce que lui rescriptz à présent si se veult aider du pays de par decza, et en toute la meilleure dilligence que lui sera possible. Je le desire servir, et le congnoistra le Roy à l'effect, mais je n'y puis riens sans son aide et pouoir.

Mon très honnoré sieur, je vous supply que vous plaise commander me pourvoir de lanniers et de lannerez pour la saison et que vous souviengne du bon Nicollas Couaithanlem [3], vostre loyal serviteur. Aussi je vous supplie que vous plaise me mander voz bons plaisirs pour les acomplir de tout mon povoir. A Dieu nostre sieur que, mon très honnoré, vous doint bonne vie et longue.

Escript à la Ville-Audrain, ce vendredi pénultime de mars.

Et desoubz : Vostre très humble serviteur, PIERRE LE PENEC.

Et sur le dos desdictes lectres: A monsieur de Broke, grant maistre d'Angleterre, chevalier de la Jartière et mon très honnoré seigneur.

NOTES.

1. A Robert Willughby, voir le n° 1 ci-dessus.
2. « Suis, » Ms., faute du copiste.
3. Il y avait une famille noble bretonne de « Coëtanlem » (orthographe moderne et plus régulière) dans les environs de Morlaix et de Saint-Pol de Léon, cf. ci-dessous la lettre n° XXV.

XXII

Lectres de Champaigne audict Penec.

(1492, 31 mars.)

Monsieur le commissaire, mon bon frère et parfait ami, je me recommande à vous tant et de si bon cueur que jamais je feis, tousjours vous remerciant de voz bonnes lectres, qui vous plaist si souvent m'escripre. Et suis fort joieux d'avoir entendu par le porteur de cestes que estes en bon point, priant Dieu que nous puissons entretrouver ung de ces jours par delà pour faire encores quelque bonne chière. Item le Roy a veu ce que lui avez envoié, dont est très contant de vous et des bons services que faictes et lui pouez faire cy après journellement, et que ainsi bien et saigement vous vous conduisez et voz matières et affaires, en vous priant aussi de ma part de ainsi vouloir bien continuer. Au parsus, le Roy vous escript son bon plaisir, par quoy vous pourrez congnoistre bien au long son intencion et vouloir. Et touchant le bon courtault dont m'avez tousjours rescript que gardez pour moy, je vous prie, que s'il est possible, que le m'envoiez le plus brief que faire pourriez par deçà, et j'espere de vous envoier ung hoby¹ ou hacquenée tel que vous semblera bon. Mon bon frère et amy, autre chose ne vous escripts pour le présent, fors que Dieu vous ayt en sa saincte garde. Par le porteur de cestes vous pourrez savoir telles nouvelles que avons par deçà.

Escript au palays de Westminster, le dernier jour de mars.

Item au regard de l'argent que Sourdéac vous doit, il dit qu'il vous paiera ung de ces jours, tant que serez bien contant de lui, et vous prie que vous ne malcontantez si n'a peu pour le present vous satisfaire. Le *barbier* se recommande à vous et sa femme, Françoys Marzyn, *le faulconnier*, et tous autres bons compaignons de par deçà, lesquelz vous remercient de ce que vous a pleu souvenir d'eulx.

Et dessoubz: Vostre bon frère et loyal amy, DE CHAMPAIGNE.

Et sur le dos: A Monsieur le commissaire, messire Pierre Le Penec.

NOTE.

1. *Hobby*, en ancien français *hobin*, cheval d'Écosse dont l'allure est très douce. » (Du Cange, au Gloss. franç. et dans le Gloss. latin, au mot *Hobellarii*.)

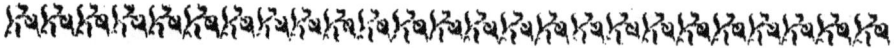

XXIII

Autres lectres dudict Coëtlogon, contrefaictes de son escripture, adressées audict Pierre le Penec.

(1492, 5 avril.)

Perrin, je me recommande à vous. J'ay veu ce que m'avez escript, aussi ce que avez escript au Roy; nous avons veu voz deux lectres ensemble, et sur le tout, aux articles où il est besoing vous respondre, vous donne le Roy responce. Et pour ce je laisse plus au long de vous en escripre. Soiez seur qu'il est très contant de vous et [a] vouloir de vous faire des biens, et a grant paour que vous tombez en quelque inconvenient, et lui semble, veu ce que lui escripvez, que vous estes trop ouvert et que vous desclairez à trop de gens. Et assez congnoissez que en telles matières est besoing d'estre segret, car aujourdhuy les gens sont legiers et muables en volunté. Par avant ces heures je vous en ay adverty, mais j'ay grant paour que ce soit trop tard. Je vous conseille que dissimullez en l'advenir et faictes le bon varlet entre ceulx de par delà. Et si vous pouez passer le temps jusques au terme que vous escript le Roy, j'espère que serez eureux. Priant Dieu que vous doint ce que desirez.

Escript à Le Grenwiche le Vᵐᵉ jour d'avril.

Quant escriprez une autre fois, escripvez plus briefvement, car pour la grant longueur de voz escriptures, veu les autres grans affaires que on a par deçà, on differe d'entendre à vostre despesche. Si toust que aurez veu ces lectres et celles que derrain vous escripvy, je vous prie que les mectez au feu, et pour plusieurs causes. Le procureur général m'a baillé des lectres à vous envoyez, je les vous envoye [1].

Et dessoubz : Le tout vostre : Celui qui a vestit le gipon de tant fat es (*sic ?*).

Et dessus : A messire Pierre le Pennec.

NOTE.

1. S'il est vrai qu'Olivier de Coëtlogon fût, sous écriture contrefaite, l'auteur de cette lettre, comme l'affirme le copiste dans le titre qu'il a donné à cette missive, cette phrase est un voile de plus sur le nom du véritable correspondant, car le procureur général, dont on parle ici à la troisième personne, n'est autre que Coëtlogon. La signature pseudonyme de cette lettre est la même qui figure déjà au pied de la lettre nº XIII.

XXIV

Lectres dudict de Champaigne audict Penec.

(1492, 5 avril.)

Monsieur l'aumosnier, je me recommande à vous tant et de si bon coeur que faire le puis, en vous remerciant de voz bonnes lectres et bonne continuation envers le Roy mon maistre de ce que povez besongner par delà. J'é monstré les lectres que m'avez escriptes au Roy, et si a veu bien au long ce que lui avez escript, dont je vous fais responce à présent. Je vous prie que besongnez en vostre cas si seurement que y puissez avoir prouffit et honneur. Item touchant les saufconduiz que demandez, j'en ay parlé au Roy et vous envoie ung nombre. Je vous en eust plus envoié se ne fust la raison pourquoy je vous escript. Je vous prie derechief que me gardez bien mon courtault que m'avez promis, et le hacquenée ou hobin que vous ay promis ne vous sera point obliée.

Monsieur l'aumosnier, autre chose ne vous escrips pour le present, fors que je prie à Dieu que vous doint accomplissement de tous voz bons desirs.

Escript à Londres le Vme jour d'avril.

Desoubz : Vostre bon frère et loyal cousin, DE CHAMPAIGNE.

Et dessus : A monsieur l'aumosnier messire Pierre le Penec.

XXV

Aultres lectres dudict Roy audict maistre Pierre le Penec.

(1492, 5 avril.)

Cher et bien amé, nous avons veu les lectres que naguiere nous avez envoié, datées de mars dernier [1], par lesquelles nous advertissez de plusieurs bonnes choses, dont suysmes de vous très contans. En ce que touche le premier et principal article de vosdictes lectres, qui concerne le fait du cappitaine et place [2], etc., il nous a semblé et semble que ladicte entreprinse est très bonne et advantaigeuse pour parvenir à bon chef de vos entencions ; à quoy congnoissons mieulx que jamais le grant et entier vouloir que avez à nostre service, dont vous mercions, vous promectant que de voz paines et labeurs vous recongnoistrons si grandement que en serez très contant et plus que de maistre que jamais ayez servy.

Nous avons esté et encores suysmes en grant perplexité sur le fait de ladicte entreprinse, pour ce que ne vouldrions pour nulles quelzconques choses prandre ladicte place [3] se n'estions asseurez de la bien garder. Et doubtons que, si à présent elle estoit entre noz mains, que malaisément pourrions pourveoir à la garde d'icelle que elle ne fust reprinse de noz ennemis avant nostre passaige de la mer, que entendons faire à l'aide Dieu environ le VIIIe jour de juing prouchain. Car se lesdicts ennemis y meetoient siège, quelque nombre de gens que meissions à la garde d'icelle, il nous semble bien qu'ilz la pourroient reprandre avant nostre dict passaige, pour tant que devant cellui temps ne pourrions facillement la secourir, que ce ne fust au grant préjudice de fait de nostre dict passaige.

Et combien que desirons de nostre cueur, que qu'il nous doye couster, recouvrer ladicte place pour plusieurs considerations que y avons, touteffoiz après avoir bien pancé audict affaire, avant que envoier riens par delà, sur les doubtes nous a semblé pour le plus seur envoier en toute dilligence devers vous, affin que sceussiez dudict cappitaine si possible lui seroit garder ladicte place jusques environ ledict temps. Et si ledict cappitaine le veult et peut faire par bonnes et doulces dissimulacions, comme entendons qu'il est homme pour bien le savoir faire, nous promectons le recompancer de tous les heritaiges que lui et sa femme ont ailleurs, d'autant vaillant que vault ladicte cappitainerie en pareil office ou bonne pansion et seure, et davantaige lui donner et entretenir pareil nombre de gend'armes qu'il a. Et lui envoirons par nostre grant maistre, quel desirez aller par delà, ou aultre nostre serviteur seur et féable, une bonne et grande somme d'argent contant, avec nostre seellé de lui donner et fournir les choses devant dictes et de lui paier oultre telle somme d'argent que sera appointé par delà par entr'eulx, si ne se contante de ladicte somme que lui envoirons. Et se tienne pour asseuré que en ce que lui promectons n'y aura nulle faulte. Et d'ebondant lui recongnoistrons et lui ferons tant de biens et advantaiges, que se tiendra trop plus contant de nous que de maistre que jamais il servit.

Et se vous et ledict cappitaine congnoissez qu'il ne soit possible de tant differer, renvoiez en toute dilligence devers nous nous certiffiez de voz intencions, car nous suysmes deliberez de besongner en toute extreme dilligence pour mectre ladicte entreprinse à fin. Mais il nous semble, pour plusieurs considerations que avons prins en ladicte matière, quelles ne vous pouons escripre, et aussi pour plus grant seureté de toutes choses et sans dangier de nully, que ladicte dissimulacion jusques au temps devant dit seroit le meilleur et plus seur chemin. Et s'il est besoing que renvoiez promptement devers nous, ainsi que dit est, faictes que Nicollas Coüanlen[a] renvoie ung de ses navires soubz umbre de marchandise par deçà pour nous advertir de toutes choses, affin d'y pourveoir en dilligence, et nous ferons paier et contanter ledict Nicollas par Jehan Symon, à Excestre, de ce que lui coustera pour l'envoy dudict navire, vous priant que en ladicte matière faictes la dilligence à vous possible, car nous l'avons fort à cueur.

Quant est de l'article faisant mencion du sieur de Rainefort[b] et de Richard Estienne son maistre d'ostel, par lequel nous advertissez du bon vouloir qu'ilz ont à nostre service et que leur avez promis que les appoincterons grandement et honnorablement, chascun selon sa qualité et estat, nous suysmes très joyeux du bon vouloir que entendons ledict sieur de Rainefort avoir à nous et aussi sondict maistre d'ostel. Et vous promectons que s'ilz continuent en ce bon vouloir, qu'ilz se peuent tenir pour asseurez que nous donnerons si bon entretenement audict sieur de Rainefort, considerans les bonnes vertuz que avons entendu estre en sa personne et aussi la maison et lignaige dont il est, qu'il en sera très contant. Et esperons oultre lui faire si grant advantaige en quelque autre chose, que loura Dieu toute sa vie d'avoir tenu nostre parti, et pareillement à sondict maistre d'ostel.

Touchant l'omme que desirez estre detenu par deçà, à ce que y avons voulu besongner, nous avons esté infourmez que avant la réception de voz lectres il s'en estoit allé par delà[c] : ainsi n'y avons peu donner aultre remedde.

Au regard d'un aultre article, où faictes mencion que l'on dit par delà que les ambaxadeurs de France sont venuz devers nous prandre unes tresves de trois ans et que ceulx de par delà en sont en grant crainte, nous avons bien sceu que le Roy françois avoit despesché aucuns ambaxadeurs pour venir devers nous, lesquelz en y venant ont esté prins par les gens de guerre de Saint Omer et y sont encores detenuz: ainsi n'avons rien sceu à certain de leur charge. Mais quant ilz feussent venuz devers nous pour ladicte matière, tenez vous pour asseuré qu'ilz n'eussent ryen fait ne ne feront, quelque chose que on die, car nous ne suysmes point si legiers ne inconstans que muons nostre vouloir de faire nostre passaige, ainsi que avons conclud de faire dedens le temps predit[d]. Et en pouez asseurer ceulx de par delà que tel est nostre vouloir, et que avecques nous les François n'auront paix ne tresve.

Mesmes nous escripvez touchant le fait de celui à qui avons fait offrir les deux mil escuz de pancion et que lui envoyons quelque somme d'argent pour son entretenement. Nous suysmes très joyeux des bonnes nouvelles que nous avez fait savoir de luy et du grant vouloir que dictes qu'il a à nostre service[e], car nous le congnoissons saige, vertueux et constant en tous affaires que manye. Et si veult nous envoier ung brevet signé de sa main comme il nous promet servir vers tous et contre tous, nous lui promectons le tenir secret sans que jamais il en ayt dangier ne reprouche, et lui envoyrons de l'argent pour son entretenement et tellement qu'il n'aura besoing de riens.

Au parsus, pour ce que desirez avoir des sauf conduitz pour plusieurs hommes de par delà, nous vous en envoyons ung nombre, non pas tant que demandez, de paour que on y prandroit mauvaise suspeczon de par delà, et les exploictez au mieulx que pourrez à vostre proufit. Et se avez besoing en plus grant nombre d'iceulx, nous les vous envoyrons.

Aussi touchant vostre affaire dont nous escripvez, soiez seur que ne vous oblirons en chose que congnoissons estre vostre bien et acroissement. Et avons intention de vous pourveoir de bons benefices, tant en noz pays que de par delà, et si vous avons ordonné presentement despescher une somme d'argent pour vostre entretenement.

Nous laissons d'envoier les lectres que desirez estre escriptes à plusieurs personnaiges de par delà, doubtans que noz entreprinses seroient divulguées, qui peut estre seroit cause de trop grant inconvénieut, et especialment à vostre personne et à ceulx qui ont bon vouloir à nous. Mais vous les pouez asseurez et acertenez de par nous et leur donner bonne et seure esperance que, à l'aide Dieu, en brief temps nous remectrons le pays et peuple de Bretaigne en sa liberté et franchise et hors de la captivité des Françoys, et qu'ilz vivront en l'avenir soubz prince de leur nation [9] quel ilz auront bien aggréable.

Chier et bien amé, nous vous prions que vueillez perseverez de bien en mieulx au bon vouloir que avez à nostre service, ainsi que en vous avons nostre parfaicte seurté. Et de rechief vous promectons en recongnoistre grandement à vostre prouffit et honneur. Mais sur toutes choses, vous advertissons que gouvernez saigement en la conduite de voz affaires et que à peu de gens declairez vostre intention que aiez entendement à nous, car s'il est congneu, vous pourrez tumber en grant dangier de vostre personne, ce que nous viendroit à trop grant regret, veu la bonne loyaulté que nous portez.

Chier et bien amé, Nostre Seigneur vous ayt en sa garde. Escript à nostre manoir de Grewyche, le cinquiesme jour d'avril.

Ainsy signé : HENRY R.

Et dessus le dos desdictes lectres : A nostre chier et bien amé messire Pierre le Penec.

NOTES.

1. C'est la lettre nᵒ XVIII, datée du 27 mars, ci-dessus p. 28 à 32.

2. La place de Brest et son capitaine.

3. Brest.

4. Le ms. porte *Coetaitlen* ; faute.

5. Louis de Rohan, seigneur de Rainefort, amiral de Bretagne, voir ci-dessus les nᵒˢ XVI, XVII, XVIII, XX.

6. Il s'agit ici probablement du prisonnier mentionné dans la lettre ci-dessus nᵒ XX, qui avait donné en France des renseignements sur les projets du roi d'Angleterre pour sa future invasion du territoire français.

7. C'est-à-dire, de passer d'Angleterre en France avec une armée pour attaquer les Français vers la date du 8 juin 1492, comme Henri VII l'a déjà écrit ci-dessus dans le second paragraphe de cette lettre.

8. Il s'agit ici d'Olivier de Coëtmen, qui avait servi la France et avait été gouverneur d'Auxerre sous Louis XI et au commencement du règne de Charles VIII, mais qui n'avait pas hésité à rentrer en Bretagne et à servir la cause bretonne, dès que la guerre avait éclaté entre la Bretagne et la France. Sur ce personnage voir ci-dessous la pièce XLV.

9. Cette allusion semble encore ne pouvoir viser que le vicomte de Rohan, car il n'y avait point d'autre prince, Breton de nation, qui pût avoir quelque droit ou prétention sur le duché de Bretagne.

6

XXVI

Autre lectre audict cappitaine de Brest dudict Penec.

(1492, 15 avril.)

Mon bon père, je vous envoye la confirmacion, par le présent porteur, de vostre recompance[1] qui n'est pas estrange : et tout à present foys partir ung messaigier qui s'en va querir ladicte recompanse et les tesmoings requis à l'entretenement d'icelle, ainsi que mieulx vous pourra dire le present porteur. Plaise à Dieu prendre ledict messaige en sa garde et le conduyre et ramener en toute et meilleure dilligence. Il m'a semblé qu'il estoit fort requis que je passasse de moy mesmes devers celui qui vous recompance[2] pour plusieurs raisons que j'é plus au long communicqués à cedict porteur pour vous en faire desclairacion et avoir vostre responce et advis sur icelle, laquelle je vous pry que me faictes savoir en toute possible dilligence, et que m'envoiez la certificacion et seureté, ainsi que vous dira ledict porteur.

Vous pouez congnoistre, aux lectres de celui qui fait la recompance, que il a fait dilligence à la responce de ladicte recompance : entre mes lectres et les siennes il n'y a pas troys sepmaines. Touteffois je ne les receu jusques à dimanche derrain. Je croy avoir d'autres lectres par pays, mais je suis mal aysé pour m'en enquerre. Je vous prie au parsus de croyre ledict porteur.

A tant soit Dieu que vous ayt en sa saincte garde.

Escript à Vannes, ce dimanche au soir, jour de Pasques flories, XVᵉ jour d'avril[3].

Et desoubz : Celui qui est tout plus vostre que filz.

Et desus rien.

NOTES.

1. Cette récompense, c'est évidemment celle que promet « au capitaine de la place » le roi d'Angleterre dans le troisième paragraphe de la lettre précédente nᵒ XXV.
2. Vers le roi d'Angleterre.
3. En 1492, la fête de Pâques étant le 22 avril, *Pâques fleuries*, c'est-à-dire le dimanche des Rameaux, tombait effectivement le 15 du même mois.

XXVII

Lectres dudict Penec adressées à La Mothe [1].

(1492, 16 avril.)

Monsieur de la Mothe, j'é dempuis pancé aux lectres de mon père [2] que m'avez baillées, par lesquelles il me rescript qu'il n'a eu lectres de moy, fors de Pontyvy par Fontenailles. Si ainsi estoit, je seroye perdu et plustost annuyt [3] que demain me fauldroit encommancer le voiaige [4] dont je demande savoir l'oppinion et advis de mondict père : car, comme je vous disois ersoir, par ung archier de sa compaignie, que venoit de Xaintonge dont il est, je rescripsi à mondict père tout l'effect des lectres que lui portez, et partit dès mardi matin de ceste ville et devoit estre mercredi au soir avecques mondict père. S'il a failly à porter mesdictes lectres à mondict père, il les aura baillées ailleurs, et crains que ne soit allé devers le Roy : pour tant je vous pry que me faictes savoir, par le messaigier que va avecques vous la verité dudict archier. Il est assez grant homme et fournit, de l'eaige de XLV à cinquante ans, et congnoist Loys et Gennac et croy que soit de leurs compaignons. Je luy donné ung franc pour faire ses despens en chemin ; il disoit qu'il avoit eu congié de troys moys quelx finissoient, et me dist des nouvelles de court, qu'il avoit eues par ung archier de la compaignie du viconte d'Aunoy [5], auquel il avoit parlé le jeusdi précédent le jour de mardi à Taille-bourg, dont je croy que soit ledit archier de vostre livrée. Si m'avoit trompé je seroie perdu, si seroit mon père, sinon que par ce voyaige, que je vous ay dit qu'il n'estoit besoing d'entreprandre, je le sauvasse et moy avecq ues. Vous y devez le guet et faire dilligence de vous retirer à vostre logis, pour tant qu'il est parlé de vous par lesdictes lectres. Je ne seray à mon ayse heure ne demye tant que m'ayez fait savoir la certaineté de ce, et me tiendray ce pendant au boys. Soiez pour ceste cause solliciteux de m'envoier le certificat de mondict père et de me renvoier le messaigier jour et nuyt, que yra avecques vous, acertené de la vérité dudict archier. Si m'avoit trompé, il ne fault plus me arrester par deçà heure ne demye, et sera cause de haster ceulx qui doivent aider à mondict père. Il aura demain huit jours que ledict archier partit. Il a eu temps de faire long voyaige et de faire venir des gens.

A tant soit Dieu que vous ayt en sa saincte garde. Escript à Vannes ce lundi XVI° jour d'avril.

Et dessoubz : Celui qui a parlé ce matin à vous.

Et sur le dos: Nichil.

NOTES.

1. Homme de confiance du capitaine de Brest ; il s'appelait Guillaume Pierre, dit la Mothe ; voir à son sujet la lettre n° XVII, note 3, ci-dessus p. 25, 26, et surtout les pièces XLV et XLVI ci-dessous.

2. *Annuyt* pour *en hui* (*in hoc die* ou *in hodie*), aujourd'hui.

3. Le capitaine de Brest.

4. Le voyage d'Angleterre, voir le n° XXVI.

5. Eustache de Montberon, vicomte d'Aunoy, l'un des principaux capitaines du roi de France, qui avait pris une part active à la guerre de Bretagne, notamment à la campagne de 1488.

6. Dans la lettre qui suit (n° XXVIII), Pennec n'a plus aucune inquiétude ; d'où on doit conclure que l'archer de Saintonge n'avait pas livré les pièces compromettantes dont il était porteur, et que Pennec fut à cet égard pleinement rassuré.

XXVIII

Autres lectres dudict Penec audict capitaine de Brest.

(1491, 2 mai.)

Mon père, j'é veu hier à loysir le contenu et chascun des articles que Pierre m'a baillé, et soiez seur que, incontinent que pourray aller par pays, je vous yray veoir jour et nuyt pour mieulx acomplir le service que je desire faire au Roy. Et à ce que sans nul delay je m'y puisse embesongner emprès que je seray avecques vous, faictes tenir tousjours prest le messaigier et sa monteure et bien acoustrez. Ledict Pierre vous dira le temps dedens lequel j'espere estre avecques vous, et ce pendant vous recitera noz communicacions. Je suis fort joieux et mercie Dieu de l'aprest que avez en point pour voyaiger; il ne se pourroit trouver chose si avantaigeuse pour le service du Roy [1]. Il ne mectra pas en obly la paine que prenez pour le servir, et de ma part je vous prometz que je lui en feray telle remonstrance que en serez si bien récompansé que mieulx ne le sauriez soubzhaicter, aidant Nostre Seigneur que, mon père, vous ayt en sa saincte garde.

Escript ce second jour de may, par celui qui est

Et desoubz : Vostre bon et loyal filz.

Et dessus le dos : A vous mon bon père.

NOTE.

1. Le roi dont il est question dans cette lettre est, bien entendu, celui d'Angleterre.

XXIX

Lectres envoiées par ledict Penec à ung prebstre nommé messire Allain.

(1492, 2 mai.)

Messire Allain, je vous prie que sans plus differer vous vous rendez à moy et me apportez mes bulles, que je laissé avecques l'omme devers lequel je vous envoyé dernierement, non pas celui que demoure aux champs mais que demoure aux faulxbourgs, en la presence duquel mon hoste vous bailla ce que me apportastes en pacquet. J'avoys rescript à mon nepveu vous envoyer devers lui en toute dilligence. Si fait ne l'avez, prenez chemin avec le present porteur et vous rendez à moy jour et nuyt et me apportez cinquante angelotz, que je rescrips au prieur des Jacopins de Morlaix vous faire delivrer pour moy, et n'y vueillez faillir, pour le desservir et recongnoistre en maniere que en serez contant, aidant Nostre Seigneur, que soit garde de vous.

Escript ce second jour de may. Je m'en pance retourner avecques vous par delà, et pour ce je desire ung homme et quelque beste à bast, pour emporter ma malle par deça. L'on n'en saroit fournir. Ce porteur vous dira le parsus. Croiez le.

Et dessoubz : Vostre bon frère et amy, l'oncle de vostre maistre.

Et dessus le dos : A vous messire Allain.

XXX

Lectres escriptes par ledict Penec à son nepveu, maistre dudict messire Allain.

(1492, 2 mai.)

Mon nepveu, je suis fort à grant malaise de la responce des lectres que vous rescrisi le lendemain de Pâques [1]. Je vous prie que, sur tout le plaisir que me desirez faire, vous m'envoiez messire Allain avec ladicte responce et nouvelles certaines de la venue de monsieur de La Grée, car je n'atans autre chose pour commancer mon voyaige, duquel vous rescripvoys nagueres. Il le me fault faire par eaue, pour ce que je n'é cheval dont je me puisse aider. Touteffois je passeray par vous, affin de vous dire de mes nouvelles plus à loysir, et m'en retourneray avec ledict messire Allain, pour tant qu'il m'est force de faire une dilligence presque à moy impossible ou souffrir ung dommaige irreparable. Je vous recommande toujours mon cheval et desire au parsus que ma niepce me pourvoye de oyseaulx de poing [2], et je lui tiendré ce que je luy ay promis et mieulx et vous donneré quelque bon lannier, aidant Nostre Seigneur, que, mon nepveu, vous ayt en sa saincte garde. Escript ce second jour de may.

Et dessoubz : Vostre meilleur et plus léal oncle.

Et sur le dos : A vous mon nepveu.

NOTES.

1. Pâques était, en 1492, le 22 avril.
2. Pour la chasse au vol.

XXXI

Lectres de Jehan Le Prestre escripte au procureur[1].

(1492, 10 mai.)

MONSIEUR le procureur, si vous n'avez congnoissance que c'est que de recommandation, je me recommanderoys bien fort à vostre bonne souvenance, combien que je croy que en droyt moy en est besoing, car de tous poins m'avez mis en obly, ce que jamais n'eusse pancé. Ce present porteur vous dira de mes nouvelles et de celles de voz autres amys, et pour ce m'en tays, de paour de vous ennuyer. Je ne puis plus chevauchier trotier[2], je vous prie que par vostre moien aye ung hobin, pourveu que soit beau et bon, et je luy feray ung harnoys neuf.

Monsieur le procureur, faictes moy savoir ce que voullez que face pour vous, et sans plus l'offre ou Dieu vous donner ce que plustost desirez.

Escript à Rochefort ce X[e] jour de may.

Et dessoubᴢ : Vostre compaignon et cousin, J. LE PRESTRE.

Et dessus : A monsieur le procureur general.

NOTES.

1. Olivier de Coëtlogon, qui était encore en Angleterre.
2. *Trotier*, cheval de grand trot.

XXXII

Memoire dudict Penec.

Mᴇᴍᴏɪʀᴇ de mandez ung saufconduit pour ung navire de cent tonneaux et de dire les causes pour quoy c'est et pour lesquelles il en est besoing.

Item, de soliciter mon compere de proufiter le parsus desdictz saufconduiz en toute milleure dilligence.

Item, d'envoyer à Escourblart [1] près Guerrande unes lectres que j'envoie à mondict compère, pour lui faire envoier ung homme du Croisic pour faire profiter partie lesdicts saufconduiz, si mondict compere voit qu'il en soit besoing.

Item, de faire délivrer les XL nobles de Henry Lagadeu [2] au cappitaine duquel je les ay prins pour faire mon voyaige.

Item, de faire prandre ung couple de bons courtaulx à La Faire ou ailleurs où il s'en trouvera.

Item, de dire à mondict compere que je luy feray savoir toutes nouvelles que je pourray savoir avant mon partement, et à l'eure de mondict partement je despescheré mes lectres. Jusques à ce je n'é encores riens sceu, j'actends à grant paine et soucy la venue de mon homme [3].

Ainsi signé: P. ʟᴇ Pᴇɴᴇᴄ.

NOTES.

1. Escoublac, aujourd'hui commune du canton de Guérande, arrondissement de Saint-Nazaire (Loire-Inférieure).
2. C'est le Lagadec ou Lagadeuc du nº X.
3. D'après ce dernier paragraphe, ce mémoire semble écrit au moment où Le Pennec se préparait à passer en Angleterre, sans doute pour presser la venue des Anglais en Bretagne; ce serait une des dernières pièces de cette correspondance, mais nous n'en pouvons fixer la date précise.

DEUXIÈME PARTIE

PIÈCES DIVERSES

XXXIII

Philippe de Montauban à Charles VIII roi de France [1].

(24 avril 1492.)

Sire, tant et si très humblement comme je puis me recommande à vostre bonne grace. Plaise vous sçavoir que presentement ay receu unes lectres faisantes mencion du fait d'Engleterre, quelles je vous envoye par ce porteur. Et tout incontinant que les ay receues, ay envoyé vers monseigneur le Prince [2], qui est à Morlaix tirant devers Brest, pour l'en advertir. Et pendant l'assemblée qui doit estre... mondit seigneur le Prince vous a par cy devant escript. Toutes provisions... seront au mieulx que faire se pourra ; mais vous plaise, Sire, avoir souvenance de commander dilligenter les gens de guerre, que par avant ces heures il vous a pleu ordonner à venir par decza, ensemble les faucons [3] que mondit seigneur le Prince vous a fait demander. Et tousjours me mandez voz agreables plaisirs, pour y obeir et vous y servir à mon pouair. Priant Nostre Seigneur vous donner tres bonne vie et longue.

Escript à Malestroict le XXIIIIe jour d'Avril.

Vostre tres humble et tres obeissant subgect et serviteur,

PHILIPPES DE MONTAUBAN.

Au dos : Au Roy mon souverain seigneur.

NOTES.

1. Bibliothèque Nationale, Ms. fr. 15541, f. 252. Original papier. — Philippe de Montauban, on l'a déjà dit, était chancelier de Bretagne. — L'original de cette lettre est mutilé en deux endroits : de là dans le texte deux lacunes, que nous indiquons par des points.

2. Jean de Chalon, prince d'Orange, lieutenant général du roi et commandant pour lui en Bretagne ; il reçut le titre et la charge de gouverneur, le 2 novembre 1492. Voir ci-dessous la pièce n° XLIV.

3. Pièce d'artillerie de moyenne dimension.

XXXIV

Le prince d'Orange au roi Charles VIII[1].

(7 mai 1492.)

SIRE, si très humblement que puis à vostre bonne grace me recommande.

Sire, il vous a pleu à ma requeste donner à M. d'Autun, mon oncle, la portion du decime à quoy il avoit esté imposé à cause des benefices qu'il tient en vostre obeyssance[2]. Et combien que mondit oncle, qui a de present la primatie de France entre ses mains, touchant ledit decime vous ait bien servy, sans avoir voulu adherer à ceux qui estoient contredisans de payer iceluy decime, ains les a tousjours exhortez à satisfaire à vostre vouloir, toutes fois, sous ombre d'une revocacion generale que l'on dit par vous avoir esté faitte, les collecteurs d'iceluy decime s'efforcent contraindre mondit oncle à payer ledit impost, jaçoit ce qu'il leur justifie de voz lettres patentes dudit don et remission, signées du secretaire de voz finances, et ont mis son temporel en vostre main. Si vous suplie, Sire, qu'en outre ce qu'il vous a pleu accorder à madite requeste, vostre bon plaisir soit mander ausdits collecteurs qu'ils laissent jouir mon oncle dudit don, nonobstant ladite revocacion, et sans prejudice d'icelle en autres choses. Et luy et moy en serons tousjours plus tenuz et obligez à vous servir et obeyr de noz pouvoirs, aydant le Createur, qui, Sire, vous doint bonne vie et longue, avec l'entier acomplissement de vos desirs.

Escript à Vennes, le VII. jour de May.

Vostre très humble et très obeissant subgect et serviteur,

DE CHALON.

Et sur le dessus : Au Roy mon souverain seigneur.

NOTES.

1. Bibl. Nat. ms. fr. 15541, f. 8. Copie du XVII. siècle.

2. Quoique cette lettre n'ait pas trait directement aux affaires de Bretagne, nous la donnons parce qu'elle montre la faveur dont jouissait alors, près du roi de France, le prince d'Orange, et en quel lieu il était pendant que se tramait le Complot breton de 1492.

XXXV

Philippe de Montauban au roi Charles VIII[1].

(12 mai 1492.)

Sire, si très humblement comme je puis me recommande à vostre bonne grace. Vous plaise savoir que monseigneur le Prince envoie le senneschal de Kersy[2] pour vous advertir de toutes choses qui sont de pardeça. En quoy, Sire, me semble que vous debvez pourveoirs, car le bruit est grant de l'armée des Angloys, et qu'il vous plaise envoier gens dont il se puisse aider, car voz subgectz de ce pays sont grandement foullez. Vous y aviserez à vostre bon plaisir, vous supliant me mander voz plaisirs pour y obeir et vous y servir à mon pouoir ; priant Nostre Seigneur vous donner très bonne vie et longue.

Escript à Vennes le XIIe jour de May.

Vostre tres humble et tres obeissant subget et serviteur,

PHILIPPES DE MONTAUBAN.

Au dos : Au Roy mon souverain seigneur.

NOTES.

1. Bibl. Nat., ms. fr. 15541, f. 251. Orig. pap.
2. Guynot de Louziere, sénéchal de Querci, l'un des capitaines qui commandaient les troupes du roi de France dans la guerre de Bretagne, en 1488. Voir Duc de la Trémoille, *Correspondance de Charles VIII*, p. 155, n° 139.

XXXVI

Philippe de Montauban au roi Charles VIII[1].

(13 mai 1492.)

SIRE, tant et si très humblement comme je puis me recommande à vostre bonne grace.

Sire, vous plaise savoir que le lieutenant de vostre artillerie de par decza est cy retourné, et dit que, pour quelque ordonnance qu'il vous ait pleu faire à voz generaulx d'apointer lui et autres officiers et canonniers de vostredicte artillerie, ilz n'en ont rien voullu faire, combien qu'il les en ait poursuiz et sollicitez par l'espace de seix sepmaynes.

Sire, vous avez tousjours à besongner de telz gens, et uncores plus maintenant que jamais[2]. Par quoy me semble qu'ilz dóyvent estre entretenuz et apointez en maniere qu'ilz puissent vivre et continuer en vostre service et du pays, vous supliant ainsi le faire, car autrement vous trouveriez très mal servy et depourveu de toute ordre et conduycte d'artillerie. Et le plus tost que faire se pourra sera bon de les expedier, affin qu'ilz puissent retourner de par decza.

Sire, vous plaise tousjours me mander et commander voz bons plaisirs, pour y obeir et vous y servir à mon pouair, aydans Nostre Seigneur, à qui je pry vous donner bonne vie et longue.

Escript à Vennes le XIII⁰ jour de May.

Vostre tres humble et tres obeissant subjet et serviteur

PHILIPPES DE MONTAUBAN.

Au dos : Au Roy mon souverain seigneur.

NOTES.

1. Bibl. nat. Ms. fr. 15541, f. 119. Original pap.
2. En raison de la descente des Anglais en Bretagne, qui d'après la lettre précédente écrite la veille (12 mai 1492) paraissait imminente.

XXXVII

Jean II, vicomte de Rohan, au roi Charles VIII[1].

(26 mai 1492.)

SIRE, j'ay receu les lectres qu'il vous a pleu m'escripre, contenans que Mons' le Prince vous a fait savoir le bruyt et les nouvelles qui courrent en Bretaigne, que les Angloys y veullent descendre. Et pour ce qu'il est besoing y donner prompte provision, me priez que de ma part je vous serve et m'enploie a la garde et tuicion du pays, ainsi que en moy avez vostre fiance, et que face savoir à tous ceulx de ma cognoissance qu'ils s'enploient aussi de leur costé en cest affaire, et que du service qu'ilz vous y feront en aurez bonne souvenance.

Sire, en cest affaire il n'est point besoing de me prier, mais commandez seullement ce qu'il vous plaira, et vous serez obey de ma part en tout ce qu'il me sera possible. Mais pour ce que je n'ay maison ou pays qu'el ne soyt quasi demolye, je ne m'y tiens point, et suys à ceste cause contraint de me tenir par deça, ma femme et moy[2]. Aussi, Sire, je croy que vous avez si bien pourveu de Mons' le Prince à la garde du pays qu'il le saura mieulx faire que moy, qu'il ne vous en aviendra point de inconvenient, si Dieu plaist.

Sire, au regard de faire savoir à ceulx de ma cognoissance qu'ilz vous y servent et que en aurez bonne souvenance, je le feray très voulentiers, mais je leur ay porté le temps passé tant de mensonges pour les induyre à vous servir que à grant paine vouldront plus ajouster foy à chose que je leur die, et derrenierement, Sire, qu'il vous pleut m'envoyer en Bretaigne vostre lieutenant general[3], vous me escripsistes que je vous envoyasse par rolle ceulx qui seroient gens pour vous y servir et les sommes qui me sembleroit que devriez donner à ung chacun, et que les apoincteriez en faczon qu'ilz devroient estre contans.

Sire, en ensuyvant ce qu'il vous avoit pleu m'en escripre, je leur en tins parolles et vous envoyé ledit rolle par Maistre Charles des Pontes et l'un de mes gens nommé Vaurouault ; mais de tous ceulx que je vous envoyé n'en appoinctastes ung seul. Pourquoy, Sire, ne me oseroys vanter d'en finer si bien que je vouldroye[4].

Sire, dès l'eure qu'il vous pleust me mander que j'y envoyasse ma compaignie, je fys la meilleure diligence que je peu de la y envoyer, et croy, Sire, qu'il ne fault que six ou sept gentilz hommes, qui sont ycy avecques moy, qu'elle n'y soit toute. Mais je vous vieulx bien advertir qu'il est requis que faictes faire autre dilligence de y envoyer ung commissaire pour faire la monstre et argent pour les payer, ou autrement il est impossible qu'ilz ne pillent le peuple, car à la fin de ce moys qui vient il leur sera deu demye année de leurs gaiges.

Sire, je ne sçay si l'on vous pourroit avoir fait quelque rapport de moy, mais je vous suplie qu'il vous plaise ne vous en deffier point, quelque chose que l'on puisse vous dire, car je ne vous feray point de faulte. Et sur ce prie Dieu, Sire, qu'il vous doint très bonne vie et longue.

Escript à la Gasnache le XXVI° jour de May.

Vostre tres humble et tres obeissant subject et serviteur.

JEHAN DE ROHAN.

Au dos : Au Roy mon souverain seigneur.

<hr>

NOTES.

1. Bibl. Nat. Ms. fr. 15541, f. 86. Orig. pap.
2. La Garnache, d'où est datée cette lettre, est en Poitou.
3. En 1491, par lettres du 1ᵉʳ septembre, dans D. Morice, *Preuves de l'Hist. de Bret.* III, 704.
4. Inutile d'insister sur le dépit nullement dissimulé que le vicomte de Rohan exprime ici avec une franchise voisine de l'impertinence et qui aboutit à un véritable refus de concours. Puisqu'il n'est plus lieutenant général, puisqu'on n'a pas donné de bonnes places à ses créatures, ni lui ni ses amis ne bougeront pour repousser les Anglais. Tout ce qu'il a fait ou fera, c'est d'envoyer sa compagnie, et il ne pouvait moins faire sans être cassé, puisque c'était une compagnie d'ordonnance du roi. Quant au reste, il n'en a cure, c'est l'affaire du prince d'Orange, qu'il est heureux de voir aux prises avec cet embarras.

XXXVIII

Gui, comte de Laval, au roi Charles VIII [1].

(1er juin 1492.)

Mon très redoubté et souverain seigneur, je me recommande à vostre bonne grace tant et si très humblement que faire le puis.

Mon très redoubté et souverain seigneur, j'ay receu les lectres qu'il vous a pleu presentement m'escripre, contenantes que j'envoiasse en diligence mes gens d'armes la part ou seroit monseigneur le prince d'Orenge, auquel il vous plaist qu'ilz obeissent pour vostre service en ce qu'il leur ordonnera. Monseigneur, il y a dès aujourduy huyt jours que mesdictz gens d'armes partirent, et commanday à mon lieutenant et à eulx qu'ilz fissent tout le contenu en vos dictes lectres, supposé que encoires ne m'en eussiez aucune chose fait sçavoir, et croy que par eulx vostre bon voulloir ne tardera d'estre acomply. Et adfin que mondit lieutenant en ait de recheff meilleure congnoissance, je luy envoie les lectres que luy escripviez et aussi les miennes, et espere qu'ilz feront comme l'entendez sans point de faulte. Mon très redoubté et souverain seigneur, je prie Dieu qu'il vous doint bonne vie et longue.

Escript à Olivet lez Laval, le premier jour de juyng.

Vostre tres humble et tres obeissant subgect et serviteur,   Guy.

Au dos: A mon tres redoubté et souverain seigneur, monseigneur le Roy.

NOTE.

1. Bibl. Nat., ms. fr. 15541, f. 12. Orig. pap.

XXXIX

Guion d'Estouteville, Guion de la Haye et les officiers du Cotentin, au roi Charles VIII[1].

(18 juin 1492.)

Sire, les trente-quatre navires qui estoient devant Villarville, à l'entrée de Saine, arrivèrent vendredi derrenier devant ce hable de Barfleu[2] et cuidoient prendre les deux navires de Jehan Denis et Jehan le Danoys de Honnefleu, qui sont venus nouvellement de Mexine et de Naples, chargez de bonnes et riches marchandises et en grant valleur, et aussi quarante-cinq navires de Bretaigne chargez de sel, qui se sont boutez dedens ledit hable pour la crainte desdiz Angloys.

Sire, on l'a fait incontinent savoir aux nobles, aux gens de pié et à chascun qui se tirassent audit lieu de Barfleu, et pareillement aux gens d'armes de vostre ordonnance logez à Caen, Baïeux, Saint Lo et Coustances, et s'i est trouvé beaucoup de gens. Et s'i trouvèrent dès samedi matin Ricarville, cappitaine de Valoignes, et Corbin, viconte dudit lieu, et y fist ledit cappitaine mener de bonne artillerie. Auquel jour de samedi, environ cinq heures apres midi, lesdiz Anglois, en saize ou dix huit bateaux, firent une descente à ung quart de lieue près dudit hable, où ilz furent bien recueilliz, tant par lesdiz cappitaine, viconte, gens nobles du pays et autres qui là estoient, tellement qu'ilz furent contraints eulx retirer en leurs diz bateaulx, et n'y firent pas bien leur prouffit. Et estoit bien besoing que ladite artillerie dudit cappitaine y fust.

Sire, yer qui fut dimenche, jour de la Trinité, environ trois heures apres midi, lesdiz Angloys descendirent pareillement à terre au lieu où ilz estoient descenduz le samedi, et estoient bien de douze à quinze cens hommes, dont estoit chieff et y estoit en sa personne le seigneur de Wylbit, grant maistre d'ostel d'Angleterre[3]; et venismes au devant d'eulx le mieulx qu'il nous fut possible. Et y survindrent le mieulx à point du monde des gens d'armes de la compaignie de monsieur de Beaumont, dont avoit la conduite Saillant, lieutenant de mondit sieur de Beaumont, qui firent une bonne et grant diligence de venir de là où ilz estoient en garnison. Et aussi vindrent quant et eulx le baron des Byars, Jehannot de Tardes et monsieur d'Argouges, et eulx arrivez, lesdiz Angloys se retirerent en leursdiz bateaulx, et y eut de leurs gens blecez et tuez, et aucuns noyez en eulx recueil- lant ausdiz bateaulx, et eusmes deux pieces de leur artillerie et une de leurs enseignes, et n'y eut aucuns de noz gens tuez. Et prindrent ung pouvre gentilhomme prisonier, et aussi eusmes nous quelque ung des leurs. Et, Sire, lesdiz gens d'armes les poursuivirent vaillamment et leur venue, et estoit bien besoing qu'ilz arrivassent, car ilz les chargerent vivement.

Sire, nous sommes, tous ceulz qui sommes ycy, en doubte, pour ce que lesdiz Angloys ne tirèrent aujourd'uy cop d'artillerie, ne ne firent aucun semblant de defendre, et aussi qu'il y a cinq ou six navires des leurs moins qu'il n'y avoit yer, que ilz ne les aient envoiez en Angleterre querir quelque grant renffort de gens et de navires qui soubdainement pourroient venir, veu le bont vent qu'ilz ont, car de Hantonne et de Portsemue [4], où l'on dit qu'ilz sont IIe navires tous prestz, il n'y a pas grand chemin jusques à cedit hable de Barfleu, et y peut-on venir en cinq ou six heures.

Sire, il vous plaira sur tout avoir regard et y donner telle provision que vostre bon plaisir sera. Ce seroit grant dommage de perdre deux si bons navires, et aussi grant inconvenient que lesdiz Angloys eussent tant de navires de Bretaigne qui leur pourroient servir à faire quelque passaige.

Sire, tous nous qui sommes ycy sommes bien deliberez de vous y servir, sans y espargner corps ne biens, prians Dieu, Sire, qu'il vous doint tres bonne vie et longue.

Escript audit lieu de Barfleu, ce lundi au soir après ledit jour de la Trinité [5].

Voz tres humbles et tres obeissans subgetz et serviteurs,

GUYON D'ESTOUTEVILLE, GUYON DE LA HAYE. — Et voz officiers en vostre baillaige de Costentin.

NOTES.

1. Bibl. Nat., ms. fr. 15540, f. 132. Orig. pap.
2. Le havre de Barfleur. — Barfleur est aujourd'hui une commune du canton de Quettehou, arrondissement de Valognes (Manche). La flotte anglaise d'abord mouillée devant l'embouchure de la Seine, se dirigeait donc vers l'ouest, sans doute dans l'intention d'exécuter sur les côtes de Bretagne la descente promise à Pierre Le Pennec par le roi d'Angleterre, dans sa lettre du 5 avril (ci-dessus n° XXV, p. 39) et qui devait s'accomplir vers le 8 juin. Sans doute la résistance rencontrée par eux sur les côtes de Normandie, la certitude que celles de Bretagne seraient encore mieux gardées, détermina les Anglais à renoncer à leur projet, ou du moins à en ajourner l'exécution, — ce qui amena la chute du complot.
3. Robert Wyllughby, dont il est question ci-dessus, dans les pièces I, VII, X, XXI, p. 1, 11, 14, 35.
4. Southampton et Portsmouth.
5. En 1492, Pâques étant le 22 avril, la Trinité était le 17 juin, et le lundi, lendemain de cette fête, le 18 juin.

XL

Guion d'Estouteville au roi Charles VIII[1].

(10 juillet 1492.)

Sire, tant humblement comme je puis à vostre bonne grace me recommande. Sire, plaise vous savoir que ariva icy ung de voz chevaucheurs d'escurie, le huitiesme jour de ce mois, à deulx heures de nuyt, qui m'apporta des lectres qu'il vous avoit pleu me rescripre, touchant cinq cens hommes de pié que je vous menasse et estre le premier jour d'aoust à Saumur devers vous. Sire, j'ay receu voz dictes lectres bien tart, mès j'ay faict et feray la plus grant diligence qui à moy sera possible.

Sire, j'ay esté par plusieurs foiz adverty depuis nagueres, par gens estans venus d'Angleterre, que les Angloys ont force de navires tous prestz et près de ce boult de pays nommé la Hague, et si ont escript aucunes gens d'Angleterre, qui sont natifz de ce pays icy, à leurs amys de par deçà près de ceste dicte coste, s'ilz avoient aucuns biens qu'ilz les esloignassent et que de bref ilz penseroient venir faire quelque saillie. Sire, avecques bien petit de gens de cheval on leur feroit de bien grans maulx se ilz faisoient ceste entreprinse, veu le pays que c'est icy, et aussi le fauldroit il bien congnoistre. Sire, il y a icy trois places, Cherrebourg, Bricquebec et Valloignes, mais qu'il y ait des gens dedens, on vous y feroit de grans services. Sire, je vous en avertiz ainsi comme je y suis tenu, en me commandant voz bons plaisirs pour les acomplir à mon pouair. Sire, je prie Dieu et Nostre Dame qu'il vous doint bonne vie et longue et victoire contre voz ennemis.

Escript à Valloigne le dixiesme jour de juillet.

Vostre tres humble et tres obeissant subgect et serviteur,

GUYON D'ESTOÛTEVILLE.

Au dos : Au Roy, mon souverain seigneur.

NOTE.

1. Bibl. Nat. ms. fr. 15541, f. 154. Orig. pap.

XLI

Guillaume Carrel, capitaine de Brest, au prince d'Orange [1]

(18 juillet 1492.)

Monseigneur, je me recommande tres humblement à vostre bonne grace.
J'ay parlé à ung homme qui vient de Normandie, qui y estoit quant les Angloys brus-
lerent les navires de Bretaigne [2]. Il dit qu'ilz ne sont point descenduz et qu'il en a esté prins aucuns
de ceulx qui brullerent lesdiz navires, qui prennent sur leur vie qu'ilz chargent toute leur armée
et que desjà leur avant garde est en mer et que de ceste heure le roy est chargé.

Monseigneur, je vous supplie qu'il vous plaise envoyer incontinant l'argent des deux cens
hommes de pié, car j'ay eu nouvelles de celuy qui les est alé querir qu'ilz seront ycy entre cy et
dimenche, et ilz gasteront tout s'ilz ne sont incontinent paiez. Aussi, qu'il vous plaise haster l'argent du rachact pour les reparacions [4]. Et m'envoiez le prevost et les autres gens d'armes. Je vous
envoye vostre lanyer, que l'en dit qui est de bon aire [5]; s'il se treuve bon, je les vous pourré bien
recouvrer l'année à venir.

Monseigneur, mandez moy et commandez tousjours voz bons plaisirs, et tenez vous seurs que je
n'espargneré corps ne biens pour les acomplir. Au plaisir Dieu, qui vous doint bonne vie et longue.

Escript à Brest, le XVIII° jour de Juillet.

Monseigneur, depuis ces lectres escriptes sont arrivez les deux cens hommes de pié. Je les ay
envoye logez à Cleder en actendant leur paiement, pour ce que ceulx dudit Cleder se sont rebel-
lez contre les receveurs des fouages et ne veullent riens payer. Il est requis que leur argent soit
promptement envoyé, affin de les loger céans.

Vostre très humble et très obeissant serviteur.

GUILLAUME CARREL [7].

Au dos: A très hault et puissant seigneur Monseigneur le Prince, lieutenant general du Roy
en Bretaigne [8].

NOTES.

1. Bibl. Nat. ms. fr. 15541, f. 157. Orig. pap.
2. Probablement les quarante-cinq navires dont il est question ci-dessus dans le n° XXXIX.

3. Qui affirment sur leur vie.

4. Pour réparer les fortifications de Brest.

5. En termes de fauconnerie, on appelle *aire* le nid, ou le rocher, ou le précipice, que les faucons choisissent pour faire leurs petits fauconneaux : de là on dit un faucon de bonne *aire*, c'est-à-dire de bonne race, de bonne espèce. Le lanier, on l'a déjà vu, n'est qu'une variété du faucon.

6. Aujourd'hui commune du canton de Plouzévédé, arr. de Morlaix, Finistère.

7. Ainsi le capitaine de Brest, qui le 2 mai était encore en correspondance réglée avec Le Pennec (voir le n° XXVIII ci-dessus, p. 45), avait entièrement abandonné le complot deux mois plus tard, sans doute en voyant que la descente des Anglais en Bretagne n'avait pu se faire.

8. A droite de l'adresse, une note d'écriture contemporaine porte : « Le cap⁵⁵ Guillaume Carreau à Mons⁵ le Prince. »

XLII

Guynot de Louzière, sénéchal de Querci, au roi Charles VIII [1].

(5 août 1492.)

Sire, plaise vous savoir que ce dimanche matin Monseigneur le Prince a eu des lectres du cappitaine Porcon et du cappitaine Carreau, avec ung memoire des nouvelles d'Angleterre, que mondict seigneur le Prince vous envoye. Lesquelles nouvelles sont très bonnes, mais qu'elles soient veritables : combien, Sire, que mondict seigneur le Prince ne s'i fiera, pour ce que le guet et garde ne se face comme il a acoustumé et meilleur, s'il se peut faire.

Sire, vous pourrez veoir par les lettres dudit cappitaine Porcon que l'advis et oppinion de tous les cappitaines qui sont avec lui est, si vostre plaisir estoit, de faire une armée de quarante ou cinquante navires, qui promptement se trouveront en ce pays cy, et bien equippées de gens de guerre dedans. Ce pourroit estre cause de leur faire ung grant dommaige sur l'armée que le grant maistre d'Angleterre [2] tient sur la mer, que l'on dict ne bouger jusques à la saincte Katerine [3]. Et se vostre plaisir estoit de ce faire, fauldroit que ce feust en la plus grant et extresme diligence que faire se pourra.

Sire, mondict seigneur le Prince mect grant peine à garder les gens d'armes de vostre ordonnance de prendre les vivres des bonnes gens sans payer, et a commis quatre commissaires, qui tous les jours sont sur les champs parmy les lieux où lesdictz gens d'armes sont logez, lesquelz n'y peuent mectre remedde. Et dient lesdictz gens d'armes qu'ilz ne sont point payez, et qu'ilz baillent cedulles aux parroisses des vivres qu'ilz leur baillent. Et si vostre plaisir estoit de commander au commissaire qui viendra faire les monstres par deça que, avant qu'ilz feussent payés, il fist payer lesdictes cedulles qu'ilz en auroient baillées, le peuple de par deça congnoistroit que vous avez intencion de les bien traicter.

Sire, je prie à Nostre Seigneur qu'il vous doint très bonne vie et longue.

Escript à Guingamp le cinquiesme jour d'aoust.

Vostre tres humble et tres obéissant subgect et serviteur,   G. DE LOUSIERE.

Au dos : Au Roy, mon souverain seigneur.

NOTES.

1. Bibl. Nat., ms. fr. 15541, f. 96. Orig. pap.
2. Robert Wyllughby, dont il est question ci-dessus dans le n° XXXIX, et précédemment dans les n°° I, VII, X, XXI.
3. Le 25 novembre. Les Anglais firent une descente en France dès le 6 octobre, assiégèrent inutilement Boulogne, conclurent la paix à Étaples le 3 novembre, et, à la suite de ce traité, retournèrent en Angleterre.

XLIII

Philippe de Montauban au roi Charles VIII [1].

(5 août 1492.)

Sire, tant et si très humblement que je puis à vostre bonne grace me recommande.

Sire, plaise vous savoir que, par les lectres que monseigneur le Prince vous escript, saurez les nouvelles seurvenues par deça [2]. Sur le rapport desquelles a esté assemblé et tins conseil de ce que vous pourroit estre à l'endroit requis et expedient faire, où se sont trouvez toutes oppinions par vous devoir estre mis et ordonné une armée par la mer, à la plus grant diligence que faire se pourra, qui pourroit estre à vostre très grant avantaige et prouffit; aussi que, pour faire cesser les pilheries que font les gens d'armes de voz ordonnances et autres sur le plat pays, à quoy on ne peut obvier ne donner provision, en devez escripre unes bonnes lectres à mondit seigneur le Prince, et que ce pourroit estre cause de les en faire abstenir d'ores en avant.

Sur le tout de quoy, Sire, vous plaira ordonner à vostre bon plaisir et me mander et commander voz agreables plaisirs, pour vous y obeir et servir à mon pouoir, priant Nostre Seigneur, Sire, vous donner très bonne vie et longue.

Escript à Guingamp, le cinquiesme jour d'aoust.

Vostre très humble et très obeissant subgect et serviteur,

PHILIPPE DE MONTAUBAN.

Au dos: Au Roy, mon souverain seigneur.

NOTES.

1. Bibl. Nat., ms. fr. 15541, f. 161. Orig. pap.
2. Ces nouvelles, relatives à la flotte anglaise et à ses projets de descente, sont justement celles dont il est cas dans la lettre précédente n° XLII.

XLIV

Mandement du roi Charles VIII, nommant Jean de Chalon, prince d'Orange,
gouverneur de Bretagne ⁱ.

(2 novembre 1492.)

Charles, par la grace de Dieu roy de France, à tous ceulx qui ces presentes lettres verront salut. Savoir faisons que nous, reduisans à memoire les très grans, vertueux, louables, agréables et très recommandables services que nostre très cher et amé cousin Jehan de Chalon, prince d'Orange, nous a par ci-devant faiz, fait encores et continue chascun jour à l'entour de nostre personne et à l'adrece et conduite des plus grans et principaulx affaires de nous et de nostre royaume, mesmement ou fait et estat de notre lieutenant general ès pays et duché de Bretaigne depuis qu'ilz ont esté redduitz et du tout mis en noz mains, où grandement et tres vertueusement il s'est employé, conduict et gouverné au bien de nous et de nostredit royaume et pays ; desirans, en recongnoissance desdiz services et d'iceulx aucunement recompenser nostredit cousin, le eslever en estat et office de grant auctorité et preeminance, confians à plain de ses grant sens, vertuz, noblesse, souffisance, loyauté, experience et très bonne diligence, icelluy, pour ces causes et par l'advis et deliberacion de plusieurs des princes et seigneurs de nostre sang et gens de nostre Conseil estans lez nous, et autres grans et raisonnables consideracions a ce nous mouvans, [l'] avons, par la teneur de ces presentes, fait, ordonné et créé, faisons, ordonnons et créons gouverneur de nosdiz pays et duché de Bretaigne, pour icelluy office avoir, tenir et doresnavant exercer avecques ladite lieutenance, aux honneurs, prerogatives, auctorité, preeminances, gaiges, pension, droiz, prouffiz et emolumens audit office de gouverneur appartenant tant qu'il nous plaira.

Si donnons en mandement par ces mesmes presentes à noz amez et feaulx conseilliers les gens de nostredit grant Conseil, à nostre amé et feal le chancellier dudit pays de Bretaigne et à tous noz autres justiciers, officiers et subgectz d'iceulx pays et tous autres qu'il appartiendra, que nostredit cousin le prince d'Orenge, duquel nous avons prins et receu le serement en tel cas acoustumé, ilz le souffrent et laissent joir et user dudit office de gouverneur de nosdiz pays et duché de Bretaigne, ensemble des honneurs, preeminances, auctorité, prerogatives, gaiges, pension, droiz, prouffiz et emolumens dessusdiz, et à luy obéir et entendre de tous ceulx et ainsi qu'il appartiendra ès choses touchans, concernans et regardans ledit office, en luy faisant obeissance et ouverture des villes, places, chasteaulx et lieux estans en nosdiz pays, toutes et quantes foys qu'il vouldra et ordonnera pour le bien de nous et de nosdiz pays et subgectz, tout ainsi qu'ilz feroient et faire devroient à

9

nostre propre personne. Mandons en oultre à noz amez et feaulx les tresoriers de France, generaulx conseilliers par nous ordonnez sur le fait et gouvernement de noz finances, general et tresorier ayant la charge, administracion et distribucion de noz finances oudit pays de Bretaigne, que doresnavant ilz facent paier, bailler et delivrer à nostredit cousin les gaiges, pension et droiz audit office appartenant, par chascun an, aux termes et en la maniere acoustumez et ainsi que par nous ordonné sera. Et par rapportant ces presentes ou vidimus d'icelles fait soubz seel royal, pour une foiz, et quitance sur ce souffisante de nostredit cousin tant seulement, nous voulons iceulx gaiges, pension et droiz ou ce que paié, baillé et delivré luy en aura esté estre alouez ès comptes et rabatuz de la recepte de celluy ou ceulx qui paié les aura ou auront par noz amez et feaulx gens de noz comptes, ausquelz nous mandons ainsi le faire sans difficulté.

En tesmoing de ce nous avons fait mectre nostre seel à cesdictes presentes. Donné aux Montilz les Tours, le deuxieme jour de novembre, l'an de grace mil CCCC quatre vingts et douze, et de nostre regne le dixiesme.

<hr>

NOTE.

1. Archives du Doubs. Fonds Chalon, E. 1212. — Pièce communiquée par M. J. Gautier, archiviste du Doubs. Original parch. scellé sur double queue du grand sceau de majesté en cire blanche.

XLV

Lettres de rémission pour Nicolas Coëtanlem [1].

(Novembre 1492.)

CHARLES, etc. Savoir faisons, etc. nous avoir receu l'umble supplicacion des parens et amys charnelz de Nicollas Coetalem (*sic*), marchant, demourant à Morlaiz en nostre duchié de Bretaigne, contenant que, environ Karesme prenant [2] derroin passé, led. Nicollas Coetanlem (*sic*), suppliant, se tira devers ung nommé Pierre Le Pennet [3], auquel il avoit presté certaine somme de deniers, affin d'avoir solucion et paiement dud. Pennet. Auquel suppliant icelluy Pennet dist que les quatre parroisses prouchaines de nostre ville de Brest n'avoient point payé le fouaige du temps qu'il avoit esté en Basse Bretaigne pour nostre très cher et très amé cousin le sire de Rieux, mareschal de Bretaigne [4], et qu'il y avoit quatre ou cinq ans qu'il estoit au service de nostred. cousin le sire de Rieux, où il s'estoit beaucoup endebté et ne pouoit riens avoir de nulle part, et que les receveurs, desquelz il avoit prins les deniers, cryoient sur luy qu'il ne leur portoit garand en la Chambre de noz Comptes [5] de ce qu'il avoit prins d'eulx, en disant led. Pennet qu'il eust voulu estre à Roume ou en Angleterre, et qu'il failloit qu'il allast à Vennes pour garantir lesd. receveurs en la Chambre de nosd. Comptes, et que à son retour il adviseroit comme il pourroit paier led. suppliant.

Et avant que led. Pennet partist pour aller aud. lieu de Vennes, pria aud. suppliant que se vng nommé Jehan Simon de Yssetre [6], du pays d'Angleterre, hoste dud. Pennet, luy envoyoit aucunes choses, que icelluy suppliant les luy envoyast par le premier homme seur qui yroit aud. Vennes. Et donna entendre aud. Coetalem que led. Jehan Simon avoit de luy vne male et autres biens, dont il luy escripvoit. Et depuis, environ la My Karesme [7], led. Pennet envoya [vers] led. Coetanlem, suppliant, vnes lettres pour envoyer aud. Jehan Simon, son hoste d'Angleterre, et peu de temps après vint aud. Morlaiz vng nommé Guillaume, serviteur de Olivier de Coetlogon, cuidant trouver passaige pour aller en Angleterre porter vng sauf conduit de nous à sond. maistre pour s'en retourner aud. pays de Bretaigne : lequel Guillaume prya led. suppliant savoir s'il y avoit nulz navires prestz pour aller en Angleterre; auquel Guillaume led. suppliant dist qu'il y en avoit deux et ne restoit que avoir bon vend. Et le lendemain, ainsi que led. Guillaume alloit à la marée pour cuider charger lesd. navires, trouva led. suppliant, lequel dist aud. Guillaume que le vent n'estoit pas bon, et à ceste cause icelluy Guillaume n'alla point mal faire : car led. Guillaume n'y alloit pour autre chose sinon pour querir sond. maistre, au moins que led. suppliant sceust. Et auparavant led. Guillaume avoit baillé vnes lettres de sa maistresse aud. suppliant pour envoyer aud. de Coetlogon son maistre, lesquelles lettres icelluy suppliant rendit depuis aud. Guillaume. Et depuis n'eust led. suppliant aucunes parolles avec led. Guillaume, sinon que, après [que] vng nommé Guillaume Pierre, dit la Mothe, eust dit aud. suppliant les choses cy apres declerées, icelluy suppliant demanda aud. Guillaume s'il savoit point que les Angloys eussent intelligence avec aucuns de noz places de Bretaigne, lequel Guillaume respondit que non.

Et depuis et ou moys de may derroin passé, le jour sainct Nicollas [8], led. Guillaume Pierre, dit La Mothe, homme d'armes de nostre ordonnance de la garnison de nostre ville de Brest, et vng nommé Yvon de Coetongar [9], vindrent sur la rive du quay dud. Morlaiz et s'adressèrent aud. suppliant. Auquel suppliant led. La Mothe dist qu'il avoit bien à parler à luy pour son grand prouffit, et le prya d'aller soupper avec luy en son logeiz, ce que led. suppliant fist, et y souppa led. de Coetongar. Et eulx estans aud. lieu, led. La Mothe fist jurer et faire de grans seremens ausd. suppliant et Coetongar qu'ilz ne reveleroient ce qu'il leur disoit, et pareillement led. La Mothe jura de soy mesme, sans estre requis, que de sa part il le tendroit secret ; et ne sçavoit led. suppliant pour quelle cause led. La Mothe le faisoit jurer, car s'il l'eust sceu jamais il n'eust fait led. serement. Et ce fait, led. La Mothe, lequel tenoit deux ou troys lettres missives en sa main, dist aud. Coetongar et suppliant que c'estoit des lettres d'un nommé Carreau, cappitaine pour nous aud. Brest, adreçans aud. Pennet, par lesquelles il luy mandoit qu'il se rendist aud. Brest, et unes autres dud. Pennet adreçans à ung nommé Olivier, que led. La Mothe disoit estre le seigneur de la Palue [10], par lesquelles led. Pennet le mercioit du plaisir qu'il s'estoit offert faire à *son père* [11], le priant de continuer de bien en mieulx. Et declaira led. La Mothe ausd. Coetongar et suppliant que c'estoit led. cappitaine Carreau qui s'estoit plaint aud. seigneur de la Palue, disant qu'il se doubtoit qu'ilz luy voulsissent oster lad. cappitainerie, et que led. seigneur de la Palue s'estoit offert luy trouver deux cens gentilzhommes pour garder lad. place de Brest. Et les autres lettres estoient d'un nommé Jehan Rabault, dit Fermedouc, homme d'armes de la compaignie dud. Carreau, par lesquelles il luy escripvoit que avions mis sa compaignie à la morte paye et que le voulions mal traicter et luy oster lad. cappitainerie. Et après ce, dist led. La Mothe ausd. suppliant et Coetongar que led. Pierre Le Pennet avoit appoincté auec led. Carreau [que] il rendroit lad. place de Brest ès mains des Anglois et du sire de Rohan, et que led. Carreau estoit deliberé de ce faire, par my ce que icelluy Carreau devoit auoir cinq mil nobles, cinq cens livres de levée, et cent lances de ordonnance. A quoy led. suppliant respondit qu'il s'en esbayssoit et qu'il ne le pouoit croire, et led. La Mothe luy dist qu'il ne failloit point s'en esbair et que les plus grans personnaiges dud. pays de Bretaigne et avec ce la plus part des seignours de France, comme le mareschal de Rieux, le sire de Rainefort, Olivier de Coëtmen, le sire de Mené et plusieurs autres estoient de ceste bende, lesquelz n'actendoient à eulx declerer que la venue desd. Angloys, et congnoissoient que nostre fait n'aloit pas bien et que avions voullu mectre ceulx de nostre ordonnance dud. Brest à la morte paye et casser les pensions et entretenemens de ceulx qui nous avoient bien servy: en faisant par led. La Mothe grans seremens que la verité estoit telle et qu'il en feroit informer au vray led. suppliant par led. Carreau, lequel luy en escriproit. Lesquelles choses estoient toutes fictions [12] et ne les disoit led. La Mothe sinon en intencion de faire consentir led. Coetalen [sic], suppliant, à lad. entreprinse de Brest, affin de l'accuser et avoir ses biens par confiscacion.

Et à tant se departirent d'illec, et fut dit entre eulx que en l'endemain matin ilz se trouvassent en la maison des Jacobins aud. lieu de Morlaiz. Auquel lieu se rendit led. suppliant, où il trouva led. La Mothe et luy dist que les nouvelles estoient venues que les Angloiz estoient devant led. Brest et que desjà ilz estoient descenduz à terre [13]. Et lors respondit led. La Mothe et dist aud. suppliant telz motz ou semblables: — « Ne le vous disoye [je] pas bien ? Ilz sont venuz en Brest pour parfournir led. appoinctement et fournir aud. cappitaine Carreau ce que luy a esté promys. » — En disant oultre led. Nicollas suppliant: — « Or çà, puisqu'ilz sont venuz, je m'en voys hastivement devers eulx, je sçay bien que le grant maistre d'Angleterre y sera. » — Et demanda led. La Mothe aud. suppliant qu'il voulloit demander ou quelle charge il voulloit avoir. A quoy led. suppliant respondit qu'il ne voulloit avoir autre chose fors estre payé de ce que luy estoit deu: car auparavant, et durant que led. grant maistre estoit en Bretaigne au service de nostre tres chiere et tres amée compaigne la Royne [14], il luy avoit presté grans sommes de deniers. Et que led. La Mothe dist aud. suppliant: — « Mais que diray je aud. grant maistre de vous? » — A quoy led. suppliant respondit: — « S'il me demande, recommandez moy à luy. » — Et lors on commença à sonner les tocquessains de lad. ville de Morlaiz, et incontinent se departirent lesd. La Mothe et suppliant.

Et après ce jour dud. sainct Nicollas, le servicteur dud. Jehan Simon, hoste dud. Pierre Le Pennet d'Angleterre, apporta aud. suppliant certaines lettres missives adreçans aud. Pennet, avec XII. ou XIIII. saufconduiz du roy d'Angleterre, et unes autres lettres missives adreçans aud. suppliant, par lesquelles led. Jehan Simon luy prioit qu'il envoyast lesd. lettres et saufconduitz aud. Pierre Le Pennet, et qu'il resceust d'un nommé Henry Lagadec, marchant demourant aud. Morlaiz, quarente angelotz qu'il devoit aud. Jehan Simon pour deulx saufconduitz, pour pareillement les envoyer ou bailler aud. Pennet. Lesquelles lettres adreçans aud. Pennet led. suppliant, sans savoir qu'elles contenoient, les bailla aud. Yvon de Coetongar pour les envoyer aud. Pierre Le Pennet. Et peu de temps après, led. Le Pennet envoya vers led. Coetalem, suppliant, led. Yvon de Coetongar savoir si les lettres que icelluy Pennet avoit envoyées aud. suppliant pour envoyer aud. Jehan Simon son hoste avoient esté envoyées en Angleterre, et s'il ne les avoit envoyées qu'il les luy renvoyast et aussi qu'il fist proufiter les saufconduitz que led. Simon luy avoit envoyez.

Et avec ce envoya led. Pennet aud. Coetanlem, suppliant, deux lettres missives, les unes adreçans à ung nommé Richart Estienne, et les autres à ung nommé Olivier de Coetmen: lesquelles lettres qui s'adreçoient aud. Richart Estienne led. suppliant ne voulut recevoir, mais les renvoya aud. Le Pennet avec celles que icelluy Le Pennet luy avoit envoyées pour envoyer aud. Jehan Simon, sans savoir que icelles lettres contenoient; et ne remist led. suppliant que celles qui s'adreçoient aud. Olivier de Coetmen, cuidant qu'il n'y eust riens prejudiciable. Lesquelles il bailla depuis à icelluy de Coetmen, lequel, après qu'il eust veu lesd. lettres, les monstra aud. suppliant, et estoient lesd. lettres telles ou semblables en substance: — « En ce que touche l'article de celluy à qui avons fait « offrir les deux mil escuz de pension, nous sommes joyeulx de ce qu'il est deliberé de nous servir, « pourveu qu'il nous envoye ung escript de sa main, lequel garderons secret, et luy ferons telle « recongnoissance que il devra estre content [15]. » — Et lors led. de Coetmen dist aud. suppliant telz motz ou semblables: — « J'ay bien dit aud. Pierre Le Pennet que après le Roy mon souverain seigneur il n'y a prince que je aymasse mieulx servir que luy [16], » et que c'estoit grant follye aud. Pennet d'escrire chose de quoy il n'eust garand, et qu'au regart d'escripre lettres ne brevet de sa main il ne le feroit pour rien du monde.

Et depuis vint led. La Mothe aud. Morlaiz devers led. Nicollas et luy apporta unes lettres, par lesquelles led. cappitaine Carreau mandoit aud. suppliant qu'il adjoustast foy à ce que led. La Mothe luy diroit de par luy, tant du marché du fer que autrement. Et après que led. suppliant eust veu lesd. lettres, led. La Mothe lui dist telz motz ou semblables: — « Au moins me adjousterez vous foy doresnavant de ce que vous diray. Ce n'estoient pas les Angloiz qui estoient devant Brest, c'estoient houlques. » — Et depuis led. La Mothe, pour parvenir à son intencion et pour tousjours faire consentir led. suppliant aux choses dessusd. et par ce moyen le pouer accuser et avoir occasion, par telz faulx, deshonnestes et laches moyens, de demander ses biens [17], ainsi que dessus est dit, retourna de rechief aud. lieu de Morlaiz et manda led. suppliant pour aller parler à luy, ce que fist icelluy suppliant. Et alors led. La Mothe dist aud. suppliant telz motz ou semblables : — « Il est jà tard, mais vecy ung pacquet de lettres: allez chez vous et les voyez entre cy et le matin, et demain je parleray à vous aux Jacobins. » — Et à tant s'en alla led. suppliant en sa maison et vist lesd. lettres, par lesquelles, ainsi qu'il semble aud. suppliant, le roy d'Angleterre demandoit aud. Pierre Le Pennet luy faire savoir des nouvelles, et que s'en avoit à besongner de passaige, qu'on eust freté l'un des navires dud. Nicollas, suppliant, pour aller en marchandise, et du fret que led. Pennet eust appoincté il eust esté payé par led. Jehan Simon [18]. Lesquelles lettres ont depuis esté mises entre les mains de nostre très chier et très amé cousin le prince d'Orenge, gouverneur et nostre lieutenant aud. pays de Bretaigne.

Et le lendemain, led. suppliant s'en alla à lad. eglise des Jacobins, où il trouva led. La Mothe auquel il rendit led. pacquet de lettres, et icelluy La Mothe monstra aud. suppliant ung memoire dud. Le Pennet, pour et affin de recouvrer vng saufconduit dud. suppliant avecques lesd. quarante angelotz dud. Henry Lagadet, et luy dire que s'il eust failly à les luy bailler dedans brief temps il s'en fust repenty. Et alors led. suppliant dist aud. La Mothe qu'il devoit aud. Henry Lagadet L. escuz et que, n'eust esté ce, il eust pourchassé plus tost lesd. XL. angelotz, mais il ne voulloit pas que pour luy led. Lagadet eust dommaige. Et peu après que led. La Mothe et suppliant se furent partiz d'illec, icelluy suppliant porta aud. La Mothe LXXVI. V s. tournois, avec ung desd. saufconduitz que led. Jehan Symon avoit envoyez d'Angleterre, en disant par led. suppliant aud. La Mothe telz motz ou semblables: — « Je vouldroye que led. Pennet eust ses saufconduitz, car je n'en ay que faire, je ne me veulx plus ingerez de les distribuez; il m'a mandé puis nagueres en bailler ung à Monsr de Lohet (sic), que luy ay baillé. » — Et auparavant led. suppliant avoit employé VII. escuz et troys aulnes et demye de drap pour led. Pennet, que estimoit led. suppliant avec lesd. LXX l. V s. t. valloir lesd. L. escuz. Et alors led. La Mothe dist aud. suppliant que luy et led. Pennet alloient savoir pourquoy les Angloiz tardoient tant.

Incontinant après lesquelles choses led. La Mothe, qui avoit seduit et suborné led. suppliant en intencion d'avoir pour luy et ses adherans la confiscacion de ses biens ou partie d'iceulx, comme il est vraysemblable, auroit accusé led. suppliant envers aucuns de noz gens et officiers et luy a imputé cas de crime de leze majesté [19] : au moien de quoy led. suppliant a esté constitué prisonnier et amené en nostre chastel du Louvre à Paris, où il a esté detenu par longue espace de temps en grant pouvreté et misere [20]. Et doubtant par luy d'y estre trop longuement detenu sans aucun eslargissement ou delivrance de sa personne et à ceste cause d'y finer ses jours miserablement, icelluy suppliant auroit trouvé façon de eschapper et saillir par une fenestre hors de nostred. chastel du Louvre, où il estoit prisonnier. Et combien que led. Nicollas Coetulem se soit tousjours bien et honnestement gouverné en toutes autres choses sans avoir esté actainct ne convaincu d'aucun villain cas ou blasme et que ce qu'il en a fait en celle [21], ou la pluspart, a esté par la persuasion dud. La Mothe, et eust led. suppliant voulentiers revelé les choses que luy avait dictes led. La Mothe, n'eust esté les grans seremens qu'il avoit faiz de n'en riens reveler, comme dit est, et aussi qu'il doubtoit de ne le pouoir prouver contre led. La Mothe et qu'il estoit advis aud. suppliant, actendu les grans seremens que led. La Mothe avoit faiz, qu'il estoit impossible resister ausd. entreprinses quant ores il les eust revelées, et n'eust jamais cuidé led. suppliant que led. La Mothe y procedast si malicieusement et de si dampnable intencion pour convoitise d'auoir ses biens, et que aucun inconvenient ne s'en est ensuy ou prejudice de nous, de nostre royaume ne de la chose publicque d'icelluy: neantmoins, lesd. parens et amys dud. Nicollas Coetanlem, suppliant, doubtans qu'on voulsist proceder contre luy par rigueur de justice, nous ont fait suppléer et requerir pour led. Coetanlem que nostre plaisir fust remectre, quicter, abolir et pardonner à icelluy Nicollas Coëtanlem, les cas et choses dessusd. et sur ce luy impartir nosd. grace et misericorde.

Pourquoy nous, ces choses considerées, voullans misericorde preferer à rigueur de justice, inclinans liberalement à la supplicacion et requeste desd. amys et parens dud. Nicollas Coetanlem, et en faveur de nostre très chiere et bien amée compaigne la Royne qui sur ce nous a supplié et requis, avons, de nostre grace especial, plaine puissance et auctorité royal, quicté, remis, aboly et pardonné, quictons, etc. avec toute peine, etc. et l'avons restitué, etc. Et sur ce imposons silence perpetuel à nostre procureur general et à tous autres. En reintegrant toutes voyes par led. Coëtanlem suppliant la prison et soy rendant prisonnier en nostre conciergerie du Palais à Paris, actendu que la congnoissance de cette matière a esté par nous commise et actribuée à nostre court de Parlement.

Si donnons en mandement par ces mesmes presentes à noz amez et feaulx les gens tenans ou qui tiendront nostred. court de Parlement, ausquelz avons baillé la congnoissance desd. cas, si desjà ilz ou aucuns d'eulx ont commencé à en congnoistre, et à tous les autres justiciers de nostre royaume, etc. Ains se son corps ou aucun de ses biens, etc. Car tel est notre plaisir. Et affin que ce soit, etc., sauf, etc.

Donné soubz nostre seel ordonné en l'absence du grant, aux Montilz lez Tours, ou moys de Novembre, l'an de grace mil IIII⁴ IIII²ˣ et XII, et de nostre regne le dixᵐᵉ.

Ainsi signé: Par le Roy, les sires de Myolans, gouuerneur du Dauphiné, d'Aubigny, de Grimault seneschal de Beaucaire, et autres presens, D. Marcel. *Visa contentor.* Du Terme.

NOTES.

1. Arch. Nat. Reg. du Trésor des Chartes JJ 223, n° LXX, f. 41 v° à 43 v'.

2. En 1492, le mercredi des Cendres était le 7 mars, Pâques tombant le 22 avril.

3. *Sic;* ici et partout, dans cette pièce et dans la suivante lisez: « Le Pennec. »

4. Sans doute en 1489 et 1490, pendant que Rieux, tuteur de la duchesse Anne de Bretagne, ne pouvant lui faire accepter le mari qu'il voulait lui imposer (le sire d'Albret), s'était rebellé contre sa souveraine et prétendait gouverner le duché de son propre chef.

5. La Chambre des Comptes de Bretagne, qui, à ce moment-là, siégeait à Vannes.

6. D'Exeter, voir la pièce n° X, ci-dessus p. 14.

7. La mi-carême 29 mars 1492.

8. Le 9 mai, fête de la translation de S. Nicolas.

9. Sur La Mothe et Coëtcongar voir ci-dessus les pièces XI, XVII, XVIII, et ci-dessous la pièce XLVI.

10. Olivier de la Palue est mentionné comme homme d'armes de la compagnie du vicomte de Rohan, dans une montre du 2 septembre 1489 (D. Morice, *Preuves de l'Hist. de Bret.* III, col. 631; cf. col. 389 et 271.)

11. C'est-à-dire à Carreau ou Carrel, capitaine de Brest, comme on le voit par la phrase suivante et encore mieux par les formules employées par Le Pennec vis-à-vis de Carrel dans les pièces ci-dessus XV, XVI, XVII, XXVI.

12. On trouve, au contraire, dans les assertions de La Mothe, des faits dont nous avons encore la preuve directe dans la *Correspondance de La Pennec*, par exemple, ce qui concerne le sire de Rainefort et le capitaine de Brest. Il y a donc tout lieu de croire que sur les autres points La Mothe, au moment où il parlait, disait vrai. Mais le complot ayant avorté, la politique du roi de France fut de le nier, de le réduire à une intrigue, à une fable sans portée. On y gagnoit de n'avoir point à punir des coupables aussi haut placés que Rohan, Rainefort, etc., qui d'ailleurs, de gré ou de force, avaient renoncé à cette entreprise. Dès lors la vérité *officielle* dut être et fut en effet qu'il n'y avait pas eu de complot.

13. Cette prétendue descente des Anglais en Bretagne, au commencement de mai 1492, était un faux bruit.

14. En 1489, avec l'armée anglaise envoyée par le roi Henri VII au secours de la duchesse Anne de Bretagne. Le «grant maistre,» c'est Robert Wyllughby.

15. C'est un résumé fidèle, presque textuel, du huitième paragraphe de la lettre écrite, le 5 avril 1492, par le roi d'Angleterre à Le Pennec; voir n° XXV ci-dessus, p. 40-41.

16. « Luy, » c'est l'auteur des lettres dont on vient de donner l'extrait relatif à Coëtmen, c'est-à-dire Henri VII, roi d'Angleterre; mais ici, on ne veut point le désigner clairement.

17. Continuation de la fiction officielle qui veut, contre l'évidence, voir uniquement dans le complot une fable imaginée par La Mothe pour arriver à se faire adjuger les biens du richissime Coëtanlem. Voir ce que nous avons déjà dit ci-dessus (note 12) de cet étrange système.

18. Il s'agit ici évidemment du quatrième paragraphe de la lettre du roi d'Angleterre à Le Pennec, du 5 avril, n° XXV ci-dessus, p. 40.

19. Ainsi ce serait La Mothe qui aurait livré aux gens du roi, sans doute au prince d'Orange son lieutenant, le secret du complot et la correspondance de Le Pennec. Tel était du moins le système officiel de la cour de France.

20. Cette rude prison infligée à Coëtanlem suffirait à prouver que le roi, en réalité, avait pris fort au sérieux les renseignements relatifs au complot de 1492.

21. C'est-à-dire « en celle chose. »

XLVI

Lettres de rémission pour Yvon de Coëtcongar[1].

(Novembre 1492.)

CHARLES, etc. Savoir faisons, etc. nous avoir receu l'umble supplicacion des parens et amys charnelz de Yvon, seigneur de Coëtongar[2], escuier, demourant près Morleys en nostre duchié de Bretaigne, contenant que, le jour de la feste saint Nicollas en may derroin passé, ung nommé Guillaume Pierre, dit de la Mothe, soy disanthomme d'armes de nostre ordonnance de la garnison de nostre ville de Brest, s'adressa aud. Yvon de Coëtongar, suppliant, et luy monstra unes lettres de créance d'un nommé Pierre Le Pennet et luy dist qu'il voulloit parler à Nicollas Coëtalem. Et pour trouver led. Coëtalem lesd. La Mothe et Coëtongar l'alèrent sercher sur la rue du quay dud. Morlaiz, où ils le trouvèrent. Auquel de Coëtalem led. La Mothe dist qu'il avoit à parler à luy et le pria de venir soupper en son logeiz, ce que led. de Coëtalem fist. Et eulz estans aud. lieu, led. La Mothe fist jurer et faire de grans seremens aud. de Coëtongar, suppliant, et [à] Coëtalem, qu'ilz ne reveleroient point ce qu'il leur diroit, et pareillement led. La Mothe jura de soy mesmes, sans en estre requis, que de sa part il le tendroit secret: et ne savoit led. suppliant pour quelle cause led. La Mothe le faisoit jurer, et s'il eust sceu jamais il n'eust fait led. serement. Et adonc icelluy La Mothe leur monstra plusieurs lettres missives, c'est assavoir, unes lettres du cappitaine de Brest nommé Carreau, adreçans aud. Pierre Le Pennet, par lesquelles il luy mandoit se rendre aud. Brest, et unes autres lettres dud. Pennet adreçans à vng nommé Olivier, que led. La Mothe disoit estre le seigneur de la Palue, par lesquelles il [le] mercioit du plaisir qu'il s'estoit efforcé[3] faire à sond. père, en lui priant qu'il voulsist continuer de bien en myeulx. Et leur declaira led. La Mothe que c'estoit led. cappitaine Carreau, quel s'estoit plaint aud. seigneur de la Palue, disant qu'il se doubtoit qu'ilz luy voulsissent oster la cappitainerie dud. Brest, qu'il tenoit pour nous, et que led. seigneur de la Palue avoit offert aud. cappitaine Carreau luy trouver deux cens gentilzhommes pour garder lad. place de Brest. Et si monstra led. La Mothe ausd. Coëtongar, suppliant, et Coëtalem unes autres lettres missives adreçans aud. Carreau, escriptes à Paris par vng nommé Jehan Rabault dit Fremedouc, homme d'armes de la compaignie dud. Carreau, par lesquelles led. Rabault escripvoit aud.

Carreau que le voulions mal traicter et que avions mis sad. compaignie à la morte paye, et qu'il doubtoit que voulsissions oster lad. cappitainerie aud. Carreau et que icelluy Carreau avoit beaucoup d'ennemys à l'entour de nous.

Et après ce declaira led. La Mothe ausd. suppliant et Coëtalem que led. Carreau avoit intelligence avec le roy d'Angleterre et luy debvoit bailler lad. place de Brest, et leur dist que le sire de Rohan, le mareschal de Rieux, les sires d'Avaugour, de Rainefort, Olivier de Coëtmen qu'on disoit estre gouverneur d'Auxerre, et vng nommé Morice du Mesné, avoient pareillement intelligence aud. roy d'Angleterre, et que tous les seigneurs de Bretaigne et la pluspart de ceulx de France estoient de la ligue. Et disoit led. La Mothe qu'il actendoit led. Pennet, qui devoit venir à Brest pour d'illec aller en Angleterre, luy et led. La Mothe, en l'un des navires dud. cappitaine Carreau. Lesquelles choses estoient toutes ficcions, et ne les disoit led. La Mothe sinon en intencion de cuider faire consentir led. Coëtongar, suppliant, à lad. entreprinse de Brest affin de l'accuser après et avoir ses biens par confiscacion [*]: en luy promectant par led. La Mothe qu'il auroit de grans biens et luy conseilloit de pourchasser la cappitainerie de Morlaix, et que s'il voulloit il l'auroit ou ne tendroit que en luy : à quoy led. Coëtongar, suppliant ne voullut jamais entendre, combien que led. La Mothe luy en parla plusieurs foiz, disant que luy mesmes estoit sûr d'avoir la cappitainerie de Lesneven [*] et la seigneurie [de] Duault et que s'il le croyoit il y entendroit, disant par led. La Mothe telz motz ou semblables : « Le roy d'Angleterre et le roy des Romains qui est allyé de toutes les Almaignes et puis le roy d'Espaigne d'autre cousté, avec ce plus de la moictié des seigneurs de France, sont contre le roy et n'actendent à eulx declairer que la venuë desd. roys ; le royaume est aussi deffait que jamais pays sans remede. » — Lesquelles choses led. La Mothe disoit pour tousjours cuider espoucnter et faire condescendre led. suppliant, affin de parvenir à ses fins. Et d'autre part l'asseuroit, disant que si les Anglois estoient aud. pays de Bretaigne, il auroit meilleur temps que jamais, car lesd. Angloiz meneroient la guerre pour ceulx du pays, et que iceulx du pays seroient en paix. Et après plusieurs autres parolles se despartirent lesd. La Mothe, de Coëtongar suppliant et Coëtalem, car il estoit près de nuyt.

Et le lendemain se trouvèrent lesd. La Mothe et suppliant en l'eglise des Jacobins, à la messe, auquel lieu led. La Mothe reprint les parolles precedentes, pour tousjours cuider faire consentir led. suppliant aux choses dessusd. et par ce moyen de le pouvoir accuser et avoir occasion, par telz faulx, deshonnestes et lâches moyens, de demander ses biens, ainsi que dessus est dit, en luy disant qu'il estoit deliberé de prendre le party des Angloys avec led. Carreau et leur bailler lad. place de Brest. A quoy led. Coëtongar, suppliant, respondit que c'estoit mal fait et luy dist oultre qu'il sentoit sa conscience fort chargée de ce que led. La Mothe luy avoit dit et l'avoit ainsi fait jurer, et qu'il eust voulu n'en avoir riens sceu ; pour ce qu'il avoit dès longtemps [fait] le serement à nostre tres chiere et tres amée compaigne la Royne, lequel serement il ne voulloit pour riens faulser : dont led. La Mothe le blasma, disant qu'il n'en devoit point faire de conscience et que, au regard de luy, il estoit de nostre royaume et de nostre ordonnance, mais il n'en faisoit nulle conscience, pource qu'il disoit que ne tenions point noz promesses et que ce qu'ilz traictoient estoit pour le grant bien du pays de Bretaigne : et sur ce fit plusieurs remonstrances aud. Coëtongar suppliant.

Et certain jour ensuyvant, led. Nicollas Coëtalen apporta aud. Coëtongar, suppliant, en sa maison ung pacquet de lettres lyées d'un petit fillet, dessus lequel estoit escript: *A messire Pierre Le Pennet*, lesquelles lettres estoient venues d'Angleterre, pour bailler à ung nommé Guillaume, qui estoit serviteur d'un nommé Olivier de Coëtlogon [*], affin de les porter aud. Pierre Le Pennet; lequel de Coëtongar, suppliant, bailla incontinant lesd. lettres aud. Guillaume, qui estoit lors en sa maison, pour les porter où elles s'adressoient. Et auparavant, et la semaine de Pasques⁷ derrain passée, led. Guillaume estant aud. Morlaiz, actendant charger en quelque navire qui allast en Angleterre pour porter ung saufconduit de nous à son maistre pour s'en venir aud. pays de Bretaigne, lequel Guillaume avoit ung autre saufconduit pour luy du roy d'Angleterre pour aller querir sond. maistre, led. Coëtongar, cuidant bien faire, — car led. Guillaume ne portoit autres lettres que lesd. saufconduiz, au moins de quoy led. Coëtongar eust congnoissance, parquoy il n'estoit pas à presumer que led. Guillaume y voulsist aller pour mal, — avoit conduict icelluy Guillaume jusques au havre dud. Morlaiz pour aller en Angleterre. Toutesfoiz led. Guillaume n'y alla point pour lors ne depuis.

Et depuis, ung autre jour ensuyvant après lad. feste saint Nicollas⁸, led. Pierre Le Pennet manda aud. Coëtongar venir parler à luy au lieu du Boys de la Roche⁹, auquel lieu led. Coëtongar se trouva : et alors led. Pennet luy dist qu'il estoit très mal content de ce que led. La Mothe avoit descouvert ausd. Coëtongar et Coëtalem lad. entreprinse de Brest, et dist icelluy Pennet que led. La Mothe estoit homme failly de l'avoir dit à homme du monde et que, au regard de luy, il ne l'eust pas dit à son père. Et adonc icelluy Pennet prya aud. Coëtongar savoir dud. Coëtalem si les lettres qu'il luy avoit envoyées pour porter à ung nommé Jehan Symon, son hoste d'Angleterre, estoient envoyées et, s'ilz ne l'estoient, les luy renvoyer ou rapporter et dire aud. Nicollas Coëtalem qu'il feist prouffiter les saufconduiz qui luy estoient venuz dud. Jehan Simon, son hoste d'Angleterre. Et après, led. Pennet monstra aud. de Coëtongar unes lettres du roy d'Angleterre faisans mención de lad. entreprinse de Brest. Et d'icelles lettres, qui faisoient mencion du sire de Raincfort et de Richart Estienne son maistre d'ostel et de Olivier de Coëtmen¹⁰, led. Pennet tira deux lettres, lesquelles il bailla aud. Coëtongar pour les porter aud. Nicollas Coëtalem, les unes pour envoyer aud. Richart Estienne et les autres aud. Olivier de Coëtmen¹¹ ; ce que fist led. de Coëtongar. Mais led. de Coëtalem ne voullut prendre que celles qui s'adreçoient aud. Olivier de Coëtmen, et les autres adreçans aud. Richart Estienne led. Coëtalem¹² les renvoya aud. Pennet par led. Coëtongar, avec lesd. lettres que luy avoit envoyées led. Pennet pour envoyer aud. Jehan Simon son hoste.

Et depuis ne auparavant led. Coëtongar n'avoit eu aucunes parolles avec led. Pennet touchant les choses dessusdites, ne led. Pennet ne s'en estoit jamais declaré à luy, sinon que aucunes foiz et auparavant, ainsi que led. Coëtongar frequentoit avec led. Pennet parce qu'il estoit son compère, icelluy Pennet luy avoit dit que le roy des Romains, le roy d'Angleterre et le roy d'Espaigne s'estoient alliez ensemble pour faire la guerre contre nous, que une armée d'Anglois devoit descendre en Bretaigne. A quoy led. Coëtongar avoit respondu qu'il aymeroit mieulx nous servir en Picardie contre lesd. Anglois que ilz descendissent en Bretaigne et qu'il estoit las de mener la guerre en son pays, et blasma fort led. Pennet de ce qu'il luy conseilloit de tenir le party desd. Anglois, luy disant que s'il venoit à nostre congnoissance, nous en ferions faire pugnicion. Et par deux ou troys foiz icelluy Pennet essaya de pratiquer led. de Coëtongar, ce qu'il ne peust faire parce que icelluy de Coëtongar luy tenoit tousiours bons termes, et à ceste cause led. Pennet ne se declaira jamais à luy.

Et depuis ces choses led. Guillaume Pierre, dit La Mothe, lequel avoit seduit et suborné led. de Coëtongar, suppliant, en intencion de l'accuser et d'avoir sa confiscacion, comme il est vraysemblable, fist constituer prisonnier led. Coëtongar aud. lieu de Morlaiz et l'accusa de crime de leze magesté, et incontinant se tira devers nostre très cher et amé cousin le prince d'Orenge, nostre gouverneur et lieutenant general en noz pays et duché de Bretaigne, duquel il obtint le don de la confis-

cacion dud. de Coëtongar. Lequel depuis a esté amené prisonnier ès prisons de la bastide Saint
Anthoine de nostre ville de Paris, où il est encores de present detenu en grant pouvreté et misère.
Et combien que led. Coëtongar soit homme bien renommé et qu'il s'est tousjours bien et honnestement conduit et gouverné sans avoir esté atainct d'aucun villain cas ou blasme, et que ce qu'il en a
fait ç'a esté par la persuasion dud. La Mothe, et eust voullentiers led. de Coëtongar revelé les choses
que luy avoit dictes led. La Mothe n'eust esté les grans seremens qu'il avoit faiz à icelluy La Mothe
de n'en riens reveler, comme dit est, et aussi qu'il doubtoit de ne le pouoir prouver contre luy et qu'il
luy estoit advis, actendu les grans juremens dud. La Mothe, qu'il estoit impossible de resister ausd.
entreprinses quant ores il les eust revelées, et n'eust jamais cuidé led. Coëtongar que led. La Mothe
y procedast si malicieusement et de si dampnable intencion pour convoitise d'avoir ses biens, et que
aucun inconvenient ne s'en est ensuy au prejudice de nous, de nostre royaume et de la chose publicque
d'icelluy : neantmoins lesd. amys et parens dud. de Coëtongar, suppliant, doubtans qu'on voulsist
proceder contre led. Coëtongar par rigueur de justice, nous ont fait supplier et requerir
pour led. Coëtongar que nostre plaisir fust remectre, quicter, abollir et pardonner aud. Yvon Coëtongar les cas et choses dessusd. et sur ce luy impartir noz grace et misericorde.

Pourquoy nous, ces choses considerées, voullans preferer misericorde à rigueur de justice, inclinans liberalement à la supplicacion et requeste desd. amys et parens dud. Coëtongar, et aussi en
faveur de nostre tres chiere et tres amée compaigne la Royne, qui sur ce nous a supplyé et requis,
avons, de nostre grace especial, plaine puissance et auctorité royal, quicté, remys, abolly et pardonné, quictons, remectons, etc. et l'avons restitué etc. et sur ce imposons silence perpetuel etc.

Si donnons en mandement par cesd. presentes à noz amez et feaulx conseillers les gens tenans ou
qui tiendront nostre court de Parlement à Paris, ausquelz avons baillé la congnoissance desd. cas, si
desja ilz ou aucuns d'eulx ont encommencé à en congnoistre, et à tous les autres justiciers, etc. que
de noz presens grace, remission, abolicion, quictance et pardon ilz facent, seuffrent et laissent led.
Yvon de Coëtongar joïr et user plainement et paisiblement sans [que] pour occasion desd. cas et
deppendances, luy facent, mectent ou donnent aucun destourbier ne empeschement en corps ne en
biens en aucune manière. Et se son corps ou aucuns de ses biens sont ou estoient, etc. Car tel est
nostre plaisir. Et affin que ce soit etc., sauf etc.

Donné aux Montilz lez Tours, soubz nostre seel ordonné en l'absence du grant, ou moys de
novembre l'an de grace mil IIIIe IIIIxx XII, et de nostre règne le dixme. Ainsi signé. Par le Roy, le
prince d'Orenge, les sires de Graville admiral de France, de Grymault president des Comptes, et
autres presens. D. Marcel. *Visa contentor.* DU TERME.

NOTES.

1. Arch. Nat. Registre du Trésor des Chartes JJ. 223, n° LXIX, f. 40.
2. Sur Yves ou Yvon de Coëtongar (c'est, croyons-nous, la meilleure orthographe) voir ci-dessus les pièces XI, XVII,
XXVII, XLV. De même ci-dessous, dans cette pièce, les noms *Le Pennet, Coëtalem,* sont pour *Le Pennec* et *Coëtanlem.*
3. *Sic,* lisez « offert. »
4. Nous avons déjà dit, dans les notes 12, 17, 20 de la pièce précédente (n° XLV), ce qu'il faut penser de ce système·

5. La lecture de ce nom n'est pas très sûre.

6. Le registre porte « Coôtongar, » faute.

7. Pâques, en 1492, était le 22 avril.

8. Fête de la translation de S. Nicolas, le 9 mai.

9. Terre et manoir noble en Garlan (aujourd'hui commune du canton de Lanmeur, arrondissement de Morlaix (Finistère), ou peut-être en Commana (aujourd'hui commune du canton de Sizun, même arrondissement); voir la note 3 de la pièce XI, ci-dessus, p. 16.

10. Voir les cinquième et huitième paragraphes de la lettre du roi d'Angleterre à Le Pennec, du 5 avril 1492, ci-dessus n° XXV, p. 40 et 40-41.

11. Le registre porte « Coêtalem, » faute.

12. Le registre porte « Coêtmen, » faute.

TROISIÈME PARTIE[1].

ANNEXES

XLVII

LE BÉGUIN DE FRANÇOIS II, DERNIER DUC DE BRETAGNE[2].

(1488.)

Delaracion des habillemens de beguin de feu le duc Françoys que Dieu absole, second de ce nom, qui deceda à Coairon le mardi neuffiesme jour de Septembre, l'an mil IIII[c] IIII[xx] huyt. Lequel a esté ensepulturé en l'eglise de Nostre Dame des Carmes de Nantes, le samedi ensuivant XIII[e] jour dudit moys.

PREMIER

Pour l'abbit royal, deux aulnes et demye d'escarlacte au pris de xx livres l'aune, pour le fourrer par les bors v dozainnes d'ermines à x livres la dozainne ; pour ung bonnet d'escarlacte brun xl solz, pour deux tiers de drap d'or pour faire manchons lx solz, et demye aulne de satin cramoisy, x livres. Somme.. VIII[xx] XII livres.

Pour faire une mictre au prelat qui a officé, iii quars de damas blanc, vallans........ vi livres.

Pour allonger le drap d'or bordé de velours sur quoy ledit seigneur fut porté, pour ce que ledit velours fut couppé, une aulne de velours noir, vallant............................. xv livres.

---

1. Plusieurs des documents publiés dans cette troisième partie étant d'une grande étendue, les notes seront placées au bas de la page à laquelle chacune d'elles se rapporte.

2. On appelait alors *béguin* ce que nous appelons *deuil*, habillements, tentures de deuil. A la mort du duc, toutes les personnes de sa cour et de sa domesticité recevaient des vêtements de deuil, ou de l'étoffe pour en faire. C'est le compte du deuil ou *béguin* du duc François II que nous publions ici. Aucun document ne peut mieux faire connaître ce qu'était,

Pour faire deux carreaux de damas pour servir pour ledit beguin, oultre deux autres de velours qui auoint servy à la chapelle, III aulnes de damas noir a VIII livres l'aune, pour quatre banchets pour les beguins, IIII aunes dudit damas audit pris de VIII livres l'aune. Somme...... LVI livres.

Pour faire XXXIII grans escuczons de broderie, baillé aux brodeurs XLVIII cannectes de fil d'or et d'argent de Venise, à XL solz chascune cannecte, et une aulne troys quars de taffetas blanc pour faire lesdiz grans escuczons, à C solz l'aune; pour faire les ermines èsdiz grans escuczons, une aulne quart de satin noir à VIII livres l'aune; auec XII autres escuczons moindres, faits dudit fil d'or et d'argent de Venize, vallant chascun escuczon, pour or et faczon, VI^l x ^s. Somme..... IX^xx XII l. XV s.

Pour faire ung carreau à porter les seaulx devant le chancellier et une bource à les mectre, une aulne de velours noir vallant XV livres, et une aulne de damas noir vallant VIII livres. Somme.. XXIII livres.

Pour couvrir le chappeau du grant escuier, deux aulnes de velours noir à XV livres l'aune, et pour le fourrer par le dedans et le rebraz, III dozainnes d'ermine à X livres la dozaine. Somme...... LX l.

Pour couvrir l'espée dudit grant escuier, ung quart de drap d'or vallant XX livres, et ung quart de damas blanc vallant XL solz. Et pour faire les ermines à ladicte espée demy tiers de satin noir, XXX solz, et demye aulne de noir, XL solz. Somme........................ XXV livres X solz.

Pour IIII^xx robbes à IIII^xx pouvres qui portèrent les torches, avec XIII autres robbes pour XIII enfans qui portèrent l'ensens, a esté employé pour le tout III^c L aulnes de blanchet avec III quars, à XX solz l'aune. Somme.. III^c L livres XV solz.

Pour couvrir sa sepulture sur sa tombe, où est ensepulturée et gisante feue la duchesse Margarite de Bretaigne, première femme de mondit seigneur, IX aulnes III quars de drap d'or à LXV livres l'aune, avec VII aulnes de velours noir pour le border et pour les boutz d'icelui drap, au pris de XVI livres X solz l'aune. Et pour le doubler XII aulnes de bougrain à X solz l'aune, pour la faczon C solz. Et pour faire IIII grans escuczons de broderie, demye livre de fil d'or et d'argent de Venize, vallant XXIIII livres. Et pour asseoir et faire le champ desdiz escuczons, ung tiers de taffetas blanc, XXXIII solz IIII deniers. Item pour faire les ermines desdiz escuczons, ung quart de satin, L solz. Somme.... .... VII^c IIII^xx VIII livres VIII solz IIII deniers.

Pour faire une autre couverte de velours à mectre à tous les jours, XII aulnes de velours noir, audit pris de XVI livres X solz l'aune. Item, pour faire une croix sur ledit drap, III aulnes et demye de damas blanc à X livres l'aune, pour le doubler, XII aulnes de bougrain noir à X solz l'aune. Et pour faire V escuczons à mectre sur ledit drap, XV cannectes de fil d'or et d'argent de Venize

au XVe siècle, la cour de Bretagne. Ce Compte forme un cahier en papier de 21 feuillets, actuellement conservé aux Archives d'Ille-et-Vilaine; la couverture en parchemin porte ce titre: *L'original du beguin — Le principal papier du beguyn du Duc que Dieu absolle*. Ce document original, signé des comptables, et qui a dû primitivement faire partie des archives de la Chambre des Comptes de Nantes, vient, croyons-nous, de celles des États de Bretagne, où il avait été apporté à une date ancienne, probablement pour fournir quelque renseignement de préséance ou de cérémonial. — D. Morice, au t. III des *Preuves de l'Hist. de Bretagne* (col. 603 à 607), a publié, d'après un registre ancien copié sur cet original, des extraits formant à peine un tiers de notre Compte. Outre que le document ainsi mutilé ne présente plus le tableau complet de la cour ducale de Bretagne — ce qui en est le principal intérèt, — l'édition de D. Morice a, dans les noms propres, beaucoup de fautes d'impression ou de lecture, dont nous signalerons les principales.

à xL solz la pièce, et pour faire le champ desdiz escuczons, demye aulne de taffetas blanc, L solz. Item, pour faire les ermines desdiz escuczons, ung quart de satin noir, L solz, faczon c solz. Somme . . . . II e LXXIX livres.

Pour ung autre drap à mectre souserain sur ladicte tombe, xiiii aulnes de noir à LXX solz chascune aulne, tonture xxxv solz, faczon xx solz. Somme. . . . . XLIIII livres xv solz.

Pour la faczon desdiz ix escuczons de broderie cy dessus nommez. . . . . xxvii livres x solz.

Pour faire ung grant estandart, ung guycton, une cornecte, une banniere et une cocte d'armes pour le parement de sa sepulture, xxii aulnes de taffetas blanc, viollet et noir à c solz l'aune, avec II aulnes de velours noir pour faire les ermines à xv livres l'aune, une livre et demye de fil d'or et d'argent de Venize vallant LXXII livres. Item pour faire les franges, une livre et demye de soye aux couleurs de mondit seigneur, vallant xxxv livres. Et pour la paincture de v lances blanc, noir et viollet, pour mectre les choses contenues cy dessur, à xv solz chascune, LXXV solz. Avec pour la paincture de iiii grans lyons en l'estandart et guycton, tant pour estoffes que faczon, L livres. Item, aux brodeurs pour la faczon de ladicte banniere et cote d'armes semée d'ermines, xL livres. Somme . . . . III e XLI livres xv solz.

DELIVRANCES DE BEGUIN.

Manteaux.

A Monsr d'Albret, Monsr de Dunoys, Monsr de Rays, Jacques de Laval, à chascun vi aulnes et demye de noir, à x livres l'aune. Somme. . . . . II e LX livres.

Robbes longues, gaucourtes, et chapperons.

A mondit s^r d'Albret, mondit s^r de Dunoys, Monsr le Mareschal, mondit s^r de Rays, Jacques de Laval. A chascun vii aulnes et demye de fin noir, à xv livres l'aune. Somme . . . . . . III e IIII xx II livres ix solz.

A mondit s^r de Dunoys pour faire harnairs (sic) de chevaulx, iii aulnes de noir à c solz l'aune. Somme. . . . . xv livres.

Pour robbe et chapperon de beguin pour son varlet de chambre, iii aulnes et demye de noir à vi livres l'aune. Somme. . . . . xxi livres.

A Monsr de Commingos, pour robbes et chapperon de beguin, iiii aulnes et demye de fin noir à xv livres l'aune. Somme. . . . . LXVII livres x solz.

A Monsr de Coaitmen, v aunes dudit noir audit pris de xv livres l'aune. Somme. . . . . LXXV livres.

A Monsr le Grant Maistre, vi aulnes à xii livres x solz l'aune. Somme. . . . . LXXV livres.

Au s' de Kaer, pour robbe longue, gaucourte, et chapperon, v aulnes et demye de noir à xii livres x solz chascune aulne. Somme............................... LXXIII livres xv solz.

Au s' de Beuves, le sennechal d'Albret, le gouverneur d'Auxairre, le sennechal de Carcaczonne, à chascun, v aulnes de noir à xii livres x solz l'aune. Somme............. ii°L livres.

A Louys de la Haye, gouverneur de Montfort, et au s' du Motay[1], à chascun iiii aulnes de noir, à xii livres x solz l'aune. Somme............. .... c livres.

Au s' de la Marche, le s' de la Bouvardiere, le s' de Mauny, Sainct Amador, Morteraye, Jacques Guibé, Gilles de la Rivière, Geffroi de Langan, Jacques de la Chappelle, à chascun, v aunes de noir à xii livres x solz l'aune. Somme............................... vii°LXII livres x solz.

A Monsr l'admiral, le s' de la Muce, messire Morice du Mené, pour robbes courtes, longues et chapperons, à chascun vii aulnes et demye de noir, à xii livres x solz l'aune. Somme... ii°LXVIII livres xv solz.

Au s' de Meille, cappitaine des hommes d'armes de la garde, v aulnes de noir à x livres l'aulne. Somme .... L livres.

A Briend de Chasteaubriend,
mess° Thomas du Boaisfaroge,
Olivier de Keraudren,
Chamballan,
Kerenré[3],
Guillaume le Voyer,
Oliuier le Voyer,
Jehan de Plouer,
le seigneur de Prouecy[3],
Pierre de Breignac,
Guillaume Goyon,
Jehan de Coaismes,

Simonnet de Baudour[4],
Jehan de Beaucé,
Jehan de la Lande,
Messire Tanguy Sauvaige,
Françoys de Broon,
Allain de Keradreux,
Michel du Boaisriou,
Artur de Loyon,
Cadoré,
Georges Treguier,
Durtault,
Sainct Geoaire[5],

Miraumont,
Guillaume de Loyon,
Quistinic,
Lanrox[6],
Jehan de Breignac,
le bastart Pontbriend,
Jehan Louys,
Pierre Rouxel,
Tramblay,
Gilles de Coaitlogon,
Maupiron,
le cappitaine des Almans.

A chascun, iiii aulnes de noir à viii livres l'aulne. Somme.................... xi°LII livres.

AUTRES GENTILZHOMMES.

A Gilles du Boaisriou,
Montbardon,
Pierre de Sainct Denis,
Pledran,
Jehan de Maigné,

Pinedo,
Lucques,
Vertebaye,
Briend Goyon,

Thomas des Ridelieres,
Regnaud de Montastreuc[7],
Jehan d'Aragon[8],
Bertran Dezien[9],
Jehan du Boays,

1. D. Morice a imprimé « de Montay, » faute. — 2. *Kerpeyre*, D. Morice (*Preuves*, III, 605), faute. — Omis dans D. Morice. — 4. Omis dans D. Morice. — 5. *S. Gregoire*, D. Mor. faute. — 6. *Launoy*, D. Mor. faute. — Dans les notes qui suivent, sauf indication contraire, les variantes de D. Morice doivent être considérées comme fautives. — 7. *Montestienne*, D. Mor. — 8. *d'Aradon*, D. Mor. — 9. *Derien*, D. Mor.

Jehan de Pousson[1],
Louys de Bellegarde,
Glaude Chausson[2],
Gallays Chauvin,
Guyot de l'Eglise,
Gilles de Guyny,
Jacques de Villeblanche,
Georges l'Escoczays[3],
Florimon de la Basme,
Estienne Robin,
Bouschet,
Meriadec,
Lescouet,
Artur du Pan,
Jehan de Sinan[4],
Jehan du Butay,
Jacques de Cursay, dit Columbiers,
Anthoine de Chassaignes,
Guillaume Callon,
Gilles des Ridelières.

Jehannot de la Muce,
Jehan du Rouvre,
Olivier de Beaumont,
Jehan Mallenoe,
Uguet de Bergerac,
Ramonnet de Salles,
Jehan Goheau[5],
Gilles du Gué,
Bizien du Dresnay,
le bastard Derval,
Raoul de Launoy,
Gonsal Alfonse,
Jehan de Chassaignes,
Jacques du Val,
Jehan du Houlle,
le bastard de Luppé,
Riou Guicaznou,
Camican[6],
Plancy,
Bernard Dagos,
Charles de la Bouvardière,

Allain de Kermené[7],
Olivier de Mynyac,
Jehan de Romillé[8],
Raoul Tournemine[9],
Maufuric,
Jacques Lesquiriou,
Charles de Launoy,
Jullien Robert,
Regnaud de Montestruc,
Pierre de Launoy,
Jehan de Sainct Gille,
Estienne Bardoul,
Guillaume de la Fontainne,
Saragut[10],
Lespine,
Jehan Pantin,
Gougeat[11],
Jehan Gaultier,
Mery de Roches,
Bohu[12], cappitaine du chasteau de Nantes,

A chascun iii aulnes et demye de noir, pour robbe et chapperon, à vii livres l'aune.
Somme.. xviii[c] lxii livres.

COUSTILLEURS.

A Gilles de Tissué, cappitaine desd. coustilleurs, pour robbe courte, longue, et chapperon de beguin, pour cause qu'il fut envoyé deuers le Roy, v aunes et demye de noir à viii livres l'aune.
Somme.. lii livres.

Guillaume de Hirel,
Gabriel de Thenieres[13],
Bertran de Richedée,
Francoys de Po,
Jehan de Po,
Simon du Rocher,

Jacques de Launoy,
Jehan du Boisgardon[14],
Noel Tortier,
Françoys de la Bourdonnaye[15],
Le Lievre,

Bertran Hingant,
Guyon de Mainbier,
Trenas,
Guillaume de Kersausen,
Pierre de Quedillac,
Françoys de Sainct Nouan,

---

1. Omis dans D. Mor. — 2. *Kersauson*, D. Mor. — 3. *Le Ferssais*, D. Mor. — 4. Omis dans D. Mor. — 5. *Goyeau*, D. Mor. — 6. Omis dans D. Mor. — 7. *Alain du Mené*, D. Mor. — 8. Omis dans D. Mor. — 9. Lecture douteuse. — 10. — Omis dans D. Mor. — 11. Omis dans D. Mor. — 12. Ou peut-être *Behu*, mais la version *Bizien*, donnée par D. Mor., est certainement fautive. — 13. Ou peut-être *Chenieres*, mais non *Chemeré* donné par D. Mor. — 14. *Du Bois-Garnier*, D. Mor. (*Preuves*, III, 606). — 15. *de la Bouvardière*, D. Mor.

Lenfant,
Jehan Budes Forte Terre,
Oudet de Loyon.
Thomas d'Estuer,
Pierre de Laudreville [1],
Guillaume de la Ravillaye,

Jehan du Plesseix,
Gilles de Kermené.
Christofle de Lesquelen,
Jacques de Romelin,
Noel de Ricort [2],

Chevallart,
Pierre de Launoy,
Pierre d'Entreville,
Plumaugat,
Jehan Chastaigner [3].

Pour robbes et chapperons, à chascun III aunes et demye, à VI livres l'aune. Somme. VI° IIII ᵐ XIII l.

ARCHERS DE LA GARDE.

Allain Riou,
Raoul de Langan,
Jehan Denouallen,
Macé Brunet,
Allain du Boais Jehan,
Tritan de Quenecquan,
le bastard Madeuc [4],
Allain Pater [5],
Jehan de Chasteaudret,
Regné Goheau [6],
Robert Mauhugeon,
Olivier de la Racinnaye,
Jehan Regnaud,
Jehan Loré,
Regné Lorré,
Yvon Kersausen (sic),
Guerzemer Penfrac,
Pierre Forestier,
Talbot,
Yvon Kermelec,
Jehan de Queinquiso,
Pierre Gillet l'esné,
Jehan de la Planche,
Robert du Pont-Colleuc (sic),
Jacques Vigoreux,
Cauden,
Olivier Niso,
Honnoré Vollecte,

Jacques de la Tour,
Phelippot Coline,
Jacques Jahan,
Mathieu Boquillion,
Bourbon,
Francoys Gillet.
Amant de Causin,
Bastien de Kercy,
Jehan Langault,
Bertran Michel,
Jehan de Chenuault [7],
Tampon,
Francisque de Romme,
Paulus,
Jaspar de Breda,
Aubert de Cleves,
Amaury de la Mote,
Jehan Millon,
Louys de Roches,
Regnaud de Brocart [8],
Grant Jehan,
Pierre du Hommet [9],
Le Gaucher,
Mytou,
Bertran Garance,
Jehan de Hanes,
Guillaume le Bel,
Guillemin du Boais,

Jehan Davaugon,
Jehan Levesque,
Jehan Syon,
Raoullet Ryart,
Olivier Musart,
Scalbry,
Allain Davy,
Jehan Callon,
Guillaume du Pou,
Guillaume de Langan,
André Quatrefers,
Mordelle,
Raoul Raisaoul [10],
Henry Kerguifinen,
Lancelot Lesormel,
Morice de Lannyon,
Jehan Staubin (sic),
Jehan de Bourges,
Nicollas Duré,
Olivier Glauton,
Jehan Bourdier,
Germain Le Gentilhomme,
Hervé Kerrès,
Jehan de Breignac,
Jacques de Besit,
Pelaud,
Simon de Lugne,
Thomas Gourdainne [11],

---

1. *Caudreville*, D. Mor. — 2. Omis dans D. Morice, ainsi que Chevallart et Pierre d'Entreville. — 3. *Chastaigne*, D. Morice. — 4. Omis dans D. Mor. — 5. *Porter*, D. Mor. — 6. *Rogier Goxeau*, D. Mor. — 7. *Chemerault*, D. Mor. — 8. *Brecart*, D. Mor. — 9. Peut-être du Chommet. — 10. Raoul *Ressant*, D. Mor. — 11. *Gourdainne*, omis dans D. Mor.

Julien de la Mote,
Henry de la Moteclerc,
Allain de Sainct Denis,
Jehan de Kersausen (sic),
Pierre Maufras,
Pierre Rouxel,
Pierre Gillet le jeune,
Le petit Scalbry,
Robert Giffart,
Guillaume Gauvain,
Guillaume du Boais,
Perrot du Pan,
Rollend Visdelou,
Louys Jouannin,
Jehan du Gazpern,
Jehan Durest[1],

Robert du Gazpern,
Johan Nerquin,
Pregent de la Forest,
Rollend Budes,
Yvon Coait Descors[2],
Briend de Kerouseré,
Pierre Guillart,
Marquet Hunoc[3],
Le grant Louys,
Thomas de Kerousic[4],
Cartellan (sic),
Jacques Herla[5],
Morice de Languyouez,
Guillaume de Kerloguen[6],
Marc Sarazin,
Jehan Visdelou,

Yvon Kermillon[7],
Guillaume Labbé,
Guyon Gazpern,
Jullien de la Couldre,
Druet le Picart,
Jamet Gauvain,
Pierre Foucault,
Jehan de la Haye,
Guillaume du Boais Gelin,
Guyon Bertran,
Guillaume Hamon,
Herué le Bouteiller,
Jehan de Cauquer[8],
Jehan Duault,
Yvon Denuallen (sic),

Pour robbe et chapperon de beguin en drap, pour chascun x livres x solz.
Somme... xiii°iiii^xxvi livres x solz.

GENS DU CONSEIL.

A Monsieur le Chancelier, pour robbes longue et gaucourte avec chapperon, ix aulnes de fin noir à xiii livres x solz l'aune, pour la doubler v aulnes de my satin à c solz l'aune, et pour doubler les manches deux aulnes de satin noir à vii livres x solz l'aune. Somme..... viii^xx i livres x solz.

Pour ung homme estant après luy, pour robbe et chapperon, iii aulnes et demye de noir à vi livres l'aune. Somme.. xxi livres

Pour robbes, chapperons et chausses pour deux paiges, vii aulnes et demye de noir à lxx solz l'aune. Somme.. xxvi livres.

Au chancelier pour robbe et chapperon de beguin, v aulnes et demye de fin noir, à xiii livres x solz l'aune. Somme.. lxxiiii livres v solz.

CONSEILLIERS ET MAISTRES DE REQUESTES.

A maistre Jehan Blanchet, garde des chartres,
le Procureur general,
maistre Pierre Le Conte,
maistre Jehan Avalleuc,

maistre Guillaume de Bergerac,
maistre Allain de la Court,
maistre Jehan Kerboutier,
le prevost de Nantes,
le procureur de Nantes,

le lieutenant de Nantes,
Coaitlogon, curé de Sainct Fiacre[9],
maistre Pierre Cojalu,
messire Amaury de Quenechquivillic,

A chascun iiii aulnes de drap à x livres l'aune. Somme...................... v° xx livres.

1. Du Rost, D. Mor. — 2. Hersecouart, D. Mor. — 3. Huvré, D. Mor. — 4. Kerouseré, D. Mor. — 5. Peut-être « Herlé. » — 6. Kerbriguen, D. Mor. — 7. Karvillon, D. Mor. — 8. Causquet, D. Mor. — 9. Cf. D. Morice. Pr., III, 776.

EXTRAORDINAIRE.

Le chantre de Nostre Dame
   de Nantes, conseillier [1],
Francoys du Pou, envoyé
   en ambassade [2],
Jehan Boutet (*sic*), contrerolle d'Orléans [3],
maistre Guillaume de la
   Lande.

A chascun iiii aulnes à x livres l'aune. Somme.. viii^{xx} livres.

Le sennechal de Ploermel [4],
le sennechal de Lamballe [5],
Georges de Mainbier,
l'abbé de Sainct Mahé [6],
maistre Pierre Le Pennec,
maistre Allain Bouschart,
Pierre Le Tresle,

Pour robbes à chascun, iiii aulnes à viii livres l'aune.
Somme.............................. ii^c xxiiii livres.

Maistre Jehan Callon [7],   Francoys Avignon,   maistre Rollend de la Ville
maistre Allain de Caillabou,   Jehan Touret,   Eon et maistre Rollend
Françoys Lambart,   Jehan Duchange,   Gougeon, enuoyez en am-
Olivier de la Lande,   mons' de Maiche,   bassade,
Allain Guillart,

Pareillement à chascun iiii aulnes audit pris de viii livres l'aune. Somme........ iii^c lii livres.

SEGRETAIRES.

Guillaume Deforestz,
Pierre Le Laceur,
Pierre Coline,
Girardin de Billy.

A chascun iiii aulnes, de drap, à ix livres l'aune.
Somme.............................. vii^x iiii livres.

Jehan d'Auray,   Pierre du Guern,   Lorans Maczault,
Françoys du Perray,   Jehan Guihart,   Guillaume Salmon,
Christofle Renaud,   Jehan Pinault,   Georges Salmon,
Jehan Mauhugeon,   Rollend Le Blanc,   Jehan de la Reneraye,
Michel Le Gac,   Pierre Cador,

A chascun iii aulnes et demye de drap à vii livres l'aune. Somme.............. iii^c xliii livres.

Jehan Bouessel,   Jacques Jahan,   Georges de la Boucherie,
Estienne Morin,   Rollend de la Haye,   Pierre Maillart,

A chascun iii aulnes et demye de drap à vi livres l'aune. Somme............ viii^{xx} viii livres.

1. 2. 3. 4. 5. 6. Omis dans D. Mor. — 7. A partir d'ici, D. Morice a réduit tout le reste du présent Compte à un extrait insignifiant, qui ne tient qu'une demi-colonne de son recueil.

Huissiers de Chancelerie

Jehan Amyon,
Jehan Piton.

} A chascun III aulnes de drap à VI livres l'aune. Somme, XXXVI liv.

Gens de finance.

Le Tresorier general.
Le Contrerolle general.

} Pour robbes et chapperons à chascun, V aulnes de noir à X livres l'aune. Somme .... C livres.

Le Tresorier de l'espergne,
le Garderobier,
le Tresorier des guerres,
l'Argentier.

} A chascun IIII aulnes dudit noir audit pris de X livres l'aune. Somme .... VIII^XX livres.

Pour la fourreure de la robbe dudit Contrerolleur, III manteaux et demy d'aigneaux noirs, pour la somme de.. XX livres.

A Jullien du Verger, Maistre des Monnoies de Nantes, pour robbe et chapperon de beguin, IIII aulnes de noir à VIII livres l'aune. Somme,.................................... XXXII livres.

Henry du Val,   Rosnyvynen,   Le s^r du Tiercent,
Loys de Saffré,   Jehan de Plouer,   et le s^r de Bouvet.

Pour robbes et chapperons de beguin, à chascun V aulnes de drap au pris de X livres l'aune, vallant la somme de.. III^c livres.

Officiers et Maistres d'Ostel.

Plesseix Guerryff,
Guillaume le Moine,
Guillaume Guillemet,
maistres d'ostel

} A chascun pour robes longues, gaucourtes et chapperons, VII aulnes de noir au pris de X livres l'aune. Somme II^c X livres.

Panneterie.

A Guillaume Le Leonnays, V aulnes de noir à VIII livres l'aune....................... XL livres.

Mathelin de Besit,
Philipes Gazpern,
Jacques de Besit,
Jean de Besit.

} A chascun III aulnes et demye de drap, à VI livres l'aune. Somme................................... IIII^XX XVIII livres.

Guillaume du Boais,
Philippes Millon,
René Le Sennechal,   } Pour robbes à chascun III aulnes de drap à VI livres l'aune.
Guillaume Hamon,   Somme .... IIII^xx x livres.
Phelippot Coline.

ESCHANCZONNERIE.

A Kermené, eschanczon, v aunes de noir à VIII livres l'aulne. Somme.............. XL livres.

A Guillaume Marbré,
Thomas Le Marchant,   } A chascun III aulnes et demye à VII livres l'aune.
Olivier du Tertre,   Somme............................ VI^xx II livres x solz.
Olivier Le Flo,
Raoul du Quenquiso.

ESCHANCZONNERIE DE L'ESTAT.

Jehan Marbré,
Pierre du Tertre,   Pregent du Tertre,   Le grant Nort,
Sauldraye,   Pierre Marbré,   Jehan Bernardin,
Jehan Derien,   Jehan du Boullay,   Le petit Nort,

A chascun III aulnes de drap, à VI livres l'aune. Somme.......................... IX^xx livres.

ESCUIERS DE CUISINE.

Henry du Gazpern,
Cerbron du Maz,
Guillaume Le Bel,   } A chascun III aulnes et demye de drap, à VII livres l'aune.
Guillaume de Quebriac,   Somme......................... ..... VII^xx XII livres.
Amaury Aucher,
Guillaume Charron, escullier.

QUEUZ.

Collas de Creel,   } A chascun III aulnes et demye de drap à VII livres l'aune.
Jehan Grasset.   Somme.................................. XLIX livres.

Jehan Pincau, aide,   } A chascun III aulnes de drap, à VI livres l'aune.
Michel Privé, clerc de lar-   Somme................................ XXXVI livres.
   dier.

Triboullet,
Mistoudin,
Guillaume Blandin,
Charles Chauvel,
Jacques Le Picart.

} A chascun ɪɪɪ aulnes de drap à c solz l'aune.
Somme.................................... ʟxxv livres.

AUTRES GENS DE CUISINE SERVANS.

Palamides,   Jehan Chevallier,   Colas Guihart, et deux en-
Cadet,   Jamet Charron,   fans nourriz en ladite cui-
Pierre Petit,   Jehan Tribaleau,   sine.
Taillevant dit Pineau,   Pierre Marchinay,

A chascun ɪɪɪɪ aulnes de drap à ɪɪɪɪ livres l'aune. Somme. .... vɪˣˣ livres.

AIDES DE L'ESCULLERIE.

Boyleau,
Bertran Durant,
Et ung serviteur.

} A chascun ɪɪɪ aulnes de drap à c solz l'aune.
Somme.................................... xʟv livres.

FOURIERE DE BOAIS.

Macé Boay,
Olivier Platon
et Jehan Pineau.

} A chascun ɪɪɪ aulnes et demye de drap à vɪ livres l'aune.
Somme.................................... ʟxɪɪɪ livres.

PASTICIERS ET FRUCTIERS.

Jehan Libaud,
Jamet Auffray,
Macé de Senlix,
Guillaume Millon.

} A chascun ɪɪɪ aulnes de drap à vɪ livres l'aune.
Somme.................................... ʟxxɪɪ livres.

FOURRIERS DE LOGEIS.

Mahé Lavarun,
Thomas de Riou,
Charles de Launoy,
Henry Kerguyneri,
Jehan Kermelec.

} A chascun ɪɪɪ aulnes et demye de drap à vɪ livres l'aune.
Somme.................................... cv livres.

12

POURVOYEURS.

Georget Poullart,
Françoys Malledent,
Guillaume Robin,
Raoullet Noguecte,
Jehan Bertho,
Basquier.

A chascun III aunes et demye de drap à c solz l'aune.
Somme.................................... IIII ᵁ x livres.

PORTIERS.

Guillaume Dabo,
Olivier Pivert.

A chascun IIII aunes de drap, à c solz l'aune. Somme, XL livres.

Gilles Riviere,
Jacquet Pivert,
Guillaume Bourdin.

A chascun III aunes et demye de drap à c solz l'aune.
Somme........................... LII livres x solz.

VARLETZ DE CHARIOTZ.

Jehan Gaudaire l'esné,
Allain Gaudaire,
Jehan Gaudaire le jeune,
Eon Louys,
Guillaume Le Marschal (sic),
Guillaume Gaudaire, mul-
tier.

A chascun III aunes de drap à c solz l'aune.
Somme..................................... IIII ˣˣ x livres.

L'ESCUIERIE.

Au Grant Escuier, pour robbe longue, gaucourte, et chapperon de beguin, VIII aulnes et demye de fin noir à XIII livres x solz l'aune. Somme............................... CX livres xv solz.

A Geffroy Ruffier,
Pierre de la Porte,
Becton,
Mural.

A chascun v aulnes de drap à x livres l'aune.
Somme............................. Iᶜ livres.

VARLETZ D'ESCUIERIE.

André Quatrefers,
Germain,
Pierre l'Escoczays,

Yvonnet Le Tort,
Fedric,
Nicollas,

Hannequin,
Mouesson,
Pivert,

Caris Basin,	Thierry,	Jehannot,
Robin Emoir,	Guerreapain,	Jehan Bourguygnon,
Jamet Basin,	Savoye,	Montfort.
Armel Alliz,	Terrible,	Marczac,

A chascun III aulnes de drap à IIII livres l'aune. Somme......................... II ᶜLII livres.

Colin Godet,	A chascun III aunes de drap à c solz l'aune.
Olivier le Bret, selliers.	Somme..................................... xxx livres.

TROMPECTES.

Girard Garnier,
Collas,
Jacquemin,
Jehan Garnier,
Charles Garnier,
Henry Fer,
Jehan Painret,
Jacques Boullanger.

A chascun III aulnes de drap à c solz l'aune. Somme VI ˣˣ livres.

HERAULX ET POURSUYVANS.

Bretaigne,
Nantes,
Espy.

A chascun III aunes et demye de drap à VIII livres l'aune. Somme.............................. IIIIˣˣ IIII livres.

Foulgeres,
Brestz,
Dinam,
Estampes,
Vertuz,
Pierre Pille.

A chascun III aunes et demye de drap à VII livres l'aune. Somme.............................. VIIˣˣ VII livres.

Hennebont,
Guerrande,
Houdanc.

A chascun III aunes de drap à VI livres l'aune. Somme.............................. LIIII livres.

CHEVAUCHEURS.

Cap,	Françoys Quillet,	Mahé Audren,
Jehan Men,	Olivier Estienne,	Jehan de la Tour,
Jehan Restiere,	Gentilhomme,	Michelet,
Jehan de la Mote,	Louys Jullan,	

Jehan Guillart,   Jehan de Limesgne,   Louys, poursuyvant du s' de
Gilles Madre,   Guillaume Perraud,   la Hunaudaye,
Christofle de Launoy,   Olivier Breban,   Mathieu Clouet.
                                                             Georget Veron,

A chascun, en drap, pour la somme de xv livres. Somme........................ iiie livres.

VARLETZ DE CHAMBRE ET DE GARDEROBE AVEC CIRURGIENS.

Maistre Jehan Gaillart,   ⎫
maistre Jehan Malaise,   │   Pour robbes et chapperons de beguin, à chascun iiii aunes de
Guillaume Le Bel,   │ drap à ix livres l'aune.
Matias,   ⎬   Somme............................. iie Lii livres.
Guillaume Forest,   │
Pierre Picart,   │
Denis de Sainbonne.   ⎭

Geffroy du Val, dit Gueux,   Yvonnet Pinczon,   Jehan Allain,
Jehan Petit,   Pierre Foillis,   le petit Pinczon,
Jehan Blanchet,   Vincent Guyton,   Francoys de la Garde,
Pierre de Seinbo, barbier,   Jehan Mahé,   Colin Princzart,
Martin Tilman,   Guilledin,   Jehan Thurin.

A chascun iii aulnes et demye de drap à vi livres l'aune. Somme............. iii xv livres.

GOURMES ET AIDES DE CHAMBRE.

Raoullet Aulbin, barbier,   ⎫
Charles, chaucetier,   │
Allain Dinan,   │ A chascun iii aunes de drap à c solz l'aune.
Montmorand,   ⎬   Somme.................................... cv livres.
Jehan le Feuvre,   │
Jehan Perrin,   │
Phelippot de Terves.   ⎭

HUISSIERS DE CHAMBRE.

Villearmoye,   ⎫ A chascun iii aunes et demye de drap à vi livres l'aune.
Robert de la Pommeraye,   │   Somme.................................... iiii^{xx}iiii livres.
Henry Le Bret,   ⎬
Jehan de Courcelles.   ⎭

Huissiers de salle.

Charles Guischart,
Jehan Prieur,
Henry Aubelet,
André Petitgars,
Guillaume Bonepie,
Petit Jehan Guyet.

A chascun iii aunes et demye de drap à c solz l'aune.
Somme...................................... cv livres.

Fauconnerie.

A Picot, pour robbe et chapperon de beguin, iii aunes et demye de drap à vii livres l'aune. Somme... xxiiii livres x solz.

Guillaume Desvaux,
Coppin,
Jehannin d'Estourme,
Hannequin,
Et ung seruiteur.

A chascun iii aunes de drap à iiii livres l'aune.
Somme.................................. lx livres.

Chappellains.

A messire Artur Jacques,
maistre Raoul Tual.

A chascun, iiii aulnes de drap à ix livres l'aulne.
Somme.................................. lxxii livres.

Maistre Jehan Aulbin,
maistre Jehan Malmuse,
maistre Geffroy Pitart,
messire Jehan Hemery,
maistre Pierre Aoustin,
maistre Jehan Aucher,
messire Martin Lemueur,
messire Jehan Riou,
maistre Guillaume Moillé,
maistre Denis Blanchart.

A chascun iiii aunes de drap à viii livres l'aune.
Somme............................... iiiᶜxx livres.

A Guillaume Jacquet clerc d'aumosne, iii aunes de drap à c solz l'aune. Somme.... xv livres.

Medicins.

Maistre Olivier Lorans,
maistre Pierre Thomas,

maistre Gabriel Millon,
maistre Jehan Rouxelin,

maistre Michel Le Gros,
maistre Jehan Le Clerc.

A chascun iiii aunes de drap à viii livres l'aune. Somme...................... ixˣˣxii livres.

A Jehan le Troisne, appoticaire, pour robbe et chapperon, III aunes et demye de drap à VI livres l'aune. Somme... XXI livres.

A Eustache de Tueuc, marschal de salle, Monveille, prevost de l'ostel, Julliennaye, Patry, prevost, pareillement marschaulx de salle.

A chascun III aunes et demye de drap à VIII livres l'aune. Somme.................................... CXII livres.

LES GENS DES COMPTES.

A Maistre Guillaume Gueguen, second presidant de la Chambre des Comptes, V aulnes de fin noir à XIII livres X solz chascune aulne. Somme............................ LXXVI livres X solz.

A maistre Pierre Debay, Pierre Le Bel, maistre Pierre Geraud, Raoullet Peigné, Jehan Rolland, maistre Jehan Gibon, Yvonnet Dávy.

A chascun IIII aunes de noir à X livres l'aune Somme.................................... II 'IIII^{XX} livres.

Pierre Mahé, Jehan Gelin, Maydo.

A chascun III aulnes et demye de drap à VII livres X solz l'aune. Somme........................... LXXVIII livres XV solz.

Françoys de Callac, Jehan le Nas.

A chascun III aulnes et demye à VII livres X solz l'aune. Somme.................................... XLIX livres.

A Jehanne Chantepie, lavandiere, pour robbe et chapperon, IIII aunes de noir à VII livres l'aune. Somme.......................... .... XXVIII livres.

A Jehan Gatinel, Jehan Sebeline,

A chascun III aunes et demye de drap à VI livres l'aune. Somme.................................... XLII livres.

Jehan Platel, Piectres,

Joueurs d'instrumens. A chascun III aunes et demye de drap à VI livres l'aune. Somme...................... XLII livres.

A Olivier Le Flo, argentier de l'escuierie, Raoullet Robert, clerc de l'Argentier, Pierre Fontenay, clerc de la garderobe.

A chascun III aunes et demye de drap à VII livres l'aune. Somme.............................. LXXIII livres X solz.

Jehan Nepveu, Mahé Baud, Bertran Pinart, Jacques Fontenay, Jehan Le Doulx.	A chascun pour consideracion des seruices qu'ilz ont fait à l'obsecque, iii aulnes et demye de drap à vi livres l'aune. Somme . . . . cv livres.
A Bouscher, tailleur de la duchesse Catherine, Jehan Bouvet[1], garde des estoffes.	En consideracion des services qu'ilz ont fait à l'obsecque, à chascun iii aunes et demye de drap à vi livres l'aune. Somme . . . . xlii livres.
Macé Moreau, pintier, Hacquinet, tapicier.	A chascun iii aulnes à c solz l'aune. Somme . . . . xxx livres.

AUTRES PARTIES D'ABILLEMENS DE BEGUIN FAICTES PAR OLIVIER LE FLO,

ARGENTIER DE L'ESCUIERIE.

Premier,

A xviii paiges pour robbes, chausses et chapperons, xlvii aunes tiers de noir, à vi livres l'aune, vallant . . . . ii^c iiii^xx iiii livres.

Pour leur faire pourpointz, xxii aulnes et demye damas noir, à vii livres v solz chascune aulne, vallent . . . . viii^xx iii livres ii solz vi deniers.

A eulx, xviii bonnetz noirs à xv solz chascun, vallent . . . . xiii livres x solz.

A eulx, xviii dozainnes d'aiguillectes de cuir pour atacher leurs chausses, à xv deniers chascune dozainne, vallent . . . . xxii solz vi deniers.

Pour la tonture desdiz draps, à iii solz iiii deniers chascune aulne, vallent. vii livre sxvii solz vi deniers.

Au tailleur, pour la faczon de chascun abillement, comprins les estoffes de leurs pourpoinctz, xl solz, qu'est pour les xviii . . . . xxxvi livres.

Au chaucetier pour la faczon de chascune paire de chausses, comprins les doubleures, xx solz. Somme . . . . xviii livres.

Pour deché de drap eu ou destail et deliurance aux gentilzhommes et officiers de l'estat du Duc, selon le mynu, la somme de . . . . lxiii livres.

A Pierre Fontenay, ordonné et commis par le Conseil à prandre et choaisir les draps dudit beguin, tant à Nantes, Guarrande que Vennes, et pour faire les escriptures à ceste cause, la somme de . . . . c livres.

1. Ou « Bonnet. »

Pour la mise de l'obseque dudit seigneur, selon les parties rendues par Gilles Thomas, tresorier de l'espergne, à ce commis, et messire Artur Jacques, tresorier de la chappelle d'icelui seigneur, la somme de.............................. mil vᶜiiiixxxviii livres xvi solz iii deniers.

Somme toute desdictes parties contenues cy devant en xiii feilletz, et les deux parties cy dessur, vingt mil quatre cens quarante cinq livres, douze soulz ung denier.

Fait et expedié à Vennes le vi jour de novembre l'an mil iiiiᶜiiiixx huyt.

　　(Signé) CERISY.　　PIERRES FONTENAY.

. . .　　　. . .

Declaracion des abillements de beguin de la Duchesse, Madamme Ysabeau sa seur, et partie de ses femmes, gens et officiers de sa maison, de feu le Duc que Dieu absole, en la maniere cy apres contenue et declairée.

Premier

Pour deux corcetz à queue devant et derrière, pour la duchesse et mad. damme Ysabeau sa seur, et pour deux manteaux, xiiii aunes de fin noir à xv livres l'aune. Item pour la tonture vii livres, faczons vi livres. Pour fourrer lesdiz manteaux et corcetz, ii ᵐ iiiᶜ de menuver, au pris de cent soulz le cent auec iii manteaux de fins aigneaux blancs pour corps et manches, vallant vii livres x soulz, faczon au peletier, xi livres. Somme........................... iiiᶜli livres x solz.

Item, pour la duchesse et mad. damme Ysabeau sa seur, pour deux robbes de nuyt, v aunes de noir à x livres l'aune ; pour les fourrer, xxx fines peaux d'aigneaux blancs à x solz la piece, vallent xv livres. Item, pour les pougnetz, iiii peaux d'aigneaux noir de Bougie, à xxx solz la piece, tonture xlv soulz, faczon au tailleur lx soulz, et au peletier pareille somme de lx solz. Somme.. lxxix livres v solz.

Pour deux petites coctes, viii aunes de satin noir à ix livres l'aune ; pour les doubler, vi aunes et demye de blanchet à xx soulz l'aune ; pour les border demye aulne de velours noir, viii livres v solz, tonture xi solz viii deniers, faczon lx solz. Somme. iiiixxx livres vi solz viii deniers.

Pour deux couvertes à cheuaucher en croppe, iiii aulnes demi tiers de velours noir figuré à xvi livres l'aune ; pour les doubler iiii aunes de bougrain noir à x solz l'aune, faczon solz. xx Somme.............................. lxxix livres xiii solz iiii deniers.

Item, pour manteaux à chevaucher, xviii aunes de camelot de soye à vii livres x soulz l'aune ; pour les doubler, xii aünes de petit noir à xxv souz l'aune ; pour doubler les cappes une aulne et demye de satin noir à ix livres l'aune ; tonture dudit noir xxii soulz vi deniers, faczon au tailleur lx soulz. Somme.............................. vᶜiiixxviii livres xvii solz vi deniers.

A la Duchesse, pour garnir une selle et harnoirs à l'une de ses hacquenées, IIII aunes de velours noir à XVI livres l'aune, et pour la garnir par le dessoubz entre ledit velours et le peneau, deux aunes et demye de noir à LXX soulz l'aune, tonture XII soulz VI deniers.
Somme.. LXXIII livres VII soulz VI deniers.

A madicte damme, pour une aulne de noir à mectre sur son tablier deuant elle quand elle signe .... IIII livres.

Pour deux carreaux, III aunes de velours noir à XVI livres l'aune ; faczon pour chascun, VII soulz VI deniers. Somme... XLVIII livres XV soulz.

Pour l'abillement de teste de la Duchesse et Madamme sa seur, deux carrées doubles, la somme de... XL livres.

Pour couvrir la litiere et selles des chevaulx, IX aulnes et demye de noir à LXX soulz l'aune, tonture XXX soulz. Somme... XXXIIII livres XV soulz.

Pour couvrir le queure de madicte damme auec sa litiere et IIII carreaux, XXX aunes de velours noir, à XVI livres X soulz l'aune. Et pour mectre entre ledit velours et ladicte litiere et queurre, XII aulnes de noir à LXX soulz l'aune, et pour faire IIII autres carreaux, deux aulnes dudit noir. Et pour faire les souilles desdiz carreaux, XII aulnes de cannevatz, à V solz l'aune ; pour les emplir, C livres de plume à IIII soulz la livre ; faczon, XII livres X solz, tonture L solz.
Somme .... V^c IIII^xx II livres.

A Madamme de Laval, pour robbe et corcet, VII aunes de fin noir à XV livres l'aune ; pour fourrer ledit corcet, VC livres de menuver a C solz le cent, avec deux manteaux d'aigneaux blans sayeux, à L s, le manteau, tonture LXX s, faczon au tailleur et au peletier, C s. Somme....... VII^xx III l. X s.

A Madamoiselle Françoise, pour ung corcet et chapperon, IIII aunes et demie de fin noir à XII livres X solz l'aune ; pour le fourrer IIII^c de menuver à C solz le cent, avec deux manteaux d'aigneaux blans sayeux vallans C s ; tonture XXXV s : faczon, L s. Somme.......... IIII^xx V l. X s.

Pour une petite cote, deux aulnes ung quart de noir à VIII livres l'aune ; pour faire le corps, deux tiers de damas vallans VI livres ; pour la doubler, IIII aunes et demye de blanchet à XX solz l'aune ; tonture, XX solz, faczon XXV, solz. Somme.................................. XXX livres XV solz.

A elle, pour habillement de teste, VI a. de fine toille de Hollande à VI l. l'aune. Somme. XXXVI l.

A Madamoiselle de Guemené, pour ung corcet, III aunes de noir à XII livres X solz l'aune ; pour le fourrer, ung cent de menuver, C soulz ; avec deux manteaux d'aigneaux blans sayeux, à L solz le manteau ; faczon au tailleur et au peletier, XL solz, tonture XV solz. Somme..... L livres V solz.

A elle, pour petite cote, une aune trois quars de noir à VI livres l'aune ; tonture X soulz ; faczon, XX solz. Somme.. XV livres.

A Madamme de Kaer, pour un corcet, IIII aunes de noir, à X livres l'aune. Somme... XL livres.

A Madamme de la Guierche, pour ung corcet, IIII aunes et demve de noir à X livres l'aune.
Somme... XLV livres.

A Madamoiselle de Villiers,   } Pour corcetz à chascune, iiii aunes de noir à x livres l'aune.
Madamoiselle l'Admiralle.   } Somme.................................... iiiixx livres.

Marie de Gougnes,   } estantes alentour de la Duchesse et Madamme Ysabeau, pour
Allienor,   } corcetz à chascune, iiii aunes de noir à x livres l'aune.
Marie de Coué[1].   } Somme.................................... vixx livres.

Jehanne de Sué[2],   }
Jehanne du Celier,   }
Marie de Vesque,   }
Jehanne d'Aurray,   } Pour corcetz à chascune iiii aulnes de noir, à viii livres l'aune,
Jehanne du Roscouet,   } Somme .... iicLvi livres.
Katherine de Saffré,   }
Marie de Musuillac,   }
Et une damoiselle à madam-   }
  me de Laual.   }

Miraumonde,   } A chascune iii aunes et demye de drap, à vii livres l'aune.
Katherine Grimaud[3],   } Somme........................... LXXIII livres x solz.
Thonine.   }

Pour les faczons et tontures desdiz habillemens des dictes x filles cy deuant qui n'ont point de
gaiges. Somme.. xii livres x solz.

Jehanne de Rosnyvynen,   }
Françoise de Breieillac,   }
Anne de Plumaugat,   } A chascune deux aulnes et demye de drap, au pris de vii livres
Yollande,   } l'aune. Somme................................... cv livres.
Margarite du Maz,   }
la fille de Larchaz.   }

A Jehanne Porché, nourrice, pour robbe et chapperon, iiii aunes de drap à v livres l'aune.
Somme.. xxviii livres.

Annecte, femme de chambre de la duchesse, iiii aunes de drap à vii l. l'aune. Somme.. xxviii l.

OFFICIERS.

Maistres d'ostel.
Meschinot,   } A chascun, iii aulnes et demye de drap à x livres l'aune, et ung
Louppe de Dicastillo,   } quart en oultre pour ledit Meschinot. Somme.... cvii l. x s.
Jehan de Breifeillac.   }

---

1. *De Rosne*, D. Mor. (*Pr.* iii, 607), faute. — 2. Ou peut-être « de Suc ; » mais la version *de Sicé*, donnée par D.
Morice, est inadmissible. — 3. Ou peut-être « Gonnaud, » comme a lu D. Morice.

Allixis Baron, contrerolle,
Guillaume Moulnier, argen-
    tier.
}
A chascun, III aulnes et demye, audict pris de x livres.
Somme................................... LXX livres.

Au sieur de Coaidic,
Guillaume de Mesuillac,
Vincent Michol.
}
eschanczons, à chascun III aunes et demye de drap, à VIII livres
l'aune. Somme.. .... IIIˣˣIIII livres.

Françoys Mauleon,
Jehan de Dicastillo.
}
escuiers tranchans, à chascun, III aulnes et demye, à VIII livres
l'aune. Somme.......................... LVI livres.

Barrilliere,
Jehan de la Lande,
Pierre de Boais Guiheneuc,
Belestre,
Coaipellaye.
}
asséeurs et escuiers servans, à chascun III aulnes et demye de
drap à VII livres l'aune. Somme....... VIˣˣII livres x soulz.

Jehan d'Issal, marschal de salle, III a. et demye de drap, à VII l. l'aune. Somme.... XXIIII l. x s.

Charles Trinquel, huissier de chambre, III a. et demye de drap à VII l. l'a. Somme. XXIIII l. x s.

A Jehannot Dechaux, huissier de salle, III aunes de drap à c solz l'aune. Somme.... xv livres.

Henry Guillouet,
Pierre Prevost.
}
portiers, à chascun, en drap, pour la somme · de x livres
x solz. Somme............................. XXI livres.

Rohert Gazpern,
Rollend Aoustin.
}
pennetiers, à chascun III aulnes et demye de drap, à VII livres l'aune. Somme........................ XLIX livres.

Perrodic Chrestien, napier, III a. et demie de drap à VII l. l'aune. Somme......... XXIIII l x s.

Jehan de Chasteaudret,
Olivier de la Forest,
Simon Millet.
}
sommeliers de l'eschanczonnerie, à chascun, III aunes et demye de drap à VII livres l'aune. Somme. LXXIII livres x solz.

Jehan de Chasteaudret le
    jeune,
Jacquet Baullon,
Thomas Couraud,
Michelet, aide.
}
A chascun, III a. et demye, à VI l. l'aune. Somme.. IIIIˣˣIIII l.

Henry, commis de Jehan de la Lande, escullier, III aunes et demye de drap à VI livres l'aune.
Somme... XXI livres.

Geffroy Estrillart, fructier, III aunes de drap à VI livres l'aune. Somme......... XVIII livres.

A Pierre Baugé, clerger et chandelier, III aunes de drap à VI livres l'aune. Somme.. XVIII livres.

Pierre Vay,
Olivier Bouscher,
Jehan d'Apremont, } varletz de chambre, à chascun, III aunes et demye de drap,
Pierre Le Breton, à VII livres l'aune. Somme…:………… VI^xx II livres x solz.
Pierre Regnaud.

A Guillaume Bogar, } gourmes, à chascun III aunes de drap, à VII livres l'aune.
Guillaume Rolland. Somme…………………………………… XLII livres.

Guillaume Berard, escuyer de cuisine, III a. et demye de drap, à VII l. l'aune. Somme, XXIIII l. x s.
Herué Gamil, clerc de lardier, III aunes de drap à VI livres l'aune. Somme………… XVIII livres.

Pierre Fresnay, queu de bouche, III aunes et demye à VI liures l'aune. Somme….. XXI livres.

A Robert Avalleuc et Guillaume Moulnier, clercs du bureau, à chascun III aunes et demye de
drap à LXXV solz l'aune. Somme …………………………………………… XVIII livres xv solz.

Pierre Hurel, palfrenier,
Guillaume Lesquier,
Michel Amé, } varletz de pié et de litiere, en drap, à la valleur de xv livres à
Jehan Gaillard, chascun. Somme…………………………… CV livres.
Jehan Dechamp,
Deux autres.

Messire Martin Duhamel,
maistre Pierre Blanchet, } chappellains, à chascun [IIII aunes et demye de drap à VII l.
messire Jehan Cocheteau. l'aune ……………………………………… CXII livres.
Pierre Tremereuc.

Au clerc de chappelle, III aunes et demye de drap à VI livres l'aune. Somme…….. XXI livres.

A Jehan Chesnel, maistre d'ostel de Madamme de Laval, que lui a esté ordonné estre delivré
ung habillement de beguin, III aunes et demye au pris de VII l. l'aune. Somme……. XXIII l. x s.

Somme toute des parties cy devant touchant l'estat et gens de la Duchesse, quatre mil cent traize
liures quinze soulz. Fait et expedié à Vennes, le VIe jour de novembre l'an mil IIII^c IIII^xx huyt.

                                       (Signé) CERISY, PIERRES FONTENAY.

Somme toute desdiz deux sommaires, XXIIIIe v^cLIX livres VII solz I denier.

Memoire des gentilʒhommes, archiers et officiers de la Duchesse, quelx ont tousiours suyvy et
servy, et lesquelx ont esté obmis à estre rapporteʒ ou rolle de l'estat de beguin, et dempuis par
Messⁿ ordonné estre livreʒ ainsi que cy apres

Premier

A Charles Chauvin, Bertran de la Roque, Jehan de Proesil.	Pour robbes et chapperons, à chascun ɪɪɪ aulnes et demie à vɪɪ livres l'aulne, vallent.............. ʟxxɪɪɪ livres x soulz.

A Kerousy, l'un des maistres d'ostieulx, ɪɪɪɪ aulnes de drap pour robbe et chapperon, de vɪɪɪ livres
l'aulne. Somme... xxxɪɪ livres.

A Henry de la Lande, Alain Peloaisel [1], Loys Le Corgne, Yvon Lentilly [2].	archiers, pour leurs robbes de beguin, en drap, à chascun pour la somme de x livres x solz. Somme...... xʟɪɪ livres.

Madamme de Boumellas, Anthonnine et Margot de Barges.	damoiselles de madicte damme, pour leurs robbes de beguin, à chascune ɪɪɪɪ aulnes, à vɪɪɪ livres l'aune. Somme. ɪɪɪɪˣˣxvɪ

A Marie de Vesque, pour creue que l'on luy a faicte, sur son abillement de beguin, de xʟ soulz
par aulne, monte.. vɪɪɪ livres.

A la lavandiere de la Duchesse, pour ɪɪ aulnes et demye de drap pour robbe, à ɪɪɪɪ livres l'aulne,
valent... x livres.

A l'aumosnier de la Duchesse, lequel va en ambassade, nommé Decastillo, pour robbe de beguin,
ɪɪɪɪ aulnes de drap à x livres l'aune. Somme.................................... xʟ livres.

A Jehan de Derczac, maistre d'ostel, Thierri Ysbran, brodeur.	Pour leurs robbes, à chascun ɪɪɪ aulnes et demye de drap à vɪɪ livres l'aulne, vallent..................... xʟɪx livres.

A Pegier, quel va en Angleterre de par la Duchesse, pour robbe de beguin, ɪɪɪ aulnes de drap à
vɪ liures l'aune, vallent... xvɪɪɪ livres.

A Jehan Guichart, argentier de Monsʳ le Mareschal, pour robbe de beguin, ɪɪɪ aulnes de drap
à vɪɪ livres l'aune, montent... xxɪ livres.

A Jehan Gillet, paticier, Oliuier Sarrault, saulcier.	Pour leurs robbes de beguin, à chascun xɪɪ livres x solz. Somme....................................... xxv livres.

---

1. *Kerbresel,* D. Mor. (Pr. ɪɪɪ, 607), faute. — 2 . *Lambily,* D. Mor., faute.

A Guillaume Porcher,
Yvonnet Haren. } varletz de chambre de Madamme Ysabeau, pour leurs robbes, à chascun xv livres, vallent.................... xxx livres.

A Guion Le Lievre,
Raoullet Morice. } serviteurs de Madammoiselle Françoise, pour robbes de beguin, à chascun pour la somme de x livres. Somme. xx livres.

A André Gourdeville, maistre
  queu,
Michel de la Cruche, napier,
Guillaume Opiais, frutier.
Hervé Bourdon, aide. } Pour robbes, à chascun xii livres x soulz. Somme... l livres

A deux paiges de la duchesse, pour robbes, à chascun une aulne iii quars de drap à vi livres l'aulne ; pour les doubler, vi aulnes de rollet noir à xxv soulz l'aune ; tonture, xvii soulz vi deniers, faczons, xxv solz. Somme.................................... xxix livres vii soulz vi deniers.

A eulx, pour pourpoinctz deux aulnes et demye de damaz à x livres l'aune ; faczon et estoffes de chascun pourpoint, xxxv soulz. Somme.................................. xxviii livres x solz.

A eulx, pour chausses, une aulne i quart de drap audit pris de vi livres l'aulne ; tonture, iii solz iiii deniers; faczons et blanchet, xx solz à chascun. Somme....... ix livres xiii soulz iiii deniers.

A Yvonne Bouton, lavandiere de l'estat, iii a. et demye de drap à vii l. l'aulne, vallent. xxiiii l. x s.

A Monseigneur de Cornoaille, pour robbe et chapperon de beguin, vi aulnes de noir à xiii livres x soulz l'aune, vallent .... lxvii livres x soulz.

A Morice de Kerloguen, pour robbe et chapperon de beguin, iiii aulnes de noir à x livres l'aulne. Somme... ...... xl. livres.

A maistre Jehan Drouillart,
François Le Saulx. } A chascun iii aulnes et demie à vii livres x soulz l'aune. Somme.................................... xlix livres.

A Geffroy Debuc, huyssier de la Chambre des Comptes, ii aulnes et demye de drap, pour robbe, à c soulz l'aulne, valent... xv livres.

A Guillaume d'Espinay, sire de Brohun, en rescompence des services qu'il a faiz au duc que Dieu absolle, une robbe de... } xx l.
Et pour le boays qu'il a baillé à la duchesse en la forest de Brohun, pour ce........ }

A Simon Guillouais et Jehan Thomas, pour leurs robes, à chascun troys aulnes de drap du pris de cent soulz chascune aulne....................................... xxx livres.

A Colete la Folle, de don de la Duchesse, une robbe, pour ce...................... xv livres.

Somme des parties cy devant delivrées pour ledit beguin, oultre autres parties raportées et signées de Jehan Sirizy (sic) à xixe feillet de ce livre, montent la somme de ouict cens quarante troys livres dix deniers. Fait et expedié à Vennes, le xiiie jour de decembre, l'an mil iiiie quatre vigns ouict.

(Signé) G. DE BOGIER. PIERRE FONTENAY.

Le ixᵉ jour de janvier¹ l'an mil ɪɪɪᶜɪɪɪˣˣᴠɪɪɪ, à Redon, fut ledit Pierre Fontenay assigné par Monsʳ de Rieux, tuteur de la Duchesse, à valoir sur les parties raportées en ce caier, de la somme de quatorze mil livres monnoie sur les deniers de l'emprunt ordrenez en juillet derroin estre levez par Amauri Briczon et ses commis ès eveschez de Treguer et Saint Brieuc.

(Signé) De la Lande.

Item pour ɪɪɪɪ aulnes et demye de noir que seulement ont esté raportées à vɪɪ livres qui est ordonné à x livres, et demie aulne plus que les ɪɪɪ aulnes et demie audit pris que valoit ladicte creue, xv livres x soulz.

Et ainssin en toute somme ced. beguin monte xxv " ɪɪɪɪᶜxvɪɪ livres xvɪɪ soulz xɪ deniers.

Sur quoy est à rabatre la somme de vɪ " vɪɪᶜxxɪɪɪɪ livres x soulz, qu'il a eu par la main du Maistre des monnoies, tant à lui que en l'acquit dudict beguin, et ainssin demoure feablement de reste xvɪɪɪ " vɪᶜɪɪɪɪˣˣxɪɪɪɪ livres vɪɪ solz xɪ deniers.

Item, plus le xvᵉ jour de janvier oudit an ɪɪɪɪˣˣvɪɪɪ, fut ordonné audit Pierre Fontenay, bailler et faire delivrer à autres gentilzhommes, officiers et autres, obmis à raporter en ce caier pour leurs robbes dudit beguyn,

Savoir,

A Raoul de Landugean,
A Françoys de Tournemine,
} estans à la garde de Nantes, à chascun pour robe et chapperon, ɪɪɪɪ aulnes de noir à x livres l'aune. Somme. ɪɪɪɪˣˣ livres.

A Pierres de Quebriac²,
Richart Garrel.
} estans à la garde dudit Nantes, pour robe et chaperon, à chascun ɪɪɪ a. et demye, à vɪɪɪ l. l'aulne. Somme..... ɪxɪɪɪɪ l.

A Jehan Desramé³,
Jehan Le Tourneux.
Françoys le la Ruelle,
Henry Couillebaud,
Jehan Cousin,
Pierre Vivian⁴.
} A chascun ɪɪɪ aulnes et demye de drap à vɪɪ livres l'aulne. Somme .... vɪɪˣˣvɪɪ livres.

1. La date est marquée ici en vieux style; en style actuel, c'est le 9 janvier 1489. Cette note, signée *de la Lande*, est inscrite en marge. — 2. *Yves*, D. Mor., faute. — 3. *De Rance*, D. Mor., faute. — 4. *Viman*, D. Mor., faute.

A Guillaume de Souplainville, lequel fut delivré dès Guerrande et avoit esté obmis à raporter, pour robe et chaperon, IIII aulnes drap du pris de x livres l'aune. Somme.............. XL livres

Item, à Pierre Le Picart, varlet d'escuierie de la Duchesse, lequel pareillement n'avoit eu robe de beguyn, lui a esté delivré pour troys aulnes de drap, à c soulz l'aune. Somme......... xv livres.

Somme de parties raportées en ce feillet en cinq articles que ont esté ordonnées estre delivrées, ainsi que ont esté les autres raportées en cedit caier, troys cens quarante six livres monnoie, dont sera ledit Pierre Fontenay assigné de cestedicte somme, pour tant que ledit Pierre les a deliurés puis l'assignacion que luy a esté faicte pour le fait dudit beguyn.   Fait à Redon, le xv⁰ jour de janvier l'an mil IIIᶜIIIIˣˣ ouict.

                                        (Signé) G. DE BOGIER.

Somme toute, xxvᵐ viiᶜ LXIII livres xvii solz xi deniers. Sur quoy il a receu, par le maistre de la Monnoie de Nantes, viᵐ viiᶜ xxiii l. x s. Item, fut assigné sur les enpruns (sic) par Amauri Briczon de xiiiˣ livres, dont n'en a joy. Reste xixˣ XL l. vii s. xi d [1].

1. Cette note est inscrite sur la couverture en parchemin du *Compte du béguin*.

XLVIII

Le Mobilier du chateau de Nantes en M.CCCC.XCI.

Inventaire des joyaux et tapisseries étant au château de Nantes le 12 avril 1491 [1].

L E doziesme jour d'avril l'an mil iiii^eiiii^{xx}xi aprés Pasques, Jehan François, maistre d'ostel, et maistre Thomas Le Bouyer, secretaire du roy et son tresorier general en ses pays de Bretaigne ; maistre Jehan Boudet, contrerolleur general de Bretaigne ; Gilles Thomas, tresorier de l'espargne du feu duc derrenier decedé, et maistre Artur Jacques, aumosnier de damme Anne de Bretaigne et gurde des joyaulx et ornemens de la chappelle de ladicte damme Anne, sont entrez en une chambre basse d'une tour du chastel de Nantes, où souloit estre partie de la tresorerie de l'espargne : en laquelle chambre estoient les especes qui ensuyvent des reliques, joyaulx, bagues et ornemens de ladicte chappelle, et aussi pluseurs pieces de tapicerie et autres biens de ladicte espargne. De laquelle chambre maistre Jehan Bonnet, tresorier du sire d'Elbret, avoit la cleff de l'uys devant, dont il a fait ouverture, et à ce ont este appellez Jehan Lefebvre, tapicier dudit feu duc et de ladicte damme sa fille, Jehan Chiffaign et Jehan de Bouguenays, orfebvres, desquelles especes la declaracion ensuyt.

Premier

1. Deux grans torelles [2] de reliques de sainte Marguerite, avec leur cristal qui est entour lesdictes torelles, pesans ensemble 1 marc vi onces et demye, argent doré.

2. Et au regart de l'ymage de saincte Marguerite, qui devoit estre o lesdictes torelles selon l'in-

---

1. Bibliothèque Nationale, Ms. Acquis. nouv. fr. n° 1364. Original papier de 8 feuillets pet. in-folio. — La date de cet inventaire est remarquable. Le 20 mars précédent, le roi de France, en pleine paix avec la Bretagne, s'était par trahison emparé de la ville de Nantes et il conservait sans nul scrupule le bénéfice d'un tel brigandage ; mais il faisait faire un inventaire très soigneux des objets de prix trouvés au château, afin de n'être pas accusé d'en rien distraire. — Du reste, ce n'était là que les débris de l'antique et splendide mobilier du dernier duc de Bretagne. Depuis février 1489, la duchesse Anne, chassée de Nantes par le maréchal de Rieux, n'était pas rentrée dans cette ville, et le mobilier du château s'était trouvé livré à mille hasards. On peut juger néanmoins, par les débris qui s'en conservaient, de ce qu'il avait dû être dans la splendeur du règne précédent.

2. Tourelles.

14

ventaire en fait par cy devant, pesant 1 marc 1 once argent doré, elle n'a esté trouvée en faisant cedit inuentaire.

3. Item, ung ange, où fault les alles, tenant ung reliquaire entre ses mains.

4. Item, ung autre ange avecques ses alles, tenant ung reliquaire en ses mains, dont il fault partie desdictes alles.

5. Item, ung petit tableau de saincte Katherine, esmaillée de bleu, sur quatre petiz piez en la pate, et reliquaire ou hault du tableau.

6. Item, ung petit saint Paul, où y a reliques devant luy.

7. Item, ung tableau à deux esseletz [1], à une Anonciacion de Nostre Damme ou mylieu desdiz esseletz, et sont esmaillez : assiis ledit tableau sur quatre petiz piez, et y fault les boutz de trois petiz pilliers ou hault.

8. Item, une veronicque d'ambre, d'argent doré à perles et grenetz vermoilz, et y fault les boutz des crochez du haut, et se atache à vne espille.

9. Item, ung sacraire à ung soubassement, lequel est porté sur quatre piez.

10. Item, une croix où y a troys angelotz en la pate, et y sont Marie et saint Jehan, dont l'un tient unes matines et l'autre riens. Et y fault les essanciers [2] des angelotz du hault.

11. Item, une autre croix de bericle, où y a cinq lyons, à pate.

12. Item, une autre croix assiise, à seix petiz piez en la pate et personnages esmaillez, et y fault partie des pilliers.

13. Item, deux chandeliers godronnez, my dorez et armoyez aux armes du duc.

14. Item, deux autres chandeliers, touz plains vermoilz dorez, assiis sur trois piez de chien.

15. Item, ung calice vermoil doré camoessé, rapporté en la pate d'iceli pluseurs appostres, et à pluseurs autres personnages rapportez en boce, et en la plataine y a Nostre Seigneur rapporté en ung jugement, et y sont les quatre euvangelistes.

16. Item, vne pecine de coque de perle, où il est escript : *Hic est filius meus dilectus*, et les deux Maries, ladicte pecine d'argent doré, et y a vne licorne et autres bestes.

17. Item, la crosse d'argent doré vermoil, dont le baston est de trois pieces, rasché et godronné goderonnis tors, pour lesquelx bastons tenir et fermer y a trois chevilles d'argent à troys chaesnetes d'argent doré, savoir à chascun baston une cheville et une chaesnete, et est chacune jointure et fermeure d'iceulx bastons en faczon de pommeaux.

18. Item, une grande croix de boais couverte d'argent, en laquelle y a vng cruciffix, garnye de pluseurs doubletz, et n'a point de pate.

19. Item, ung relicaire d'argent doré, lequel est soustenu par quatre lyons le soubassement, lequel soubassement d'iceli est armoyé et sur iceli sont deux angelotz qui tiennent ledit reliquaire armoyé et garny de cristal ; ouquel cristal sont des reliques du braz monseigneur Saint Yves, et au dessus dudit cristal sont rapportez deux personnages et ou mylieu ung tabernacle [3].

20. Item, ung soubassement porté sur quatre euvangelistes, armoyé autour dudit soubassement de lyons rempans en louzanges esmaillez de bleu et gueules, et sont coronnez lesdiz lyons, avecques

---

1. Pour *aisselets*, diminutif d'*ais*.
2. Pour *ensenciers*, c'est-à-dire, encensoirs.
3. En marge de cet article est écrit : « Fault le relicaire. »

deux anges garniz de leurs alles, tenans en leurs mains ung reliquaire dont il fault vng cristal d'un costé.

21. Item, ung reliquaire d'argent doré, sur lequel est ung aigneau dessus, qui tenoit ung ymaige de sainte Anne en sa main, lequel ymaige a esté par cy devant livré, ainsi que a dit ledit Gilles Thomas, à Guillaume Picaud, maistre particulier des monnoyes de Nantes, ouquel ne y a nulles reliques [1].

22. Item, une mitre d'argent doré couverte de grosses semences de perles, en laquelle mitre y a deux amatistes, quatre saffirs, trois grans jacintes deuz grans esmaulx de plicque et deiz esmaulx de plicque moindres, et alentour d'icelle mitre, ou mylieu par le devant, a pluseurs grenetz oultre ceulx qui defaillent, et environ des esmaulx de plicque y a des saffirs de peu de valeur, jacintes et amatistes, et pluseurs grenetz que grans que petiz, et en la garniture du devant d'icelle mitre, entre les pignons, a du veloux cramoisy brodé de menuz feillages, et semé ledit feillage par le hault d'iceli de menues perles, et ès deux pendens d'icelle y a saffirs et jacintes, et en vng chaton du deuant d'icelle mitre fault vne grosse pierre : ladicte mitre ainsi garnye pesant quinze marcs sept onces deux gros.

23. Item, deux petites fiolles que donna au duc feu messire Robert de Beaucé, èsquelles a de l'uyle de Saint Nicolas du Bar.

24. Item, ung autre reliquaire d'argent doré, d'une relicque de saint Sebastien, et dessús ledit relicaire y a ung chapiteau où est un crucifix, et aux deux boutz dudit relicaire y est saint Sebastien et la Magdelaine en boce d'argent doré, et leur estuy.

25. Item, ung tableau d'argent doré à deux esseletes, sur le couvercle duquel sont les quatre euvangelistes, ou dedans duquel sont rapportez pluseurs reliques en leurs chatons, et leurs escriptz en petiz rolleaux, et y a deux croix ou mylieu d'iceli.

26. Item, ung tableau de boays, garny de pluseurs reliques des Innocens, avecques pluseurs autres reliques, et quatre testes des Innocens coronnées de perles.

27. Item, ung grant messel, qui fut achaté de maistre Jehan Villageays, et est en parchemin bien enluminé et couvert d'une chemise d'ostade noir.

28. Item, deux petites fiolles estantes en une canne, èsquelles est escript dessus : *Saint Mathieu et Saint Andrieu*, où il y a des huyles.

29. Item, deux grans braz d'argent assiiz sur boays, èsquelx y a des relicques.

30. Item, ung tableau de boais, ouquel y a vne Nostre Damme à plate painture d'un costé, et de l'autre costé SALVE REGINA.

31. Lesquelles especes cy devant ont esté mises en ung coffre plat non fermé, quel est près l'uys par là où l'on va ou retrait estant en ladicte tour de ladicte tresorerie, ledit xii° jour d'avril l'an mil IIII°IIII ᵉˣ XI.

Ornemens d'eglise trouvez en ladicte chambre.

32. Premier, une chappelle de veloux cramoisy semé d'anges et estoiles, armoiée aux armes du duc et de la duchesse Jehanne [2], en laquelle chappelle y a chasuble, diacre, soubz diacre, avecques

---

1. En marge : « Fault le relicaire. »
2. Probablement Jeanne de France, femme de Jean V, duc de Bretagne.

fanons et estolles, et trois paremens de mesmes, et troys chappes qui sont de veloux cramoisy et sont fort usées, avecques ung hault de parement qui se met environ le parement où l'on met les cierges, et cinq paremens doublez de mesmes.

33. Item, une autre chappelle de my satin semée d'or, à pluseurs feillaiges, dont les orfrays en sont de drap d'or cramoisy, armoyez aux armes du duc, en laquelle y a chasuble, diacre, soubz diacre, avecques deux estolles, troys fanons, et troys chappes, dont les orfrays sont semblablement de drap d'or, et semblablement les chappes et deux paremens de mesmes.

34. Item, une autre chappe de mesmes, sauf que les orfrays sont à personnages, et ou chapperon darrière de mesmes, et des perles environ les dyadesmes d'aucuns personnages.

35. Item, une autre chappelle garnye, laquelle est de drap d'or sur veloux cramoisy, armoyée aux armes du duc, dont les orfrays sont d'or de Chippre rapportez à ymagerie : en laquelle y a chasuble, dyacre, soubz dyacre, estolles et fanons et une chappe, et y a des cordelieres rapportées ès manches desdiz dyacre et soubz diacre.

36. Item, une autre chappelle d'un drap d'or rapporté à pluseurs figures, laquelle est de veloux cramoisy rapporté à pluseurs feillages, garnye d'orfrays bien riches, dont les testes des anges qui tiennent les armes du duc sont semées de semences de menues perles, et sont lesdiz anges rapportez ou chasuble, et y a ledit chasuble, dyacre, soubz dyacre, avecques chappe.

37. Item, ung parement d'aultier d'un drap d'or armoyé aux armes du duc et de la duchesse Françoyse [1], et y a vne Salutacion de Nostre Damme et l'ange Gabriel, dont lesdictes ymages ou diadesmes sont rapportez de perles et au bordis des robes desdictes ymaiges.

38. Item, ung autre parement d'aultier, semblablement de drap d'or rapporté sur ung veloux cramoisy, armoyé aux armes du duc et de la feue duchesse Françoyse, ouquel est rapporté Nostre Seigneur en la croix, garny environ le dyadesme de pluseurs perles, et y a deux ymages rapportez auprès, qui sont de Nostre Damme et saint Jehan, dont les dyadesmes sont pareillement garniz de perles, et du costé des armes de mondit seigneur y a vng saint Jehan Baptiste, lequel est garny environ le dyadesme de pluseurs perles, et en la brodeure de sa robe de pluseurs autres perles, et environ l'aigneau, ou dyadesme, pluseurs perles : et en l'autre costé où sont les armes de la duchesse est rapporté la Magdalaine, semblablement garnye de pluseurs perles, et en l'escuczon d'iceli costé y sont rapportez pluseurs perles.

39. Item, une autre chappelle de satin blanc, semée de soleilz, où en chacun soleil sont rapportez quatre hermines, et y a, savoir, chasuble, dyacre, soubz dyacre, estolles, quatre fanons, et troys chappes, et paremens d'aultier de mesmes de hault.

40. Item, une autre chappelle de veloux bleu, dont les orfrays sont de veloux cramoisy armoyez aux armes du duc, excepté le chasuble [2] dont les orfrays sont de drap d'or, et est armoyé tant aux armes du duc que de la duchesse Françoise, et y a chasuble, dyacre, soubz diacre et deux chappes, avecques les paremens de mesmes, estolles et fanons.

41. Item, une chappelle de veloux bleu, figuré de jaune, armoyé aux armes du duc, excepté le chasuble qui est oultre armoyé aux armes de la duchesse Françoise, et y a chasuble, dyacre, soubz diacre, chappe, deux estolles et deux fanons.

---

1. Françoise d'Amboise, femme de Pierre II, duc de Bretagne.
2. En marge : « Fault le chasuble, baillé à l'aumosnier du seigneur d'Elbret, selon sa relacion que ledit tresorier de la chappelle apparoistra. »

42. Item, deux paremens de mesmes.

43. Item, une autre chappelle de satin cramoisy à orfrays de la largeur de deux doiz, armoyez aux armes tant du duc que de la duchesse Françoyse, et y a deux damoires, diacre, soubz diacre, et deux damoires pour les petiz enfans.

44. Item, deux autres damoires de satin blanc, semblablement armoyez, comme les dessusdiz, à orfrays d'argent semé de bleu, où y a semblablement dyacre et soubz diacre.

45. Item, deux autres damoires de taffetas changeant, qui sont pour le pontifical de l'evesque, pour les festes solennelles.

46. Les ornemens cy devant declerez ont esté mis en ung coffre, lequel est en ladicte chambre de la Tresorerie, près ung coffre ferré de la faczon de Tours, quel coffre n'a point de claveure.

47. Item, une chappe d'un veloux cramoisy, signée aux armes du duc [1].

48. Item, deux paremens d'un damas blanc semé d'estoiles d'or, et y a ou mylieu ung coronnement de Nostre Damme, dont les coronnes sont semées de pluseurs perles, et [en] l'autre parement y a la Salutacion de Nostre Damme.

49. Item, ung autre parement de veloux viollé, rapporté à pluseurs feilles jaunes, armoyé aux armes du duc et de la duchesse Françoise, ouquel y a une Salutacion.

50. Item, ung autre parement de mesmes, ouquel est rapporté Nostre Seigneur et deux ymages d'un costé et d'autre.

51. Item, ung autre parement de veloux noir, ouquel est rapporté Nostre Damme, saint Jehan et saint Pierre, armoyé aux armes du duc.

52. Item, ung autre parement où est rapporté deux anges à essanczouers [2], armoyé aux armes du duc.

53. Item, deux corporalliers, l'un de drap d'or et l'autre de veloux cramoisy.

54. Item, troys paremens de laine, dont y a pluseurs ymages rapportez à fil d'or et d'argent.

55. Item, deux sandalles de satin cramoisy, et les souliers de mesmes brodez et les mitennes brodées.

56. Item, ung tapiz de la vie saint Jehan Baptiste et de la Passion Nostre Seigneur à fil d'or [3].

57. Item, vng corporallier couvert de satin bleu.

58. Item, vng parement d'aultier de laine à anges, semé d'estoiles jaunes.

59. Item, ung parement bleu figuré, rapporté à pluseurs feilles d'or, qui se met en la chaere du prelat lorsqu'il office (sic).

60. Item, vng carreau de veloux bleu, semé de fleurs d'or, pour mectre soubz le livre lorsque l'on office.

Livres.

61. Premier, ung grant livre de musique, lequel vint d'Angleterre.

62. Item, ung livre de chant pour les festes solennelles, ouquel sont les respons.

---

1. En marge : « Baillé à Loupe pour porter à Rennes. »
2. Encensoirs.
3. En marge : « Jehan Lefevre, tapicier, l'a en garde qui en respondra. »

63. Item, ung autre livre des respons, tout neuf, couvert de noir.

64. Item, ung greslier veill, couvert de noir.

65. Item, ung saultier neuf complet, couvert de cuir rouge.

66. Item, ung veill legendaire, où y a pluseurs respons en chant

67. Item, ung epistollier.

68. Item, ung antiphonier dont les respons sont notez.

69. Item, ung autre livre de chant, où sont les dimanches tout au long de l'an et les *Sanctorum*.

70. Item, ung livre de chant où sont les yngnes et les vitatoires [1].

71. Item, deux livres de chant, en papier, à choses faictes.

72. Item, ung veill psaultier.

73. Item, ung cayer neuff de la Presentacion Nostre Damme.

74. Item, ung livre de pluseurs choses faites, à l'ancienne faczon, couvert de cuir rouge de bazanne.

75. Item, ung autre livre de choses faites, en papier.

76. Item, ung ordinaire, pour savoir que on doit faire touz les jours ou service de l'église.

77. Item, ung autre veill greslier couvert de cuir, que commence : *De diebus diversis per annum*.

78. Item, ung veill psautier couvert de noir.

79. Item, ung autre livre, dont en son commencement est rapporté : *Concordia discordancium canonum*.

Tableaux et ymages.

80. Premier, ung grant tableau de boays, ouquel y a vng cruxifi, saint Jehan, Nostre Damme et deux Maries, ouquel y a soubz le pié vne teste de mort.

81. Item, ung autre tableau, ouquel y a une ymage de Nostre Damme, laquelle tient son enfant sur son braz destre, et y a escript autour : *Missus est angelus Gabriel etc.*, et le fist vng nommé *Sebastianus quondam filius Petri Christi*.

82. Item, ung autre tableau de Nostre Damme, lequel monseigneur de Nantes donna à la duchesse, et laquelle tient son enfant sur son braz destre, et y a deux angelotz au dessus.

83. Item, ung autre tableau, ouquel y a ung cruxifi et deux larrons d'un et autre costé, et ferme de chacun costé.

84. Item, ung saint Sebastien en boce d'allebastre, lequel se ferme et a deux petites essellettes.

85. Item, une Nostre Damme de Pitié en boce, tenante son enfant sur son giron, fermante à deux essellettes.

86. Item, ung ymage de sainte Anne tenante la vierge Marie à la main destre, fermante ainsi que dessus.

87. Item, ung ymage saint Christoffle en boce, tenant Nostre Seigneur sur son espaulle, fermante comme dessus.

Tapicerie et autres parties trouvées en ladicte chambre de la tresorerie de l'Espargne.

88. Premier, ung parement de lit d'ermines mouchetées, bordé de velous cramoisy à son large, à cordelieres d'or.

---

13. Les *hymnes* et les *invitatoires*.

89. Item, ung grant ciel de parement de veloux cramoisy à tredos de mesmes, semé de corde-lieres d'or, armoyez aux armes de Rieux, et a dit Jehan Lefebvre, tapicier, que les armes des feuz duc et duchesse estoient soubz celles de Rieux [1].

90. Item, quatre pieces de tapicerie de satin cramoisy pour muraille, pour parfaire la chambre des pieces cy dessus, semées de cordelières d'or et de rameaux d'orangier, à chascun rameau une beste d'ermine, et ou mylieu de chacune piece les armes de la feue duchesse de Bretaigne de rroine dont y en a qui sont couvertes des armes de Rieux, ainsi que dit ledit tapicier.

91. Item, ung banchier de mesmes lesdictes quatre pièces, sauff les armes.

92. Item, ung grant ciel de satin bleu, sauff les franges des goutieres, o le tredos et couverte de mesme, où y a cinq arbres de broderie d'or oudit ciel, et le demourant semé de rolleaux en chas-cune piece, où y a escript : A ma vie.

93. Item, une couverte de lit de parement de menu ver, bordée de taffetas cramoisy.

94. Item, sept autres pieces, comprins ung banchier de taffetas cramoisy, semées de cordelières d'or, armoyées des armes de feue la duchesse Marguerite, premiere femme du duc [2].

95. Item, une goutière de taffetas cramoisy semée de cordelières d'or.

96. Item, une grant couverte de lit de veloux cramoisy, semée de herons d'argent, et ung cheval ou mylieu qui tient a ung arbre.

97. Item, ung ciel de veloux cramoisy semé de herons d'argent, garny de ses goutières, sans franges, avec le tredos dudit ciel, à herons, semé de personnages et d'arbres d'or et d'argent.

98. Item, deux pieces, l'une grande, l'autre moyenne, de taffetas cramoisy, semées de la divise de la Vigne, où y a cinq femmes en vne piece qui vendangent, et en l'autre deux canes, le tout de broderie d'or et de soye.

99. Item, une autre grant piece de ladicte divise de la Vigne simplement.

100. Item, deux goutières de mesmes, à ladicte divise.

101. Item, ung darcelet [3] de drap d'or bleu, bordé de veloux cramoisy, semé de cordelières, tout neuff, à quatre escuczons d'ermines.

102. Item, deux tapiz veluz pour table, et ung autre pour les piez, de la faczon d'Espaigne.

103. Deux carreaux de veloux cramoisy plains de duvet.

104. Deux autres carreaux, moitié de veloux cramoisy et damas noir par moitié, plains de duvet.

105. Neuf autres carreaux, tant de satin vermoill que de cramoisy, plains de duvet, telz quelz.

106. Quatre autres carreaux tant de satin blanc que de taffetas plains de duvet.

107. Deux autres carreaux de veloux cramoisy, brodez de fil d'or de costé et d'autre, armoiez moitié aux armes de France et moitié à lozenges d'argent.

108. Deux autres carreaux, touz de semblable faczon et ausdictes armes.

109. Deux grans carreaux et deux petiz de damas rouge et brodez de saye verte, plains de duvet.

110. Quatre petiz carreaux de veloux cramoisy, semez à petiz ruiseaulx de semences de perles, servans pour l'église.

1. En 1489 et 1490, durant sa rébellion contre Anne de Bretagne, le maréchal de Rieux, maître de la ville de Nantes, installé dans le château des ducs, avait poussé l'insolence jusqu'à marquer à ses armes le mobilier ducal, en cachant ou effaçant l'écusson de Bretagne.

2. Marguerite de Bretagne, fille du duc de Bretagne François Ier et première femme du duc François II, morte en 1469.

3. Sic, probablement pour dresselet ou dresselit.

111. Deux autres grans carreaux et deux moyens, de semblable faczon et semence que les precedens.

Linge.

112. Ung paveillon de toile de Hollande, dont la fante est faicte à cordelières d'or.

113. Doze linceulx de toile de Hollande.

114. Trente trois linceulx de toile de Bretaigne, les ungs plus grans que les autres.

115. Deux grans linceulx de parement de bien fine toile, pour mectre sur lit.

116. Deux autres petiz linceulx de parement de fine toile.

117. Deiz couverchiefz de toile de Hollande.

118. Troys petiz draps pour mectre sur le traversier de lit.

119. Deux souilles d'orillier de taffetas blanc.

120. Deux grans pièces de tabliers ' ouvrez de l'ouvrage de Venize.

121. Deux autres moyens, dudit ouvrage de Venize.

122. Une touaille de dressouer, dudit ouvrage.

123. Quatre draps de pié, de toile de Cambray.

Autres especes trouvées en ladicte chambre de ladicte tour, qui estoient des parties de la tresorerie de l'Espargne.

124. Ung grant coffre à demy ront, couvert et ferré de fer blanc, ouquel estoient les choses qui ensuivent, sauoir:

125. Ung petit coffre de cyprès, ouquel a deux petiz coffretz d'yvoyre, et dedans l'un d'iceulx y a deux langues serpentines grosses, deux moyennes et deux petites, trois petites tasses, deux flacons, deux potz et trois drageouers ', le tout d'argent doré, pesans ensemble environ trois onces. Ung anneau d'or avec une petite rose de dyamans de petite valeur, une petite chaesnete d'or garnye de paillettes d'or, et xxx perles, chacune pesante ung karat ou environ ; unes petites patenostres d'yvoyre blanc à cinq signaulx d'or fort ligiers et une crapaudine.

126. En l'autre coffret d'yvoyre: deux Agnus Dei et d'autres petites reliques lyées en papier ; et une bourse, où il y a des eschetz ; ung petit cadran d'or ; une pomme d'argent doré ; une autre pomme d'ambre, couverte d'argent doré ; une petite pierre non enchâssée tirant à la semblance de ballay ; ung petit anneau d'or où il y a une petite pierre resemblant à lycorne.

127. En ung petit coffret de boais paint doré, au devant duquel a l'Anonciacion de Nostre Damme et aux costez deux griffons, a esté trouvé ce que ensuist, savoir:

128. En ung petit sachet de linge, annixe [*sic*] contenant cinq petites perles qui furent ostées d'un cinge, pesantes xvii grains.

129. En ung autre sachet a ung rubiet à son chaton, une perle d'une jacinte d'or, dont l'or fut baillé au chancelier.

130. En ung autre sachet, ung ballay pesant i gros moins iiii grains.

---

1. On peut aussi lire *tabbiers* ?
2. En marge : « Fault lesdictes tasses, flacons, potz et drajouers. »

131. En ung autre sachet, une amatiste telle quelle d'un gobelet d'or.

132. En ung petit de papier, ung ballay à son chaton et une petite perle.

133. Une perle de compte estimée deux escuz, selon l'annixe.

134. Une langue de serpent cassée.

135. Quatre haguates ¹ et ung petit de cristal ront.

136. Ung cristal rond et creux, à mectre reliques.

137. Une autre pièce de cristal, avecques deux lopins de coque de perle.

138. Ung verre bleu en manière de saphir.

139. Ung petit ballay envelopé en ung petit de papier.

140. Une petite garniture d'argent de langue de serpent.

141. Plusieurs petites pièces rompues d'or et d'argent, envelopées en ung petit de linge.

142. Item, a esté trouvé oudit coffret ouict brevetz d'annixe, où sont rapportez pluseurs ballaiz, saphirs, perles et autres choses, qui n'ont point esté trouvez.

143. En une cassete de boais est trouvé ce qui ensuit :

144. Deux gallerans couvers de taffetas jaune.

145. Cinq grosses patenostres d'agathe enfillées en ung fillet, où il y a ung bouton de saye et fil d'or.

146. Une sainture de saincte Rose.

147. Ung petit tissu de saye noire, ouquel y a quatre clouz et le bout d'argent doré.

148. En ung petit de papier a deux esclaz petiz de esmeraulde.

149. Ung petit loppin de licorne.

150. Deux escuczons blancs aux armes de Bretaigne.

151. En une petite poche a pluseurs petites langues de serpent et pièces de serpentines.

152. En ung petit de linge a aucuns brins de cheveulx.

153. Ung petit jaspe.

154. Item, en ung petit de papier, ung escu de Guienne.

155. Item, ung petit coffret de yvoyre o sa cleff, ouquel y a deux petiz saffirs envelopez en du papier.

156. Item, une feille de papier où il y a escript les bagues qui furent receues par Kerbescat, receveur de Brest.

157. Item, une esprouve d'argent, où il y a ung serpent d'argent doré, ouquel est assiis ung jaspe, une langue de serpent et une cornalyne d'argent branlante, et pluseurs autres garnitures à langues de serpens qui en faillent, o son estuy de cuir.

158. Item, une nouez d'Ynde garnye d'argent doré, o son couvercle en maniere de gobelet.

159. Item, ung autre gobelet o son couvercle de pierre blanche garny d'argent doré, dont le fretelet de dessus est rompu.

160. Item, une grant sallière d'argent doré à maczonnerie, à petites tourelles et petiz serpens d'argent doré, et s'en fault le pinacle.

161. Item, ung reliquaire d'argent doré rompu, où il y a l'ymage de Nostre Damme.

162. Item, ung autre petit reliquaire d'argent doré, assiis sus quatre petiz lyons, où il y a l'ymage de Nostre Damme.

1. *Sic*, agathes.

15

163. Item, ung madre garny d'argent doré.

164. Deux nouez d'Ynde non garnyes.

165. Deux soubassemens d'ymages d'argent doré.

166. Ung autre soubassement d'argent doré, assiis sur quatre lyons, où il y a ung terrage de vert.

167. Item, ung couvercle de verre esmaillé, garny d'argent doré.

168. Une pomme de cristal.

169. Ung autre relicaire d'argent doré en pluseurs pas [1] et garny de pluseurs pierres de petite valeur, et à l'un des costez a Dieu le pere.

170. Une pecine de coque de perle, garnye d'argent doré, et y a ataché deux petites perles.

171. Une petite cassette de boais, où il y a une petite bourse de veloux cramoisy, dedans laquelle bourse a deux petites langues de serpent, une piece de jaspe et deux agathes garnyes par les costez.

172. Une coque de perle rompue.

173. Un tableau de yvoire, où il y a la Nativité et les troys Roys, pendant à une petite chaesnette, et ung crochet d'argent doré et ung cristal.

174. Ung autre tableau d'yvoire dedans une cassete de boais, garny à une chaesnete comme l'autre, où il y a l'Anonciacion.

175. Ung autre tableau fermant comme ung livre, à pluseurs histoires dedanz de yvoyre.

176. Treze patenostres de jaspe enfillées en ung cordon bleu, et au bout une houppe de saye bleue.

177. Une petite boeste de boais ronde, couverte et painte de jaune à ung Y dessus, en laquelle a pluseurs reliques dedans.

178. Une autre boueste de boais ronde, couverte de cuir noir, où il y a onze anneaux lyez en une aguillete, dont en y a neuff d'or, ung d'agathe et ung d'argent rond, et en l'un desdiz anneaux d'or a ung ballay et deux petites pointes de dyamant.

179. Ung estuy de cuir fait en croix, où il y a pluseurs reliques non enchâssées.

180. Une bourse de Saint Brieuc, où y a pluseurs reliques non enchâssées.

181. Une cassete de boais, où y a deux pieces de cristal.

182. Ung chappeau de veloux cramoisy couvert de perles.

183. Ung veill chappeau de byevre, où il y a ung pigeon, et deux boutons de perles.

184. Item, une espée duchalle, dont le fourreau est d'argent doré à seix esmaulx dessus.

185. Ung petit livre en parchemin, couvert de bazanne rouge, appellé *le Troylle*.

186. Ung petit livre en parchemin, couvert de vert, où il y a au commencement ung histoire d'un homme monté à cheval.

187. Ung autre livre du roy Ponthus de Galice et de Sydoyne sa femme.

188. Ung autre livre en parchemin, couvert de vert, à deux petiz fermoilz d'argent, ainsi commenczant : *En l'an mil IIIcLXXI, etc.*

189. Deux grandes paires de heures en parchemin, couvertes de cuir rouge et historiées, sans fermoilz.

190. Deux autres livres de romans, couvers de veloux bleu, escriptz en prose.

191. Une autre paire de grandes heures, couvertes de cuir rouge.

---

1. *Sic*, lisez : « en pluseurs parts. »

192. Ung petit livre en parchemin, couvert de roge, ainsi commenczant : *Source de pleurs.*

193. Ung autre livre en parchemin, où il y a XVIII cayers, non relyé, au commencement duquel a escript : *Après le temps du roy Artur.*

194. Une petite coueffe de veloux vert, en laquelle a pluseurs pièces d'un test de teste, et aussi la maschouere envelopée et cousue en linge.

195. Deux crouez de boays, où il y a pluseurs relicques enchâssées soubz verre.

196. Quatre pièces de cristal.

197. Ung petit tablier de os, à jouer aux eschetz et dedans pluseurs pièces de jeu.

198. Item, ung ymage de Saint Martin en boce, dedans ung tableau de boays, et aux deux portes a l'Anonciacion.

199. Item, pluseurs couppes, verres et esguières de verre de la faczon de Venize.

Le present invenoire fait en ladicte basse chambre de ladicte tour dudit chasteau, presens les dessudiz, les xiiᵉ et xiiiᵉ jours d'Avril l'an mil iiiᶜiiii ˣˣxi entrant.

Signé : P. COLINE. JEHAN DAURAY.

XLIX

Don au prince d'Orange, par Anne, duchesse de Bretagne, des biens confisqués sur Pierre Becdelievre, coupable de trahison [1]

(8 mai 1491.)

MAXIMILIAN et Anne, par la grace de Dieu roy et royne des Romains, ducs de Bretaigne, etc. à tous ceulx qui ces presentes lectres verront salut. Comme feu mon très redoubté seigneur et pere le Duc que Dieu absolle, ayant en estime et reputacion et prenant seurté et confiance que nostre subgect Pierre Becdelievre feust et se tenseist envers luy et nous bon et loyal et tousjours nous eust serviz au bien et utilité de la chose publicque de nostre pays et duchié sans varier, l'eust fait appeller et aprocher de luy et de son service et iceluy eust institué son conseiller, tresorier et receveur general, en luy donnant la congnoessance de ses deniers et finances et de pluseurs autres ses grans matières et affaires, tant en conseil que autrement, où il estoit privement et famillièrement appellé. Au moyen de quoy eut et receut iceluy Becdelievre de mondit seigneur et pére pluseurs grans honneurs, auctoritez, biens, richesses et advantaiges, et tous ses parens et amis en faveur de luy mesmes. Après le deceix de mondit seigneur et père, nous, croyans iceluy Becdelievre avoir bon et entier voulloir à nous et à la chose publicque de nostredit pays, tant pour raison desdiz bienffaiz par luy receuz que aussi qu'il est natiff et originaire de nostredit pays et duchié et à nous obligé aux points et termes de fidelité, et que pour chose quelcquoinque il ne nous voulseist habandonner ne se forffaire envers nous, le feismes appeller à nos conseilz, matieres et affaires, et luy bailler la charge et principaile conduyte des affaires et chose publicque de la communité de ceste nostre ville de Rennes [2], où estions de nostre personne, avecques le regard sur la garde des portes, partie des cleffs et guect d'icelle, comme à celuy en qui avions nostre parfaicte seurté et fiance. Au moyen de quoy a eu et receu led. Becdelievre, tant de mondit seigneur et père que de nous, pluseurs biens, honneurs et advantaiges, familiaritez et privautez: par raeson desquelles choses et du serment que

1. Archives du département du Doubs, fonds *Chalon*, F. 1.212. — Orig. parch. scellé sur cire rouge d'un sceau aux armes de Bretagne, sommé d'une couronne ducale. — Communiqué par M. J. Gauthier, archiviste du Doubs. — Nous publions cette pièce inédite pour montrer la considération, la faveur, dont le prince d'Orange continua de jouir auprès de la duchesse Anne pendant toute la durée de ses luttes contre la France.

2. Il était gouverneur ou capitaine de Rennes.

d'abundant il nous avoit fait de bien et loyaument nous servir, estoit et devoit estre plus inclin et tenu led. Becdelievre au bien, honneur et advantaige de nous, nostredit pays et duchié.

Ce nonobstant, il, ayant plaine et entière congnoissance de la guerre que à mauvaise et desloyalle cause et querelle le roy de France a suscitée et entreprins all'encoutre de mondit feu seigneur et père et de nous, noz pays et subgectz, en l'endroit qu'il a sceu et congneu la traitreuse, desloyalle et lasche entrée faicte par ledit roy de France en noz ville et chastel de Nantes [1], et qu'il avoit prins pluseurs de noz autres villes et places, aussy que l'ost et armée d'iceluy roy estoit en nostredit pays, a ledit Becdelievre delaissé et abandonné nous, nostre pays et duchié, ouquel il tenoit pluseurs fiez et heritaiges tant nobles que autres et y possidoit pluseurs autres biens, et s'en est allé devers ledit roy de France avecques et du party de luy et des Françoys noz ennemys et adversaires, qui nous font et continuent de jour en jour la guerre, tendans à la totalle destruction de nous, nostredit pays et duchié, ausquelz il a revelé pluseurs de noz secretz et conseilz et donné enseignement, industrie et congnoissance à son pouoir de la forme et manière de plus avant nous grever, guerroyer et endommaiger; et encores à present est et se tient avecques eulx led. Becdelievre, continuant en son mauvaix et desloyal propos et voulloir. A l'ocasion desquelz cas il a commis envers nous crime de lese-majesté, félonnye, ingratitude et parjureté, et à nous tous et chascun sesditz biens tant meubles que heritaiges a commis, acquis et confisquez, desquelz nous appartient jouir ou autrement en faire et disposer à nostre plaisir.

Savoir faisons que nous, de ce tant par noctorité que autrement bien informez et acertennez, considerans les grans et bons secours, ayde et loyaux services que a faiz à mondit seigneur et pere et à nous, tant en armes à la deffense de nostredit pays et duchié que autrement en pluseurs et maintes manières, et encores fait de jour en autre et esperons que fera en l'avenir nostre très chier et très amé cousin le prince d'Orange, en quoy il a eu et porté et encores luy convient avoir et porter pluseurs charges, mises et coustaiges: à iceluy; pour lesdictes causes et autres à ce nous mouvans, avons donné, ceddé et transporté, donnons, ceddons et transportons par ces presentes tout et tel droit de confiscacion nous appartenant et qui nous peut et doit, pourra et devra compecter et appartenir ès causes susdictes sur et ès biens et heritaiges dud. Becdelievre, situez et estans en nostredit pays et duchié, voullans et voullons que nostred. cousin en prenne et apréhende la possession et saesine, et en jouisse entièrement, tout ainsi que nous mesmes faire le pourrions. Si donnons en mandement à tous noz justiciers et officiers et autres de nostred. pays et duchié à qui de ce appertiendra, et à chascun en son endroit, à cestes noz presentes tenir et faire tenir et garder estat et en souffrir et laisser jouir nostred. cousin, tous empeschemens cessans au conctraire. Car tel est nostre plaisir.

Donné en nostre ville de Rennes soubz les seign et seau de nous Anne, le VIIIe jour de may, l'an mil IIIIc IIIIxx et unze.

(Signé) ANNE.

Par la Royne, de son commandement, G. de Forestz.

---

1. Le 20 mars 1491. Nous avons déjà parlé de cet odieux brigandage dans la note 1 de la pièce XLVIII, ci-dessus p. 105.

L

Fêtes à Rennes pour le mariage d'Anne de Bretagne avec le roi Charles VIII [1].

(13 décembre 1491.)

Ensuilt la mise que ont faicte Jacques Meilleur et Françoys Desorie, à presant miseurs de la ville de Rennes, par commandement et mandement des sieurs et bourgeoys de lad. ville, recours à iceluy, pour le rejoissement et sollempnité des noces de la Royne nostre souveraine damme, le xiiie jour de decembre l'an mil iiiieiiiixx unze.

Premier

Fut achaté quatre pipes de vin blanc, savoir troys de Guillaume Tujournel et une de Georget Lizé, quelles furent desfoncées à quatre des carrefours de lad. ville, savoir l'une à Bout de Cohue, l'autre à la Cherbonnerie, l'autre ès Carmes, et l'autre à Toussains, à qui boyre en vouloit, et en fut poyé de chacune pipe saze livres dix soulz pour ce.................................... LXVI l.

Item, fut poié à Pierres Denis, Jehan Lesné, Allain Gouayrie, Guillaume Denis, et aultres portefeix, pour avoir mené led. vin de chés lesd. Lizé et Tujournel èsdiz carrefours...... XVII l. VI d.

Pour dix dozaines de voyres achatés de Jehan Letannoux et ung nommé le Picart, baillez pour distribuez et boyre ledist vin esdiz carrefours, fut poyé pour chacune dozaine deux soulz six deniers, pour ce.. XXV s.

Pour quatre bues de terre, baillées à tirez le vin, savoir une à chacun carrefourc, quelles furent derompues, pour ce fut poié.. X s.

A Jehan Nepvou et Pierres Saulnières, boullangers, pour soixante cinq dozaines de pain despancé èsdiz carrefourcs, au pris chascune dozaine de deux soubz, pour ce.................... VI l. X s.

1. Archives de la ville de Rennes, liasse 4, n° 5. Orig. pap. — Les fêtes et les réjouissances de Rennes, la ville la plus dévouée à la cause d'Anne de Bretagne, montrent avec quelle joie la Bretagne entière avait accueilli le mariage qui fit monter cette princesse au trône de France ; combien, par suite, y devait être impopulaire, antipathique à la masse de la nation, le complot tramé pour séparer la Bretagne de la France et l'arracher à l'autorité de la duchesse Anne.

Item, fut poyé, tant pour fagotz que pour six pipes, baillez [1] ésdiz carrefourcs et au carrefourc de la Letterie et de la meson Guillaume Perchart, pour ce.............................. xxx s.

Item, à Pierres Evrard, quel fut luy sixiesme à sonner l'orloge et appeau de ladicte ville durant le temps que l'on estoit és processions led. jour, pour ce............................ xxx s.

En despance chez Monsr de Meiche, en fesant le divis et estat de ceste mise, pour ce vii s. vi d.

Autres mises faictes par lesd. miseurs, oud. jour, pour troys morisques [2], faictes tant de gentilz-hommes, bourgeoys et aultres gens, et par le commandement desd. sieurs et bourgeoys, savoir :

A Jehan Pero et Jehan Brossart, pour quarante aulnes de trillix blanc et bleu fin, employés af-faire saze jacquettes et syons [3], troys robes à femme, quelx abillemens furent baillez à celx qui dan-cèrent lesdictes morisques, et deux d'icelx abillemens à deux sonneurs, savoir, l'un à Symon Macé et l'autre à Guillaume Boucande, quelx estoint o lesdiz gentilzhommes et bourgeoys, et fut poyé de chascune aulne dud. trillix ésdiz Pero et Brossart quinze soulz, pour ce............... xxx l.

Pour xix verges de bougrain blanc et bleu, employés à parachevez [4] lesd. abillemens et pour faire deux chaperons à foul et cinq haulx de chausses, pour ce fut poyé...................... lx s.

A Michel Boussemel fut poié, pour dix aulnes de tiercelin viollet et pour six aulnes de tiercelin noir, baillées affaire cornettes ésdiz danceurs, pour chascune aulne ouict soubz quatre deniers, pour ce... vi l. xiii s. iiii d.

Item, pour ouict plumes blanches, deux viollées et six jaunes, baillées ésdiz danceurs, pour cha-cune fut poié vii s. vi d., pour ce.. vi l.

Item, fut poié pour six chappeaux blancs fins de Lyon, baillez és dansseurs gentilzhommes, pour chacun chapeau demy escu, pour ce............................ .... cv s.

Item, fut achaté sept livres d'or trinquant [5] de Jehan Sequart et Jacquet des Fontaines, baillés ésd. dansseurs, il fut poié de chacune livre deux soubz, pour ce........................ lxx s.

Item, fut poié aud. Sequart et à Jehan Hux, pour six grosses et une dozaine de guezillons [6] bail-lez ésdiz dansseurs, pour chacune grosse vignt soubz, pour ce...................... vi l. xx d.

Item, fut poyé à Ermen [7] painctre, pour la painture desd. quatorze jacquettes et syons, troys robes à femme, chaperons à foul et haulx de chausses, et pour les deux robes desd. sonneurs paintes à ermines et fleurs de lix, et partie desd. abillemens pains sur azur par deffault de trilliz et bougrain pers, pour ce luy fut poyé... vi l. x s.

1. Pour faire des feux de joie.
2. Danse aux flambeaux, avec costumes plus ou moins orientaux, plus ou moins imitée des danses mauresques.
3. *Trillix*, étoffe légère. *Syon,* sans doute pour *sayon.*
4. *Tiercelin,* sorte de drap.
5. Or *trincant,* probablement de l'or battu en feuilles très minces pour décorer les costumes des danseurs de morisque.
6. Grelots.
7. Dans le Compte des miseurs de la ville de Rennes, de 1491-1492, le nom de ce peintre est écrit *Ermein.*

A Michel Mellin [1] taillandier, pour la faczon de six syons, d'une robe à femme, et des deux robes desd. sonneurs, quelx estoint à sonner en la compaignie desd. gentilzhommes..... xxxiii s. iiiii d.

Item, à Jehan Martin, cousturier, pour la faczon de ouict jacquectes, deux robes à femme, de cinq haulx de chuusses et deux chapperons à foul, pour ce luy fut poyé .... xxxvii l. vii d.

A Michel Regnier, quatre sonneurs de trompette, quelx furent à sonner led. jour, tant en la compaignie des sieurs et bourgeoys quelx furent affaire lad. visitacion que avecques lesd. dansseurs, pour chacun xx soubz, pour ce... iiii l.

A Guillaume Charollès [2] et Guillaume Aubin, sonneurs de tabourin, quelx estoint à sonner en la compaignie de partie desd. danceurs, leur fut poyé à chacun vignt soubz, pour ce.......... xl s.

Item, aud. Simon [Macé] et Boucande et à ung aultre nommé Dorgin, sonneurs de rebeic, quelx estoint en la compaignie desd. gentilzhommes, leur fut poyé à chascun vignt soubz, pour ce lx s.

Item, à deux aultres sonneurs de tabourin et ung sonneur de fluste, quelx estoint Almans, leur fut poié à chascun vignt soubz, pour ce... lx s.

Item, fut achaté quarante fambleaux, quelx furent baillez à conduyre et esclerez èsdiz danceurs, desquelx fut poié de chacun cinq soubz, pour ce... x l.

Item, fut poyé, pour quarante quatre potz de vin, beuz et despancez par lesd. danceurs et sonneurs, pour chacun pot deux soubz six deniers, pour ce.............................. cx s.

(Signé) F. LEGENDRE [3].

1. *Meslin*, dans le Compte de 1491-1492.
2. *Charollays*, Compte de 1491-1492.
3. Le Compte des miseurs de 1491-1492 contient en outre (f. 13 v°) ce qui suit : « A Jehan Rohan, messagier, quel avoit apporté les lettres desd. nouvelles (du mariage d'Anne de Bretagne), LXXS. — Somme de la mise totalle de la joieuse neuvelle des épousailles du Roy et de la Royne, IX^{xx}XVII l. X s. X d.

LI

Mandement des bourgeois de Rennes pour le même objet [1].

(25 janvier 1492, nouveau style.)

Jacques Meilleur et François Desorie, receveurs et miseurs de la ville de Rennes, poiez à Jehan Denis la somme de ix l. v s. monnoie, pour vins qui furent [prins] à sa taverne et despansez à la porte Mordelaise par pluseurs notables hommes, officiers et bourgeois de lad. ville, lors et le jour que les certaines nouvelles à icelle ville furent aportées des espousailles et consummacion du mariaige du Roy et de la Royne, noz souverains s^r et dame; avecques la somme de vi l. mon. à la main du s^r de Meiche [2], pour paroille despense faicte oud. jour, au soir et souper à la maison dud. s^r de Maiche, où estoient grant nombre desd. officiers et bourgeois congregez et assemblez pour la joaie desd. bonnes nouvelles. Et ces presentes etc.... Fait à Rennes le xxvme jour de janvier l'an mil iiii^c iiii^{xx} unze [3].

(Signé) Guy Paynel. — J. Guiheneuc. — Michel Le Bart. — J. Duboays. — Allain Pillet. — R. Dalier. — Jehan Lenée. — P. Perraud.

———

NOTES.

1. Arch. de Rennes, Comptes des Miseurs, Annexes de l'an 1492. Orig. pap.
2. Lieutenant du prince d'Orange.
3. Cette date est en vieux style, et de même dans la pièce suivante.

LII

Présent fait au prince d'Orange par les bourgeois de Rennes [1].

(16 février 1492, n. style.)

EN ce jour xvi⁰ de febvrier l'an mil iiii⁰iiii^xx unze, de Pierre Champion et Guillaume de Millan, receveurs et miseurs de Rennes, a esté baillé le numbre de c mars d'argent ès espèces qui ensuyvent, savoir, vi tasses à pié godronnées et vairées; item, vi aultres tasses à pié toutes plaines vairées; item, ii baczins à laver godronnés et vairés; item, ii flacons vairés; item, ii brotz d'argent vairés: estimez et prisez chaincun desd. mars d'argent vii escuz et demy d'or, qui vallent vii^c l escuz d'or aud. pris. Lesquelx mars d'argent ont esté donnez à Monsr le Prince [2] pour recognoessance des grandes paines et labeurs qu'il avoit prins et euz ès affaires de lad. ville. Item, ont baillé oultre la somme de c escuz d'or, quelx avoint par cy davent esté donnez à Philipon Busquet, maistre d'ostel de mond. s^r le prince, pour pluseurs paines et sollicitacions qu'il a eues et prinses aux affaires de lad. ville. Le tout baillé ès mains de maistre Yves Brullon, procureur des bourgeois d'icelle ville, pour bailler et livrer lesd. mars d'argent à mond. s^r le Prince, et lesd. c escuz aud. Philipon. Paroillement ont baillé lesd. miseurs aud. Brullon la somme de cl escuz d'or, qui luy ont esté ordonnez par estat de lad. ville pour son deffray de aller presentement pour ce que dessus à Paris ou ailleurs, la part que sera la court, et pour aultres exprès affaires de lad. ville. Qu'est somme ensemble des parties cy dessus la somme de mil escuz d'or, quelle somme de mil escuz vauldra garant descharge et mise ausd. miseurs partout où il appartiendra, rapportant ces presentes. Fait à Rennes les jour et an surditz. De laquelle presentacion et baillée de vezelle et cent escuz sera creu led. Brullon.

(Signé) PARES. — GUY PAYNEL. — N. DALIER. — Y. BRULLON. — J. GUIHENEUC. — G. LEBIGOT. — J. TIERRY. — FEILLÉE. — A. MAILLART. — E. DE LESSART. — P. BOAISGUÉRIN. — G. MARIE. — T. BRULLON. — V. LE VALLOYS. — J. MEILLEUR. — F. PARES. — E. BRETON. — P. PARES. — J. DUMESNIL.

NOTES.

1. Archives de Rennes, liasse 11. Orig. pap. — Cette pièce montre quelle était, en 1492, la popularité du prince d'Orange, popularité due avant tout au zèle et au dévouement avec lequel il avait constamment servi, défendu la cause de la duchesse Anne.

2. Le prince d'Orange, qui était gouverneur de Rennes.

LIII

L'Artillerie de Bretagne en m.cccc.xcv.

Inventoyre de l'artillerie de Bretaigne fait en l'an mil IIII^cIIII^{xx} et quinze par G. de Billy, par commission du Roy [1].

i. RENNES

I NVENTOIRE des pièces d'artillerie, pouldres, salpestres et autres matières, qui à présent sont en la ville de Rennes, tant de ce qui est au Roy nostre seigneur que des autres choses faictes et mises en provision en ladicte ville pour la deffense d'icelle, ledit inventoire fait par Girardin de Billy en vertu du mandement et commission dudit sire, signé de Robertet et scellé, et d'une lectre missive d'icellui seigneur, donnée à Romme au moys de janvier, l'an mil cccc. quatre vings et quatorze, signées Charles et dudit Robertet.

Et premièrement du vme jour de juing, l'an mil cccc. quatre vings et quinze, déclaracion des pièces et matières qui sont au Roy en ladicte ville ès mains de Vincent Le Valois.

1. Ung gros canon de fonte, qui est à torillons, du poix de vii^mv^c lb. de fonte ou environ, nommé *Guingamp*, lequel fut fait avecques ung autre pareil baston de fonte par Guillaume Even et Hacquin Renaire en la ville de Guingamp, et fut prins icellui second baston par les gens dudit seigneur au siege de Brest que tenoit le mareschal de Bretaigne [2] en l'an mil iiii^ciiii^{xx} et ix, et mené en Normendie. La façon desquelz bastons, avecques de leurs rocs garnies de boeteaux de fonte, lesdiz fondeurs en demandent estre payez et contentez.

2. Item, une petite coulleuvrine de fonte nommée *une des Déesses de Nantes*, qui fut prinse par ceulx de Rennes, lors faisans la guerre à ceulx de Nantes [3] ou dit an mil iiii^ciiii^{xx} et ix, devant Guerrande. Ledit baston poisant viii^c lb [4]. de fonte.

1. Trésor des Chartes des ducs de Bretagne, armoire C, cassette D, n° 10. Orig. pap. — Cette pièce montre quel était l'armement des principales places de Bretagne lors du complot breton de 1492, car on peut tenir pour certain que, de 1492 à 1495, rien sous ce rapport n'avait changé.

2. Le maréchal de Rieux.

3. Les Rennais soutenaient le parti de la duchesse Anne contre le maréchal de Rieux, qui s'était rendu maître de Nantes.

4. Abréviation, pour *libvre* ou *libvres*.

3. Item, troys faulcons de fonte, dont les deux de ɪɪᵉʟ lb. chascun, et l'autre faulcon de ɪɪᵒxxx lb. Lesquelz sont en la tour Lebart, en la garde du dit Vincent le Valoix, garde de l'artillerie du dit Rennes.

4. Item, en la tour Lebart, ung engin à lever les gros bastons, et troys grosses roes ferrées dont les deux sont garnies de quatre bocteaux de fonte.

5. Item, en la tour Blanche, picques qui sont de boys de fouteau, ferrées, ɪɪɪɪᵉ.

6. Item, en la maison de la Monnoye dudit Rennes, picques ferrées qui furent amenées de Laval, et prinses de Jehan Bourdier, et lesquelles sont à présent en la garde de Michel Guerry, receveur ordinaire dudit lieu de Rennes.

Ou vɪᵉ jour dudit moys de juing oudit an ɪɪɪɪˣˣxv, AUTRES PIÈCES D'ARTILLERIE et matières de la provision de ladicte ville de Rennes, faicte par les bourgeois dudit lieu :

Et premièrement, bastons de fonte.

7. Ung gros canon à torillons, nommé *Orenges*, du poix de vᵐvɪɪɪᶜɪɪɪɪˣˣxɪx lb.

8. Item, en la tour Lebart, deux grosses coulleuvrines du poix chascune de ɪɪᵐ lb.

9. Item, deux gros faulcons de chascun vɪɪɪᶜ lb.

10. Item, quatre autres faulcons à torillons, du poix chascun de vᶜ lb. ou environ.

11. Item, deux autres faulcons à torillons, du poix chascun de ɪɪɪɪᶜ lb.

12. Item, vɪɪ petiz faulcons du poix chascun de ʟx lb.

13. Item, troys autres faulcons à boyttes, du poix chascun de vᶜ lb. ou environ.

14. Item, xɪɪɪ autres petiz faulcons à torillons, du poix chascun de ɪɪᶜ ʟ lb.

15. Item, ung aultre faulcon à torillons poisant vɪɪɪˣˣ lb.

16. Item, xɪɪɪɪ autres petiz faulcons à torillons, du poix chascun de vɪɪˣˣ lb.

17. Item, deux petiz faulcons à croc, de c. lb. chascun.

18. Item, unze autres petiz faulcons à boyttes, dont huit de chascun ɪɪᶜ lb., et les troys autres de chascun ɪɪɪᶜ lb. ou environ.

19. Item, ung autre faulcon fermant à clef, du poix de vɪˣˣ lb.

20. Item, xɪɪɪɪ hacquebuttes, du poix de xxxvɪɪɪ lb. chascune.

21. Item, huit autres hacquebuttes de xxvɪɪɪ lb. chascune.

DECLARACION ET INVENTOIRE des autres bastons qui sont de fer.

Et premièrement

22. Deux grandes coulleuvrines à torillons, qui se chargent par devant, dont l'une du poix de ɪɪᵐ lb. et l'autre de mil vᶜ lb.

23. Item, une autre serpentine de fer à une boyte de fonte, du poix la dicte boyte de viii° lb.

24. Item, ung canon de la façon de Mesnier, à une boyte de fonte, du poix ladite boyte de ix° lb.

25. Item, deux gros canons de chascun dix piez de long avecques leurs boytes de fonte, dont l'une de xii° lb., et l'autre de ix° lb.

26. Item, ung autre gros canon de sept piez de vollée, à une boyte de fonte de viii° lb.

27. Item, cinq autres canons de iiii piedz et demy chascun, à deux boyttes de fer et troys de fonte, dont l'une desdictes boytes de ii° lb. et l'autre de viii ᵉ lb.

28. Item, quatre gros vielz canons courts, qui n'ont que deux boytes, qui sont de fer.

29. Item, xxx petiz canons, qui ont chascun boytes de fer et ont quatre piedz de vollée, non montez.

30. Item, en ladite tour Lebart y a pluseurs vieulx affutz et roes, qui ne sçauroient plus servir pour véaigier, fors audit lieu de Rennes.

DECLARACION ET INVENTOIRE des matières et pouldres tant à canon que à coulleuvrines de la provision de ladicte ville faicte par les bourgeois et habitans d'icelle ville.

31. Et premierement, à la porte aux Foulons, en xxvi barilz, pouldre tant à canon que à coulleu-vrine, vᵐ ii° lb. ou environ.

32. Salpestres de la provision de la dicte ville estans à la dicte porte aux Foulons : en cinq buces et cinq petiz barilz, salpestres non affinez, du tout, ii° v° lb. ou environ.

33. A la porte Blanche, salpestres non affinez, et sont de la dicte ville, en xvii petiz barilz le tout pesant ensemble iiiᵐ lb.

34. Item, huit buces autre salpestre, pesant le tout ensemble iiᵐ viii° lb.

35. Item, deux granz barilz de souffre et deux autres petilz barilz aussi de souffre affiné, pesant le tout ensemble xv° lb.

36. Item, boulletz de fer du calibre de *Guingamp* et *Orenges*, vi ᵐ lb.

37. Item, autres petiz boulletz de v lb., vi lb. et de iii lb. — v° lb.

Ledit inventoire fait en la présence de Jehan Loys, lieutenant en l'artillerie, de Vincent Valoys, garde de l'artillerie de ladicte ville de Rennes, de Hacquin Renaire, canonnier ordinaire du Roy nostre sire, et autres. Et ainsi signé, *Jehan Loys*, *Hacquin Renaire* et *Girardin de Billy*.

VITRÉ.

Du unziesme jour du moys de juing, l'an mil iiii° iiii** et quinze, autre INVENTOIRE ET DECLARACION du nombre des pieces d'artillerie et autres matieres qui, à present, sont au lieu et place de Vitré, du nombre de l'artillerie du Roy, nostre sire, tant de ce qui y fut mené en l'an mil iiii° iiii** et xi que autrement.

Et premièrement

1. Soubz les galleries et porches de devant l'eglise dudit lieu de Vitré, deux bombardelles de fonte sur deux chariotz à quatre grosses roes ferrées et à boetteaux de fonte et à deux lymons.

2. Item, soubz lesdictes galleries, ung gros mortier de fer, sans affust ne autre engin.

3. Item, ung autre mortier de fonte de troys piez de longueur, sans affustz ne autre monteure.

4. Item, soubz la gallerie et porche de Pierre Le Moyne, ung gros canon avecques ses deux roes garnies de boetteaux et de son affust et lymons, lequel baston fist faire le cappitaine Barabin.

Boulletz.

5. Au boulevart de la porte d'Ahault, grosses pierres de gretz du calibre du gros mortier de fer, xxxii boulletz.

6. Item, dedans ledit boulevart, gros boulletz de fer pour servir aux canons, et autres boulletz de fer pour coulleuvrines, lesquelz ne sont cy à present nombrez, pour ce que une grant partie d'iceulx sont tous couvers de terre et de pierres menues.

7. Item, au lieu et place dudit Marchiz de la dicte ville, boulletz de fer à coulleuvrines tant grosses que moyennes, aussi boulletz de pierre, lesquelz ne sont icy pareillement nombrez, pour ce que la plus grant partie et presque tous sont submergez et couvers de terre. Pourquoy a ledit de Billy baillé en expresse charge à Michel Le Fort et Pierre Moulnerie, canonniers à Vitré, de sercher et faire sercher et tirer desdictes terres le tout desdiz boulletz et iceulx mectre par nombre et compte en la maison de la ville, quoy que soit ceulx qui sont oudit Marchiz, et ceulx dud. boulevart ès canonnières d'icellui ou [en] autre lieu seur, parceque ledit de Billy leur a promis les faire poyer des journées et vaccacions qu'ilz feront ou feront faire, soubz le rapport du greffier dudit lieu.

8. Item, y a au chasteau dudit lieu, en une tour murée, environ unze caques pouldre, du plomb, des halbardes, picques, traict ferré, et quelque petit nombre d'arbalestres, que le Roy durant les dernières guerres de Bretaigne y envoya pour la deffense de ladicte place. Lesquelles espèces ledit de Billy n'a peu veoir ne en savoir le nombre, pour ce que le cappitaine n'y estoit, mais estoit devers le seigneur de Laval.

AUTRE INVENTOIRE ET DECLARACION de l'artillerie et matières de la provision et ouvraige de ladicte ville de Vytré.

Et premièrement

9. En la maison du Moulin, faulcons de fonte à torillons, sans affustz ne rouelles du poix chascun de vi^{xx} ii lb.. iii.

10. Item, audit lieu troys grans boettes de fer à coulleuvrines et à petit canon.

11. Item, en la tour de la Bridolle, faulcons de fonte à teste de serpent, du poix chascun de vi ^{xx}ii lb. avecques leurs affustz et rouelles... II.

12. Item, faulcons de fonte à torillons, du poix de vii ^{xx} x lb., ayant un petit bourelet cordé sur le devant, avecques affust et rouelles.. I.

13. Item, autres faulcons à torillons de fonte, du poix de iie lb. chascun, avecques leurs petiz affustz et rouelles.. II.

14. Item, en ladite tour, ung autre petit faulcon à torillons, de fonte et à chevalet, du poix ledit baston de vi ^{xx} ii lb.

15. Item, plus, en ladicte tour, ung petit canon de fer de troys piez et demy de vollée, à deux boettes de fer.

16. En ladicte tour de la Bridolle, une petite coulleuvrine de fer de iiii piez de vollée, à une boette de mesme, portant une livre de plomb.

17. Item, au jardin devant la tour de Gastesel, une bombardelle de fer qui se charge par devant, portant ix lb. pouldre, la pierre de xiii lb., et a de vollee v piez.

18. Item, en la dicte tour de Gastesel, une petite coulleuvrine de fer, à boette de mesme, de v piez de vollée.

19. Item, une grosse coulleuvrine de fer de v piedz de vollée, à deux boetes de mesme.

20. Item, en la dicte tour, une autre petite coulleuvrine de fer de iiii piez de vollée, sans boete.

21. Au regard des pouldres, salpestres et souffres, ne s'en y est trouvé aucune chose pour ladicte ville.

Le dit inventoire fait ès presences du procureur des bourgeois de la ville, du miseur d'icelle, de Michel Le Fort, et de Pierre Moulnerie, canonniers, les jour et an que dessus. Ainsi signé, *Hardy* et *G. de Billy.*

FOUGIERES.

Au xiiie jour du dit moys de juing, l'an mil cccc. iiii ^{xx} et quinze, — autre INVENTOIRE ET DECLA-RACION du nombre des pièces d'artillerie et autres matières qui sont à present au lieu et place de **Fougiètes,** pour le Roy nostre sire.

Et premièrement

1. Dedens le boulevart du chasteau, en la basse court, ung gros canon de fer, à sa boete de mesme, de quatre piedz de vollée, et a son affust ferré.

2. Item, ung autre petit canon de fer, à une boette de mesme de v piez de vollée, et a son affust ferré.

3. Item ung autre petit canon pareil au precedant, à sa boete de fer de iiii piez de vollée, et a son affust ferré.

4. Item, en la tour Riou, ung canon de fer de deux piez et demy de vollée, à une boete de mesme.

5. Item, en la dicte tour, une petite coulleuvrine de fer de iiii piez de vollée, à une boete de mesme.

6. Item, sur la douve de la Couarde, ung canon de fonte, à une boete de mesme, de iiii piez de vollée, portant iiii lb. de plomb, et a son affust ferré.

7. Item, soubz le pont du Donjon, ung autre petit pareil canon de fonte à boete, et a son affust ferré.

8. Item, au boulevart de la trenchée du Donjon, ung petit canon de fer, à boete de mesme, dont la vollée a iii piez.

9. Item, en la première grosse tour neufve, ung petit faulcon de fonte dont la boete est perdue.

10. Item, au bas de la dicte tour, deux canons de fer de iiii piez de vollée chascun, où il n'y a que une boete de fer, et ung faulcon de fonte de v piez de long, du poix de iie lb.

11. Item, ii^c L pierres de gretz pour les diz faulcons.

12. Item, en la seconde tour neufve dudit chasteau, ung gros canon court de fer, de ii piez et demy de vollée, à une boete de mesme, monté.

13. Item, en la chappelle dudit lieu du chasteau, deux coulleuvrines de fer, de chascune sept piez de vollée, ayant chascune une boete de mesme; et ung canon de fer de iii piez de vollée, à une boete de mesme, montez.

14. Item, audit chasteau, y a en ung lieu couvert faulcons et hacquebuttes de fonte, que Monsr de la Trimoille et son lieutenant Pierre Daux ont fait faire puis nagueres, cinquante pièces ou environ.

15. Autres matières estans audit chasteau pour le roy: pouldres à canon et coulleuvrines, x caques; souffre, demy barrique.

AUTRE INVENTOIRE ET DECLARACION des espèces et pièces d'artillerie de la provision et façon de ladicte ville de Fougières.

Et premièrement

16. En la maison de Guillaume Marinier, naguéres miseur de ladicte ville, quatre petites hacquebuttes de fonte à croq en leurs affustz, pour tirer à main, du poix de xxv lb. chascune, et huit autres hacquebuttes de fonte, en leurs affustz du poix de xxx lb. chascune.

17. Item, en ladicte maison, troys boytes de fer à canon vielles.

18. Item, en la tour du Four, deux petiz canons de fer sans boete, en leurs affustz, chascune pièce de iii piez de vollée.

19. Item, en la tour d'Eschauguette, ung petit canon de fer sur son affust, ayant une boete de mesme, ledit baston de iiii piez de vollée.

20. Item en la tour du Noyer, troys autres petiz canons de fer, sans boetes, et en leurs affustz d'une pièce ferrez, dont l'un de troys piez de vollée, et les deux autres de iiii piez chascun.

21. Item, sur le portail Saint Leonnart, ung canon de fer moyen en grosseur, et de cinq piez de vollée, à deuz boetes de mesme, et en son affust d'une piece ferré.

22. Au regard des pouldres, salpestres et souffres, ne s'en est aucune chose trouvé.

Ledit inventoire fait és presences du procureur des bourgois de la dicte ville, Jehan Descorce; miseur d'icelle ville, du lieutenant du chasteau et autres; les jour et an que dessus. Ainsi signé, *P. de Beauchesne* procureur des diz bourgoys et *G. de Billy*.

DOL.

Au xvme jour dudit moys de juing, an mil cccc iiii^{xx} et quinze, INVENTOIRE de ce qui pouoit estre au lieu et place de Dol, en nombre d'artillerie et matières, sur l'inquisicion faicte par ledit de Billy vers les bourgois, manans et habitans dudit lieu, ne s'est aucune chose d'artillerie, comme pièces ne autres matières, trouvé, et est la pluspart desdiz ville et chastel rompue et abatue de murailles et sans deffense. Fait audit lieu de Dol, les jour et an que dessus. Ainsi signé, *G. de Billy.*

SAINT MASLO.

Au xviie jour du moys de juing, oudit an mil cccc iiii^{xx} et quinze, autre INVENTOIRE ET DECLARACION du nombre des pièces d'artillerie et autres matières qui sont à present au lieu et place de Saint Maslo pour le Roy, et lesquelles sont audit seigneur.

Et premièrement

1. En la basse court du chasteau, soubz la gallerie, quatre faulcons du poix de v^c lb. chascun, dont troys à fleurs de lis, et l'autre du grant d'une coulleuvrine poisant m lb., de la façon de Rousselets que ceulx de ladicte ville de saint Maslo disent leur avoir esté baillé avecques deux desdiz faulcons à fleur de liz, par maistre Jehan Robineau pour rescompence d'un canon à boete de fonte nommé *le Regnart,* du poix de iii mil lb., et d'un petit faulcon à cordelière, que le sieur Robineau enmena et fist enmener après la prinse de ladicte ville, lesdiz faulcons sur roes ferrées et leurs affustz.

2. Item, ung autre faulcon de fonte de cinq cens lb. de poix, à teste de lou, qui fut au feu duc de Bretaigne, sur son affust et roes ferrées.

3. Item, deux petiz courtaulx de fonte, à torillons, sans roes ne affustz, qui ont troys piez et demy de vollée, du poix de ii^cL lb. chascun.

4. Item, en la tour du chasteau, quatre petiz faulcons de fonte sur roelles et leurs petiz affustz, du pois de vi^{xx} lb. chascun, et sont à croq chevillé.

5. Item, en la tour du portail de la ville, près la pompe, sur le haut de ladicte tour, deux canons de fonte, à chascun sa boete de mesme, dont la vollée a v piez, du poix chascun, comprins la boete, de v^c lb.

6. Item, en la maison de l'evesque, deux grosses coulleuvrines de fonte, dont l'une de la façon de Rouxelet, du poix de ii^miii^c lb. ou environ, et l'autre de la façon de Bernardon, du poix de iii^m lb. ou environ, montées de grosses roes ferrées et leurs affustz, et y a en celle de la façon dudit Bernardon iiii boytes de fonte, et non ès deux autres, que ladicte ville a fait monter et affuster.

7. Item, en la tour du Roy audit chasteau, iiii faulcons de fonte qui sont à croq non montez, du poix de iiii^c lb. chascun.

AUTRE INVENTOIRE ET DECLARACION de l'artillerie et matières de la provision de ladicte ville de Saint Maslo, faicte par les bourgois et habitans d'icelle ville.

Et premièrement

8. En la basse court du chasteau, soubz la gallerie, deux canons de fer en leurs affustz ferrez, ayant chascun deux boetes de fonte de vɪˣˣ lb. chascune, lesdiz canons de v piez de vollée.

9. Item, audit lieu des galleries, deux coulleuvrines de fer, à chascune sa boete de mesme, dont l'une de huit piez de vollée, et l'autre de ɪɪɪɪ piez, en leurs affustz ferrez.

10. Item, audit lieu, deux gros courtaulx de fer de troys piez et demy de vollée, à troys boetes de fer pour tout, montez de leurs affustz ferrez.

11. Item, sur le mur d'entre deux tours du dit chasteau, deux petites coulleuvrines de fonte de vɪ piez de vollée chascune, et du poix lesdites vollées de vɪº lb. chascune, et ont troys boytes aussi de fonte, du poids de vɪɪˣˣ x·lb. chascune boete.

12. Item, au moyneau du Grasmolet, une serpentine de fer, montée d'affust ferré, de v piez de vollée, et a troys boetes de fer.

13. Item, audit lieu, ung petit canon de fer monté, de troys piez de vollée, à une boette de mesme.

14. Item, audit moyneau, ung autre petit canon de fonte de ɪɪɪɪ piez de vollée, à une boete de mesme, pesant le tout c lb.

15. Item, au hault du Grasmolet, deux petiz canons de fer, garniz de deux boetes de mesme, et ayans chascun ɪɪɪ piez de vollée.

16. Item, en la tour des Champs Auvert, ung petit canon de fonte d'un pié et demy de vollée, à deux boetes de fer.

17. Item, en la tour du Bez, un mechant petit canon de fer de deux piez et demy, à deux boettes de mesme, monté d'affust et ferré.

18. Item, ung autre petit canon de fer de ɪɪɪ piez de vollée, à une boete de fonte et une de fer, monté d'affust.

19. Item, audit lieu, ung petit faulcon de fonte à croq sur rouelles, du poix de vɪˣˣ lb.

20. Item, au hault de la tour du Moulin, une coulleuvrine de fer de vɪ piez de vollée, montée d'affust ferré, à une boete de fer.

21. Item, au Poussier Carré, deux canons de fer, dont l'un de troys piez de vollée et l'autre de ɪɪɪɪ piez, à chascun deux boetes de mesme, et montez d'affustz ferrez.

22. Item, en la tour Morlée¹, ung petit canon de fer, à une boete de mesme, et deux autres vieulz petiz canons de fer pourriz et sans boetes.

23. Item, en la tour Saint Jehan, deux petiz vielz canons de fer qui gueres ne vallent, en leurs affustz ferrez, et ont quatre boetes de fer.

24. Item, au bas du portail en la tour devers la pompe, ung petit canon de fer garny de deux boetes, et a de vollée deux piez et demy.

1. Peut-être *Moilée*, pour *Moillée*.

25. Item, en ladicte tour, en hault d'icelle, ung petit canon de fer à une boete de mesme, monté.

26. Item, en l'autre tour dudit portail, au bas d'icelle, ung petit canon de fonte de IIII piez de vollée, à IIII boetes de fonte, et ung petit canon de fer pourry.

27. Item, au haut de ladicte tour, ung canon de fonte de IIII piez et demy de vollée à une boete de fonte, le tout pesant ensemble Ve lb.

28. Item, en la canonnière sur la porte, ung canon de fer à deux boetes de mesme, monté d'affust et ferré.

29. Item, en la tour Dufiel[1], ung canon de fonte de III piez et demy de vollée, garny d'une boete de mesme, boete et vollée de Ve lb., monté d'affust ferré.

30. Item, en la dicte tour, ung petit canon de fer, à deux boetes de mesme, ayant troys piez de vollée, monté d'affust seullement.

31. Item, en la canonnière de la croix Dufriel (sic), ung petit canon de troys piez, garny de deux boetes de fer, monté d'affust.

32. Item, en la maison de l'evesque, une grosse coulleuvrine de fonte de xv piez de long, du poix de xvIe lb. nommée la Chirenne (?) montée d'affust et rouelles ferrées sans boeteaux.

33. Item, en la tour du Roy, xIII hacquebuttes de fonte.

34. Item, en ladicte tour, salpestre, vI barilz ; souffre, 11 pipes.

Lesdiz inventoires faiz ès presences de Anthoine Malitorne, commis à ce faire dudit lieutenant des ville et chastel et des seigneurs de l'église dudit lieu, de Pierre Picot, miseur de ladicte ville, de Guillemin Gloire et Rogier Hanicque, canonniers, le xvIIe jour de juing, l'an mil IIIIe IIIIxx et quinze. Ainsi signé, G. de Billy.

DINAN.

INVENTOIRE du xIxe jour dudit moys de juing, l'an mil IIIIeIIIIxx et quinze, de ce qui pouoit estre audit lieu de Dinan en nombre d'artillerie et matières pour le Roy, nostre sire, sur l'inquisicion faicte par le dit de Billy vers les cappitaines, bourgois, manans et habitans dudit lieu.

Ne s'i est aucunes pièces d'artillerie ne autres matières trouvées dudit seigneur.

AUTRE INVENTOIRE ET DECLARACION d'artillerie et matières de la provision de ladicte ville de Dinan, faicte par les bourgois et habitans de ladicte ville de Dinan.

Et premièrement

1. En la tour aux Poisliers, ung ribaudequin de fonte, garny de deux boetes, le tout du poix de IIIeL lb. ou environ.

1 Ou peut-être du Frel.

2. Item, en ladicte tour, un canon perrier de fonte garny d'une boete, nommé *Clément*, le tout du poix ou environ de v^e lb.

3. Item, en ladicte tour, pluseurs pierres de grain pour ledit canon.

4. Item, une petite serpentine de fonte, à une boete, du poix le tout de iiii^c lb.

5. Item, en ladicte tour aux Poisliers, ung petit canon perrier de fonte garny d'une boete, pesant le tout ii^c l lb.

6. Item, en ladicte tour, six petiz bastons de fonte *de la Bataille des Trente*, de Dinan, avecques cinq boetes, du poix, boete et vollée de chascun desdiz bastons, de xl lb. ou environ.

7. Item, quatre boetes de fonte pour les coulleuvrines cy après declairées, du poix chascune boete de l lb. ou environ.

8. Item, iii vollées de coulleuvrine de fonte, du poix chascune de vi^xx lb. ou environ.

9. Item, en ladicte tour, certain nombre de plombées en ung baril et en ung petit coffre.

10. Item, certain nombre d'autres plombées pour coulleuvrines, du poix chascune plombée de xii lb.

11. Item, un saulmon de plomb qui est entamé.

12. Item, certain nombre de traict d'arbaleste non ferré.

13. Item, certain nombre de fers pour garrotz.

14. Item, sept lances et neuf picques.

15. Item, certain nombre de pierres de grain pour les canons.

16. Item, un mosle à faire plombées.

17. Item, certain nombre de chausses trappes en ung coffre.

18. Item, une vielle vollée de canon de fer.

19. Item, treize fueilles de fer à faire chargeouers.

20. Item, en ladicte tour, quatre coulleuvrines de fonte à teste de serpent, du poix chascune de v ii^xx x lb.

21. Item, une vollée de ribaudequin de fonte, du poix de vii ^xx x lb.

22. Item, un petart de fer.

23. Item, en ladicte tour, pouldre de canon, viii barilz fonsez.

24. Item, salpestre, ung baril non plain.

25. Item, en la tour des Bourgeois, ung canon de fer, garny de deux boetes, portant v lb. de pierre de grain.

26. Item, ung ribaudequin de fonte, garny d'une boete de mesme, du poix le tout de ii^c l lb.

27. Item, en la tour aviz de la maison Dieu de l'Ostellerie, ung petit faulcon *de la Bataille des Trente*, et quatre boetes pour y servir, du poix, boete et vollée de chascun des bastons, de lxx lb.

28. Item, en la tour Tronchant, ung grant canon de fonte, nommé *Colin*, garny de deux boetes, du poix, boete et vollée, de xii^c lb.

29. Item, certaine quantité de pierre de grain à canon.

30. Item, une coulleuvrine de fonte garnye de une boete, du poix le tout de vii^xx x lb.

31. Item, certaine quantité de fil d'arbalestre.

32. Item, en quatre casses, certain nombre de traict d'arbalestres, dont partie defferrez et les autres non.

33. Item, certain autre nombre de pierres de grain à canon.

34. Item, demye pippe de souffre; item autre pippe [de] souffre, non pleine.

35. Item, pouldre à canon, vi barilz et le tiers d'un barril fonssez.

36. Item, troys cuves de charbon de sauldre noir.

37. Item, vi grans crocqs de fer pour abatre maisons durant feu.

38. Item, deux falloiz de fer à porter feu.

39. Item plus, en ladicte tour, certaine autre quantité de pierre de grain à canon.

40. Item, en la tour Cardevily, ung ribaudequin de fonte, sans boete, du poix de vii ᵡˣ x lb.

41. Item, en la tour Jehan May, ung canon de fonte, nommé *ung des Frères*, garny de deux boetes, du poix le tout de iiᶜ lb. ou environ.

42. Item, une coulleuvrine de fonte à teste de serpent, garnye de deux boetes, du poix de iiiᶜ lb.

43. Item, ung canon de fer, garny d'une boete de mesme.

44. Item, en la tour Chalet, une coulleuvrine de fonte, garnye de deux boetes qui sont en la tour Jehan May, du poix le tout de iiiᶜ lb.

45. Item, au portail de Saint Maslo, une coulleuvrine de fonte nommée *la Verrotière*, garnye de deux boetes, le tout du poix de viᵡˣ lb.

46. Item, ung petit faulcon de fonte sans boetes.

47. Item, ung faulcon de fonte à gueulle de serpent, garny d'une boete, du poix le tout de lxx lb.

48. Item, en la tour de Juhel, une coulleuvrine de fonte, garnye d'une boete, du poix boete et vollée de iiiᶜ lb.

49. Item, ung ribaudequin de fonte sans boete, du poix de iiᶜ lb.

50. Item, en la tour de Rochefort, un baston de fer garny de deux boetes de mesme.

51. Item, ung ribaudequin de fonte sans boete, du poix de iiᶜ lb.

52. Item, en la tour Rouynel, ung canon de fer garny d'une boete de fonte.

53. Item, ung ribaudequin de fonte aveques sa boete de mesme, du poix le tout de iiiᶜ lb.

54. Item, en la tour de Vaulx, ung ribaudequin et une boete de fonte, du poix le tout de iiiᶜ lb.

55. Item, une petite coulleuvrine de fonte à teste de serpent, garnye de deux boetes, du poix le tout de iiᶜ lb. ou environ.

56. Item, en la tour des Arbalestriers, une petite coulleuvrine de fonte à teste de serpent, dont la boete est en la tour des Poisliers, du poix le tout de viiᵡˣ x lb.

57. Item, au portail du Guichet, ung ribaudequin de fonte, garny d'une boete de mesme, le tout du poix de iiiᶜ lb. ou environ.

58. Item, ung petit baston de fer garny d'une boete de mesme.

59. Item, ung ribaudequin de fonte garny d'une boete, du poix le tout de iiiᶜ lb. ou environ.

60. Item, au portal de l'Ostellerie, une coulleuvrine garnie d'une boete, le tout de fonte, pesant iiiᶜ lb.

61. Item, ung canon de fonte nommé *ung des Frères*, garny de deux boetes, du poix le tout de ᵡ lb. ou environ.

62. Item, ung ribaudequin garny d'une boete de fonte, du poix le tout de iiiᶜ lb.

63. Item, une petite coulleuvrine de fonte, garnye d'une boete, le tout du poix de iiiᶜ lb.

64. Item, ung canon de fer garny de deux boetes de mesme.

65. Item, troys paires de royaulx ferrez.

Le dit inventoire fait ès presences de Guillaume du Fay, lieutenant du cappitaine, de René Lavaleuc, procureur des bourgois de ladicte ville, de François Miroet contrerolleur de ladicte ville, et de Guillaume Perrigault, canonnier, ledit xix⁰ jour de juing, l'an mil iiii⁰ iiiˣˣ xv. Ainsi signé, *Guillaume du Fay, R. Lavaleuc* et *G. de Billy*.

MONCONTOUR.

Du xxᵐᵉ jour dudit moys de juing, l'an mil iiii⁰iiiˣˣ et quinze, INVENTOIRE ET DECLARACION du nombre des pièces d'artillerie et autres matières qui sont à présent en la place et ville de Moncontour, qui sont au Roy nostre sire, lesquelles sont entre les mains de Loys de Carmené, cappitaine dudit lieu, et de son lieutenant qui en doit respondre.

C'est assavoir, au chasteau dudit lieu, deux petiz faulcons de fonte du poix de iiaL lb. chascun, dont l'un est rompu, et deux hacquebutes à croq de fonte, du poix de xxv lb. chascune. Et quant est de pouldres ne autres matières d'artillerie, ne s'en est aucune chose trouvé. Fait audit lieu, les jours et an que dessus.

MORLAIX.

Du xxiiᵐᵉ jour dudit moys de juing, l'an mil iiii⁰iiiˣˣ et quinze, ledit de Billy, commissaire devantdit, s'est transporté audit lieu de Morlaix, devers le lieutenant du cappitaine et le procureur dudit lieu et des habitans d'icelle pour ceste cause assemblez et convocquez, qui lui ont certiffié et relaté qu'il n'y a audit lieu de Morlaix que deux vielz canons de fer, qui aucune chose ne vallent, et sans pouldre, salpestre ne souffre, fors seulement deux barils de pouldre et deux cens plombées du calibre des faulcons du Roy, qui furent faictes en l'an mil iiii⁰ iiiˣˣ et xii, par les canonniere du Roy envoyez en cellui temps à Monsʳ le prince d'Orenges, qui estoit à Guingamp, avec certain nombre de faulcons dudit seigneur, qui depuis ont esté retirez. Et lesquelz barrilz de pouldre avoient esté amenez par ledit de Billy du lieu de Laval audit lieu de Morlaix, et le plomb desd. plombées achapté des deniers dud. seigneur. Fait aud. lieu de Morlaix, les jour et an que dessus. Ainsi signé, *G. de Billy*.

BREST.

Au xxviᵐᵉ jour dud. moys de juing, oud. an mil iiiᵉ iiiˣˣ et quinze, INVENTOIRE ET DECLARACION du nombre des pièces d'artillerie et autres matières, qui à present sont au lieu et place de Brest, et lesquelles sont au Roy nostre sire.

Et premièrement

1. En la basse court du dedans du Donjon, ung gros canon de fonte sur ung poulain, avecques sa boete, du poix le tout de iiiˣ lb.

2. Item, en ung petit cellier près la porte du Donjon, troys pipes de mintaille, et certain demourant de metail en ung baril, pesant iii⁰ lb. ou environ.

3. En une salle basse dudit Donjon, troys coulleuvrines de fonte, dont deux d'icelles du poix de viii° lb. chascune, et l'autre de m lb., montées de roes et affustz.

4. Item, ung gros faulcon de fonte, à deux boetes, monté de roes et affustz, du poix de v° lb.

5. Item, audit lieu, en une grant canonnière, ung grant nombre de pierres de grain et de fer.

6. Item, dans ladicte salle, sept pipes de charbon de sauldre noir.

7. Item, en ladite salle, petiz canons de fer qui ont chascun ii boetes, xxvi.

8. Item, en une petite chambre dud. Donjon, grant nombre de charbon pour fondre, quant besoing sera.

9. Item, en une autre salle dudit donjon, hacquebuttes à croq de fonte, xv. Item, en lad. salle, hacquebuttes de fer, vii.

10. Item, en ung barril, des fers de lances asserez.

11. Item, en ung panyer, fers de garrotz asserez, ii ˣ.

12. Item, plombées pour hacquebuttes iiii°.

13. Item, en ladicte salle, garrotz ferrez et empannez de boys, environ xii ˣ.

14. Item, autres garrotz ferrez et empannez de plume, xv douzaines.

15. Item, environ lxvii bottes de boys de garrotz non ferrez ne empannez, de cent traictz chascune botte ou environ.

16. Item, en ladicte salle, arbalestres de passe, xxix.

17. Item, bendaiges, xv.

18. Item, en lad. salle, cables faiz de fil de botte, deux demyes pipes et une pipe et cinq barilz fil d'arbalestre.

19. Item, boeteaux de fonte pour roes, viii.

20. Item, cyre gommée, demy barry.

21. Item, picqz et trenches non enmanchez, ii°.

22. Item, pavoix à main, xxxv.

23. Item, en la gallerie devers la mer, ung faulcon de fonte, monté de roes et affustz, du poix de ii° iiii ˣˣ viii lb.

24. Item, en l'autre gallerie prouchaine, lances et picques, iii douzaines.

25. Item, en la chappelle, halbardes, iiii douzaines.

26. Item, eschelles, ii douzaines.

27. Item, en la haulte gallerie, ung gros faulcon de fonte monté de roes et affustz ferrez, du poix de v° viii lb.

28. Item, en ladicte gallerie, ung petit faulcon de fonte, monté de rouelles et affustz, du poix de vii ˣˣ x lb.

29. Item, deux autres faulcons de fonte à bourlet devant, montez de roes et affustz, dont l'un de ii° iiii ˣˣ xiii lb., et l'autre de iii° x lb.

30. Item, en la haute salle d'entre lesdictes galleries, six tentes de camp et leurs bastons.

31. Item, en la gallerie sur le portal, ung petit faulcon à petit bourlet de fonte, monté d'affust et rouelles, du poix de vi ˣˣ lb.

32. Item, une coulleuvrine de fonte à boete, montée sur roelles, du poix le tout de v° lb.

33. Item, en dedens le cymetière, une demye grosse coulleuvrine de fonte neufve qui fut faillie à fondre, du poix de xv° lb.

34. Item, en dedens du boulevart, une grosse coulleuvrine de fonte, nommée *la Hideuse*, qui fut

menée de Redon audit lieu de Brest, dont les roes et affustz sont rompuz et usez, et n'en peut servir que la ferraille, led. baston de ceulx de Nantes, du poix de m ᴹ lb.

35. Item, sur le haut dudit boulevart, cinq canons de ᶠᵉr, garniz chascun de deux boetes, montez d'affustz d'une pièce ferrez.

36. Item, autour des murs du Parc, gros canons de fer garniz de boetes, montez d'affustz d'une pièce ferrez, xv.

37. Item, coulleuvrines de fer, garnies de boetes de mesme, montées sur vielz affustz ferrez.

38. Item, à la porte de dessur la mer, saulmons de plomb en provision, xv.

39. Item, ung petit faulcon de fonte, monté de roelles et affustz, du poix de m ᶜ lb.

40. Item, soubz l'apentiz de la poterne, boulletz de fer du calibre de la grosse coulleuvrine nommée *la Hideuse*, de Nantes, m ᴹ boulletz.

41. Item, en la grant rue du Chenau dud. Brest, ung nombre de bouletz de fer et de pierre de grain, lesquelz ne sont cy nombrez pourceque la pluspart d'iceulx sont couvers de terre.

42. Item, pouldre à canon et coulleuvrine en une des chambres dud. Donjon, xxx caques. Salpestre, vi barrilz. Souffre, deux demyes pipes et vint barrilz longs.

AUTRE INVENTOIRE des autres pièces et matières qui sont en ladicte place, et lesquelles sont au cappitaine Carreau ¹, comme il dit.

Et premièrement

43. En la salle haulte du Donjon, deux hacquebuttes de fonte et deux de fer, deux coulleuvrines de fonte à main, et quatre de fer.

44. Item, arbalestes de passe, xviii.

45. Item, bendaiges, vi.

46. Item, deux mortiers de fonte.

47. Item, en la tour de l'entrée du Parc, coulleuvrines de fer, garnies chascune de troys boetes de mesme, xv.

48. Item, petiz faulcons de fonte, garnys de xiiii boetes, montez sur chevaletz, vi.

49. Item, petiz canons et menues coulleuvrines, garnys de boete, en leurs affustz ferrez, xxxvii.

50. Item, en la tour basse du Parc, serpentines de fer petites, en leurs affustz d'une pièce, à troys boetes chascune, xlv.

51. Item, en ladicte tour basse, faulcons de fonte du poix de m ᶜ lb. chascun, montez sur rouelles, ii.

Ledit inventoire fait ès presences de Jehan des Montis, dud. de Billy et autres, les jour et an que dessus. Ainsi signé, *J. des Montis* et *G. de Billy*.

QUINPERCORENTIN.

Au dernier jour dudit moys de juing, oudit an iiii ᴸˣ et quinze, INVENTOIRE ET DECLARACION des

---

1. Guillaume Carrel ou Carreau, capitaine de Brest depuis 1489, mentionné ci-dessus dans les pièces XV, XVI, XVII, XXVI, XXVIII, XLV note 11, du présent recueil.

pièces d'artillerie qui ont esté monstrées par evidence audit de Billy, qui sont de la ville de Quin-percorentin.

C'est assavoir ung gros faulcon de fonte à teste de serpent sur le devant, du poix de vιιιᵉ lb., et une petite coullevrine de fer de v piez de vollée, à deux boetes, et est en son affust d'une pièce ferré. Et quant est de pouldre et autres matières, ne s'i en est aucune chose trouvé. Fait audit lieu, les jour et an que dessus. Ainsi signé, *de Kerguen* et *G. de Billy*.

CONQ

Au deuxième jour de juillet, oudit an mil ιιιιᵉ ιιιιˣˣ et quinze, ɪɴᴠᴇɴᴛᴏɪʀᴇ ᴇᴛ ᴅᴇᴄʟᴀʀᴀᴄɪᴏɴ du nombre des pièces d'artillerie et autres matières qui sont à présent au lieu et place de Conq, les-quelles sont et appartiennent au Roy nostre sire.

Et premièrement

1. En l'eglise de Saint Guinolay, coulleuvrines de fer d'une pièce, à torillons, de vιιι piez de vollée chascune, montées de roes ferrées et affustz, ιιιι.

2. Item, en la dite eglise, une autre grosse coulleuvrine de fer d'une pièce, à torillons, de xιι piez de vollée, non montée de roes ne affust.

3. Item, au viel chasteau, ung petit canon de fer qui ouloit estre d'une pièce et à torillons, dont la chambre est rompue, non monté.

4. Item, en la vieille tour près le moulin, une coulleuvrine de fer d'une pièce, de vιιι piez de vollée et à torillons, montée de roes et affust ferrez.

5. Item, au moulin dudit lieu de Conq, coulleuvrines de fer de vιιι piez de vollée, toutes d'une pièce, chascune montée de roes et affustz ferrez, ιιιι.

6. Item, audit lieu, ung canon de fer d'une piece, de six piez de vollée et à torillons, tirant pierres de gretz, monté de roes et affustz ferrez.

7. Item, audit moulin, une longue coulleuvrine de fer d'une pièce, à torillons et à teste de serpent sur le devant, lad. pièce de xιι piez de vollée, montée de roes et affustz ferrez.

8. Item, audit moulin, deux faulcons de fonte du poix de ιιιᵉ lb. chascun, montez de rouelles et affustz neufz non ferrez, lesquelz sont au cappitaine dudit lieu, messire Jacques Guynen, ainsi qu'il a dit et qu'il les a fait faire.

9. Item, sur la tour devers les forbourgs, une coulleuvrine de fer d'une piece et à torillons, de vιιι piez de vollée, montée de roes et affust.

10. Item, en la halle dud. lieu, ung gros canon de fer à deux boetes de mesme, dont la vollée est de six piez.

11. Item, en la maison du procureur dud. lieu de Conq, ung mortier de fer non monté.

12. Item, au logis du cappitaine Guynen, deux hacquebuttes de fonte à croq, qui sont au Roy, du poix chascune de xv lb., et quatre autres hacquebuttes à croq de fonte, qui sont au dit cappitaine, ainsi qu'il dit.

13. Item, aud. logis du cappitaine, petiz boulletz de fer pour servir à lad. grant coulleuvrine à

teste de serpent de fer, qui furent nagueres achaptez à Rennes et payez par le trésorier extraordinaire de l'artillerie du Roy, vi ^{xx}.

14. Item, en la maison dud. procureur de Conq, au hault de la vir d'icelle, pouldre à canon, xiii barrilz et deux quars de pipe.

15. Item, en la maison près du moulin, pareille pouldre à canon, v barrilz.

16. Item, plus, en la maison et logis dudit cappitaine, en ung saulmon de plomb environ vii ^{e} lb.

Le dit inventoire fait en la présence dud. cappitaine et de aucuns de ses gens et depputez, le 2me jour du moys de juillet, l'an mil iiii^{e}iiii^{xx} et quinze. Ainsi signé, *G. de Billy*.

HEMBONT

Du quatrième jour dudit moys de juillet oud. an mil iiii ^{e} iiii^{xx} et quinze, ledit de Billy se transporta au lieu de Hembont, devers les procureur et habitans dud. lieu, qui lui certiffièrent et relatèrent qu'il n'y avoit aud. lieu de Hembont aucune pièce d'artillerie, pouldre ne autres choses, au Roy ne pour la ville, et que durant les guerres derrenières, les cappitaines et gens de guerre dud. seigneur avoient tout emporté. Fait les diz jour et an que dessus. Ainsi signé, *G. de Billy*.

AURAY

Au vime jour dudit moys de juillet mil iiii^{e}iiii^{xx} et quinze, ledit de Billy se transporta semblablement au lieu et place d'Auray, devers les procureurs, bourgeois et habitans de ladicte ville et place, de laquelle les murailles dilacerées et rompues, qui lui monstrèrent, certiffièrent et relatèrent qu'il n'y avoit audit lieu et place aucune pièce d'artillerie, pouldre, ne autre chose au Roy, ne pour ladicte ville, et que durant ladicte dernière guerre, les cappitaines et gens de guerre avoient tout emporté.

VANNES

Du viiime jour dudit moys de juillet, oudit an mil iiiie iiii^{xx} et quinze, INVENTOIRE ET DECLARACION des pièces d'artillerie qui ont esté monstrées audit de Billy par evidence, lesquelles sont au Roy.

C'est assavoir, au chasteau de l'Ermyne dudit lieu, ung gros canon de fer, à deux boetes de mesme, monté sur ung poulain ferré, et deux faulcons de fonte à torillons, non montez, dont l'un merché à une hermyne, du poix de iiiie lb. chascun. Et quant est pour la dicte ville, ne s'i est aucun baston trouvé de fer ne de fonte, pouldre ne autre chose, ne semblablement aud. chasteau que ce qui est dessus declairé, disans les procureurs, bourgois et habitans du dit lieu, que tout a esté emporté par la guerre dernière, ainsi que les précédens. Ainsi signé, *Yves de Beisic* et *G. de Billy*.

GUERRENDE

Du xme jour dudit moys de juillet, oud. an mil iiiie iiii^{xx} et quinze, INVENTOIRE ET DECLARACION du nombre des pièces d'artillerie et autres matières, qui à present sont en la ville de Guerrende pour la deffense de ladicte ville, quelle artillerie est au Roy nostre sire.

Et premièrement

1. En une petite chambre au hault du portal Saint Michel, faulcons de fonte, dont en y a quatre à clef et à torillons et ung autre à torillons sans clef, tous tirans sur relles, du poix chascun de iie lb. ou environ. Et pour ce, faulcons v.

2. Item, autre petit faulcon de fonte à torillons, du poix de c lb.

3. Item, ung autre petit faulcon de fonte, aussi à torillons, qui est cassé, du poix de lx lb.

4. Item, une hacquebute à croq, du poix de xxv lb.

5. Item, quatre autres hacquebutes rompues, du poix chascune de xx lb.

6. Item, plus, pouldre, deux buces et ung quart de pipe.

7. Item, environ ung cent de petites plombées pour hacquebutes et petiz faulcons.

AUTRES ESPÈCES DE PIÈCES D'ARTILLERIE qui sont aux bourgois et habitans de ladicte ville de Guerrende, pour la deffense d'icelle ville.

Et premièrement

8. Au bas dudit portal de Saint Michel, six coulleuvrines de fer, dont les boetes ont esté perdues en la guerre dernière.

9. Item, six rouelles à masse.

10. Item, six autres petites serpentines de fer, sans boete aucune.

11. Item, deux canons de fer, pareillement sans boete.

12. Item plus, en la tour près la maison Milet, un courtault de fer sans boete.

Lesdiz inventoires faiz les jour et an que dessus par les soubzcriptz, par l'ordennance des lieutenant et procureur dudit lieu. Ainsi signé, *V. Yves* et *G. de Billy*.

LE CROISIC

Au xime jour dudit moys de juillet, oud. an mil cccc quatre vingz et quinze, INVENTOIRE du nombre des pièces d'artillerie et autres matières qui à présent sont au lieu et place du Croisic, tant de celle qui est au Roy que celle qui est de la ville.

Et premièrement

1. En la maison de deffunct Pierre Molle, deux grosses coulleuvrines de fonte, qui sont de Nantes et aux armes de ladicte ville, montées de roes et affustz ferrez, que le Roy a fait faire aud. lieu de Nantes de ses deniers, lesd. coulleuvrines du poix chascune de IIII^m lb.

2. Item, en ladicte maison, ou celier d'icelle, une petite coulleuvrine de fonte nommée *la Mignonne*, laquelle est au Roy, dont le devant fut aultrefoiz rompu en tirant, montée de roes et affustz bien empirez, lad. pièce du poix de VIII^c lb.

3. Item, oudit celier, troys faulcons de fonte qui pareillement sont au Roy, montez de roes et affustz, dont l'ung du poix de V^c lb., l'autre de IIII^c lb., et l'autre de environ $II^c L$ lb.

4. Item, oudit celier, boulletz de fer du callibre des grosses coulleuvrines.

5. Item, au boulevart du chasteau qui respond en la ville, ung gros canon de fer de cinq-piez de vollée, sans boete, monté d'affust ferré, lequel canon est à lad. ville.

6. Item, au dedans du chasteau, en une chambre basse d'une des tours, cinq petiz faulcons de fonte à torillons, qui sont au Roy, dont quatre du poix chascun de VII^{xx} lb. et l'autre de LX lb.

7. Item, serpentines de fer à boete de mesme, qui sont aux bourgois et habitans de ladicte ville, VII.

8. Item, deux petiz canons de fer garnys de boetes de mesme, montez sur relles, qui sont ausdiz bourgois et habitans de la dicte ville.

9. Item plus, deux barilz de pouldre à canon, qui pareillement sont ausdiz bourgois et habitans.

Le dit inventoire fait ès presences du lieutenant de la dicte place, de Pierre Nicolas, miseur de la dicte ville, et autres, led. XIme jour de juillet, l'an mil cccc IIII^{xx} et quinze. Ainsi signé, *V. Jouan* et *G. de Billy*.

REDON

Du XIIIme jour dud. moys de juillet, oud. an mil $IIII^c IIII^{xx} XV$, INVENTOIRE ET DECLARACION du nombre des pièces d'artillerie et autres matières qui sont à présent en la ville de Redon; lesquelles pièces et matières sont et appartiennent aux bourgois, manans et habitans de lad. ville, ainsi qu'ilz ont dit et affermé, et en avoir beaucop perdu durant la dernière guerre.

Et premièrement

1. En la maison de la ville où est tenu l'Ospital, petiz faulcons à chevaletz, qui sont de fonte, à une boete de mesme à chascun d'iceulx, montez d'affustz ferrez.

2. Item, deux faulcons de fonte à torillons, à clef, du poix chascun de vɪˣˣ lb.

3. Item, ung autre petit faulcon de fonte à croq, tirant sur ung treteau, du poix de ʟ lb.

4. Item, ung autre petit faulcon à croq, du poix de ʟxx lb.

5. Item, quatre hacquebuttes à croq, de fonte, du poix le tout ensemble de ʟxx lb.

6. Item, audit lieu, petiz canons de fonte, chascun de troys piez de vollée, et en leurs affustz ferrez, du poix d'environ chascun d'iceulx de ɪɪɪˣˣ lb.

7. Item, petites serpentines de fonte, de cinq piez de vollée, montées d'affustz ferrez, du poix chascune de c lb., ɪɪɪ.

8. Item, sept grosses boetes de fonte servans auxdites serpentines, du poix chascune de ʟx lb.

9. Item, au dit lieu, six petites serpentines de fer, garnies de boetes de mesme chascune d'icelles, les diz bastons de cinq piez de vollée et montez en affustz ferrez.

10. Item, boulletz de fer du callibre des coulleuvrines de Nantes qui avoient esté menées aud. lieu de Redon avecques la coulleuvrine nommée *la Terrible*, qui à présent est à Brest, ɪɪɪɪˣˣ.

11. Item, en lad. maison et ospital, pouldres à canon, caques, v et demie. Souffre affiné, plus de demy caque.

12. Item, roelles pour les affustz desdiz faulcons, v couples.

13. Item, mosles pour les plombées desd. faulcons, xɪɪ.

14. Item, en ung demourant d'un saulmon de plomb, environ xxv lb.

Le dit inventoire fait ès presences de Jehan Le Coustellier, lieutenant du cappitaine dud. lieu, du contrerolleur de lad. ville, de Jehan de Lespine, canonnier ordinaire en l'artillerie du Roy nostre sire, et autres, par ce jour et an que dessus. Ainsi signé, *E. Jagorel, J. le Coutelier* lieutenant, et *G. de Billy*.

NANTES

Du premier jour du moys de decembre, l'an mil ɪɪɪɪᵉ ɪɪɪɪˣˣ et seize, ɪɴᴠᴇɴᴛᴏɪʀᴇ ᴇᴛ ᴅᴇᴄʟᴀʀᴀᴄɪᴏɴ du nombre des pièces d'artillerie et autres matières qui sont à present au chasteau de Nantes, tant de celle qui est au Roy que ce qui est de la ville.

Et premièrement

1. En la tour devers le port Briand Maillart [1], ung faulcon non monté qui est de fonte, du poix ou environ de ɪɪɪᵉ ʟ lb.

2. Item, ung autre petit faulcon de fonte, dont l'affust est pourry, du poix de vɪˣˣ lb.

1. Tour située aujourd'hui sur le quai, à l'angle sud-ouest du château de Nantes.

3. Item, sur la gallerie dessus la Herce [1], ung faulcon de fonte à pans, à teste de serpent et à une cordelière, monté d'un vieil affust sans rouelles, du pois ou environ de II° L lb.

4. Item, ung autre faulcon de fonte, à bourlet devant et à chevalet, du poix de II° lb.

5. Item, ung autre petit faulcon de fonte à bourlet, monté sur ung treteau, du poix de VI°° lb.

6. Sur la tour du Pavillon [2], ung faulcon de fonte non monté, du poix ou environ de IIII° lb.

7. Item, deux canons de fonte qui ont chascun deux boetes de fonte, sur vieulx poulains ferrez, et desquelz la vollée est de quatre piez, et l'ouverture de demy pié.

8. Sur la gallerie d'entre la tour du Pavillon et la grosse tour de Richebourg [3], ung canon de fonte à deux boetes de mesme, monté sur un viel poulain ferré, dont la vollée est de IIII piez, et l'ouverture de demy pié.

9. Item, une serpentine de fonte rompue, à une boete de mesme, à VII piez de vollée, montée sur ung viel poulain ferré.

10. Item, un faulcon de fonte à pans, de VI piez de long, à bourlet devant, du poix ou environ de II° lb.

11. Item, ung autre faulcon de fonte, à cordelière et à teste de serpent, monté de son affust et rouelles fort pourriz, du poix led. baston de III° L lb.

12. Item, ung gros canon de fonte nommé *Claux*, à deux boettes de mesme, dont la vollée est de VII piez et l'ouverture de demy pié IIII doiz, monté sur ung viel poulain non ferré.

13. Sur le hault de la dicte grosse tour de Richebourg, ung gros faulcon à pans et à teste de serpent, de la façon de Claux, monté sur deux vielles roes non ferrées, led. baston du poix de IIII° lb.

14. Item, ung petit faulcon de fonte, à pans et à bourlet devant, monté sur ung treteau, du poix de VI°° lb.

15. Item, ung autre faulcon de fonte, à bourlet devant et à cheville derrière, monté sur ung chevalet, du poix de II° lb.

16. Item, ung autre gros faulcon de fonte, ront et à bourlet devant, non monté de roes et affutz, du poix de III° L lb.

17. Item, ung autre petit faulcon de fonte, à pans et à bourlet devant, monté sur ung chevalet, du poix de VI°° lb.

18. Sur la voulte de ladicte tour, ung faulcon de fonte à pans, à cordelière et à teste de serpent, monté sur ung treteau viel, du poix de II° L lb.

19. Item, ung autre pareil faulcon de fonte, monté de mesme le précédant, dudit poix de II L lb.

20. Item, ung autre petit faulcon de fonte, à pans et à bourlet devant, monté sur ung treteau, du poix de VII°° X lb.

21. Item, deux serpentines de fonte, à une boete chascune, dont la vollée est de VII piez, montées sur deux poullains.

22. Item, ung canon de fonte à une boete et a de vollée IIII piez, et demy pié d'ouverture, monté sur ung poulain ferré.

---

1. La Herse était sans doute la porte d'eau, fermée d'une herse, ouverte dans la courtine du château de Nantes donnant sur la Loire.

2. C'est la tour située aujourd'hui sur le quai, à l'angle sud-est du château.

3. C'est la tour dite aujourd'hui du Fer à cheval, à cause de sa forme.

23. Sur le plancher de la dicte tour, soubz la voulte, ung faulcon de fonte à bourlet, monté d'un petit treteau sans piez, du poix de II⁰ L lb.

24. Item, ung canon de fonte à deux boctes, et a de vollée III piez, et demy pié d'ouverture, monté sur ung viel poulain.

25. Item, ung autre pareil canon de fonte, à une boete seullement, sur ung viel poulain.

26. Item, au bas de ladicte tour, ung canon de fonte à une boete seullement, et a de vollée VI piez, et demy pié d'ouverture, monté sur ung viel poulain.

27. Item, ung canon de fer sans boete.

28. Item, ès basses canonnières de ladicte gallerie, ung gros canon de fonte, à deux boctes, de VI piez de vollée, et demy pié deux doiz d'ouverture, mal monté.

29. Item, sous le Morier¹, une serpentine de fonte ayant une boete seullement, pareille aux serpentines nommées cy devant, montée sur ung viel poullain.

30. Sur la basse gallerie, ung faulcon de fonte à pans et à teste de serpent monté, sur ung treteau, du poix ou environ de III⁰ L lb.

31. Item, deux aultres faulcons de fonte, rons, à bourlet devant, montez d'affustz et rouelles tellement pourríz que l'en ne s'en sauroit servir, du poix ou environ chascun baston de II⁰ L lb.

32. Sur la haulte gallerie, du costé de Saint Pierre, ung petit faulcon de fonte à pans, à cordelière et à bourlet devant, monté sur ung treteau, ledit baston du poix de VI ᴧᴧ lb.

33. Sur l'avant mur du costé de Saint Pierre, ung petit faulcon à pans et à bourlet devant, monté sur ung chevalet, du poix de II⁰ L lb.

34. Item, ung autre faulcon de fonte, ront et à bourlet devant, monté assez bien, du poix de III⁰ LV lb.

35. Sur l'avant mur du portail, ung faulcon de fonte, ront et à bourlet devant et à clou derrière, monté d'un viel chevalet, du poix de II⁰ lb.

36. Item, ung autre faulcon de fonte à clou, à pans et à cordelière, monté d'un viel chevallet, du poix de II⁰ L lb.

37. Item, sur le bout du hault du mur devers la rivière, ung faulcon à pans et à teste de serpent, mal monté, du poix de III⁰ L lb.

38. Item, au pont levys, troys faulcons de fonte à pans, mal montez, du poix chascun de VI ᴧᴧ lb.

39. Item, soubz l'apentiz devers la rivière, une des grosses coulleuvrines de Nantes, pareille à l'Orible, montée de roes, affust et lymons neufz ferrez, aussi ung grand manteau garny de son chandelier et esseul.

40. Item, ung canon de la ville de Nantes, nommé l'un des Frères, monté de roes et affust ferrez, le tout neuf.

41. Item, ung autre plus long canon de fonte, qui est de ladicte ville de Nantes, nommé le Cousin, non monté de roes et affustz, du poix ou environ de III ᴹ V⁰ lb.

42. Item, en la cour du chasteau, ung gros canon de fonte, qui est de la dicte ville de Nantes nommé le Mareschal, du poix de VI à VII ᴹ lb. non monté.

43. Item, plusieurs boulletz, tant de fer que de pierre de grison, pour servir ausdiz bastons.

1. « Sous le Mûrier, » probablement dans la cour du château.

AUTRES MATIÈRES, comme picques, halbardes, halcretz, lances et autres matières, estant aud. chasteau de Nantes, dont est inventoire fait en l'an IIII ** XII.

Et premièrement

44. Halcretz, XXXIX. Halbardes, XXVII bottes. Picques, v°. Lances, LXXII. Demyes-lances, III°.

45. Pouldre de canon, cinquante six caques, en comprenant ung caque entamé, et une qui vault deux. LVI caques pouldre.

46. Plus, un barril enfoncé des deux boutz, ouquel sont les fers de lances et demyes lances.

Le devant dit inventoire fait audit mois de decembre, l'an mil IIII° IIII XX et seize, ès presences de Philipe Coline commis à y vacquer, et Mons¹ le lieutenant de Mons¹ de la Trimoille, cappitaine dudit lieu et place de Nantes, de Hences Lezin, canonnier, et autres. Ainsi signé : G. DE BILLY.

LIV

Traité de la ville de Rennes pour la fabrication de deux serpentines et de trente faucons [1].

(28 janvier 1488, nouveau style.)

J ULIAIN Tierry, seigneur du Boisorcant, Jehan Hagomar s^r de la Ripviere, bourgeoys demourans en ceste ville de Rennes, et Jehan Feillée, semblablement bourgeoys et contrerolleur des mises et repparacions d'icelle, certiffions à touz à qu'il apartient que, par vertu de la commission à nous dirigée par Messrs les officiers et bourgeoys de lad. ville de faire besongner au fait de l'artillerie tant de fonte que de forge dont il est à present besoign à lad. ville, et mesmes de faire affiner les salpestres estans ou tresor de lad. ville et les faire convertir en pouldre pour preparer la tuicion et deffence d'icelle ville, sur laquelle est notoire avoir de grandes entreprinses par les ennemys du Duc notre souverain seigneur, qui luy font de jour en jour et à son pays et duché de Bretaigne la guerre, nous avons fait marché avecques Guillaume Evain, cannonnier et ouvrier de fonte, demourant en cested. ville, et avecques Robin de la Broce, dit Broczault, canonnier et ouvrier de forge demourant à la Chappelle des Foulgeraiz, de faire, savoir, led. [de la] Broce, deux bastons de fer en manière de serpentines, dont l'un se chargera par derriere et aura chambres de cuyvre, l'autre se chargera par davant et sera à thourillons pour tirer sur ung afust à roues : lesqueulx deux bastons de forge gecteront boulles de fer et poiseront de seix à sept milliers de fer [2], pour luy en estre poyé par les miseurs de lad. ville, pour chescune livre de fer ouvrée en l'ouvraige dud. baston à thourillons xx d. monn., et pour chescune livre dud. baston qui se charge par derrière et à chambre xvi d. monn. — Et o led. Guillaume Evain, cannonnier et ouvrier de fonte, de faire une dozaine et demye de petiz faulcons qui tireront sur chevaletz et poiseront de sept vingts à sept vingts dix livres chescun ; six autres bastons du poys d'environ troys cens livres chescun. Item, deux gros faulcons du poys d'environ quatre à cinq cens livres chescun. Item, quatre autres faulcons du poys d'environ deux cens livres chescun, et une cloche, pour servir à ung tiers appeau de l'orloge de lad. ville, du poys d'environ mil livres de cuyvre ; avecques, deux bouestes de fonte pour servir à la vollée de la serpentine de fer qui fut achatée de feu Denis Godelin, du poys d'environ deux cens livres chescune

---

1. Archives de Rennes, liasse 158. Orig. papier.
2. C'est là le poids total des deux serpentines, chacune de ces pièces devant peser de 3,000 à 3,500 livres.

boueste. Pour faire lesquelles choses luy doit estre livré et baillé cinq faulcons pertussez trouvez en la maison de Guillaume Everart, queulx furent trouvez poyser vi ° iiii xx x livres de cuyvre, avecques le metal affiné, lequel est demouré du remanant de la grosse cloche, qui monte iii° vi° livres ; et ii° ii° iiii xx iiii livres de cuyvre deslairé (sic) : lesqueulx metal et cuyvre estoint demourez entre les mains de Vincent Le Valloys et Pierres Pares, miseurs des deniers de lad. ville pour l'an commencé le segond jour de febvrier l'an mil iiii° iiii xx v, et pour en estre par les miseurs de lad. ville poyé aud. Guillaume Evain, pour chescun cent de metal et cuyvre ouvre oud. ouvraige, la somme de cx s. monn. Et pour valloir ausd. Guillaume Evain, Robin de la Broce, et chescun d'eulx où mestier en auront, leur en avons signé cestz presentes de noz signes manuelx cy mis, le vingt ouictiesme jour de janvier l'an mil iiii° quatre vingts sept.

(Signé) J. TIERRY. — HAGOMAR. — FEILLÉE.

LV

Boulets de fer pour la ville de Rennes [1]

(12 janvier 1489, nouveau style).

Pierres Le Fauconnier, maistre fondeur de boulles de fer, demourant en la parroesse de Mesillac [2], suys congnoessant et confessant avoir esté bien et loyaument poyé de Vincent Le Valloys, l'un des miseurs de ceste ville de Rennes, de IIII^{xx} v° xxxIIII livres de fer en boulles, que avoys faictes pour lad. ville, — savoir xxvII grosses d'environ le poys de LX livres chescune, xLvIII d'environ le poys de xL lb. chescune, et II° L petites estantes de troys calabres, — pour et de chescune livre prinse en la ville de Redon v d. obole piece, que vallent aud. pris la somme de cIII l. xvIII s. I d., de laquelle somme je quicte led. Le Valloys et prometz l'en aquictez, tesmoigns les signes manuelz de dom Richart Frete et Julien Le Valloys, cy mis à ma requeste, le xII° jour de janvier l'an mil IIII°° IIII°° et ouict.

(Signé) Richart Frete. — Julien Le Valloys.

NOTES.

1. Arch. de la ville de Rennes, liasse 159. Orig. pap.
2. Missillac, sur la rive gauche de la Vilaine, près de la Roche-Bernard.

LVI

Traité de la ville de Rennes pour la fabrication de deux grandes serpentines [1].

(10 février 1489, n. style.)

Jehan Hagomar, Vincent Le Valloys et chescun de nous, certiffions à qu'il apartient que, par vertu de l'ordonnance et commission à nous dirigée par les officiers et bourgeoys de ceste ville de Rennes, nous avons en ce jour fait marché et convenant avecques Robin de la Broce dit Broczault, canonnier et oupvrier de forge demourant en la parroesse de la Chappelle des Foulgereiz, de faire deux serpentines de fer, quelles seront à thourillons et se chargeront par davant et auront dix piez de vollée chescune, et porteront de ouict à dix livres de plons et selond le calabre que luy en avons baillé. Quelles serpentines led. de la Broce a prins à faire, de nous commis comme dessur, du numbre de vignt quatre cercles de fer, queulx autresfoiz furent de la bonbarde de fer qui fut rompue autresfoiz au premier siége de Foulgères [2], queulx cercles poisent IIᵐ IIIᶜ xxx livres, avecques et de ung millier de fer d'Espaigne que luy avons promis faire delivrez par les miseurs des deniers ordonnez pour l'an present à la reparacion de cested. ville. Et poyseront lesd. deux serpentines de troys milliers à troys milliers et demy ou environ, et est tenu led. Robin de la Broce les rendre prestz à monter sur leurs affutz et essayez dedans la my aougst prouchaine, si par le poyement et delivrance du fer ne tarde : et pour lui en estre par lesd. miseurs poyé, sur et des deniers de leur charge, pour chescune livre du fer ouvré oud. ouvraige, III s. de la monnoie courante. Et prendra led. Broczault chescune livre desd. fers, tant desd. sercles que dud. millier de fer neuff, à xII d. chescune livre, à deducer et rabbattre sur le grant du poys desd. deux serpentines. A valloir sur lequel marché luy sera par lesd. miseurs poyé la somme de sept vigns dix livres dicte monnoie, et en faisant lesd. deux bastons la somme de c l. dicte monnoie, et l'outreplus de ce que restera, les deux bastons acompliz, prestz et essayez et pesez. Et quant à faire, tenir et acompliz ce que dessur, led. Robin de la Broce a obligé et obligé touz et chescuns ses biens meubles et immeubles, et l'a promis et juré par son serment. Faict le dixᵐᵉ jour de febvrier l'an mill IIIᶜᶜ IIII ˣˣ ouict.

(Signé) HAGOMAR. — V. LE VALLOYS.

NOTES.

1. Archives de Rennes, liasse 159. Orig. pap.
2. En septembre et octobre 1449. Fougères, occupée alors par les Anglais, fut rendue aux Bretons le 4 novembre.

LVII

Commission donnée par la même ville de faire fabriquer deux gros canons [1].

(9 mars 1489, nouv. st.)

Ou conseil de la ville de Rennes, le ix⁰ jour de mars l'an mil iiii⁰ iiii ˣˣ viii, furent et ont esté commis Pierres Becdelievre [2], procureur des bourgeois, mananz et habitans de lad. ville, Jehan de Liscouet, escuier, sʳ de Villepie, l'un des connestables d'icelle ville, Jehan Feilléc, contrerolle, et Vincent Le Vallais, maistre de l'artillerie, affin de faire feur et marché à tel pris raisonnable qu'ilz aviseront ovec Guillaume Evain, Hacquin Renaire et Pierres Lefevre, canonniers et oupvriers de fonte, pour mectre en pièces et derompre une bonbarde de fonte de cuyvre, apartenante à la Duchesse, nostre souveraine damme, dont par cy davant elle a fait don aux habitans de lad. ville, pour icelle convertiz en mynues pièces d'artillerie pour servir à la deffense et garde de lad. ville, et du metal d'icelle bonbarde, oultre lesd. minues pièces, faire deux gros canons de fonte, quelx auront chascun de dix à unze piez de vollée et porteront boulles de fer du poys de quarante livres chascune boulle ou environ, et les rendre essaiez et prestz à mectre sur leurs affustz dedanz le premier jour de juin prochain ou autre temps convenable qui par elx sera avisé. Et le pris qui sera entre les dessurd. convenu est mandé à Jehan Le Breton et Jehan Dumont, receveurs et miseurs de lad. ville, en faire le poiement ès termes qui seront assignez, par la certifficacion et signature des dessurd., qui leur vauldra mise lors et ès foiz que en auront besoign. Donné et fait comme dessus.

Par ordonnance dud. Conseil,

(Signé) Pares.

NOTES.

1. Arch. de Rennes, liasse 159, Orig. pap.
2. C'est par mégarde que, dans la note 2 de la pièce XLIX (ci-dessus, p. 116), nous avons attribué à Pierre Becdelièvre la charge de capitaine (ou gouverneur) de Rennes. Il était en réalité, comme on le voit ici, procureur des bourgeois de cette ville, charge répondant à peu près à celle de maire.

LVIII

Etat des canonniers au service de la ville de Rennes[1].

(16 septembre 1489.)

JEHAN Le Breton, Jehan Dumont et chascun de vous, miseurs et receveurs des deniers ordonnez à la reparacion de ceste ville de Rennes pour l'an présent commancé le second jour de febvrier derroin, pour ce que les canonniers, artilliers et charpantiers et aydes, retenuz à gaiges pour l'entretenement et garde de cested. ville en l'an derroin (dont Laurens Pares et Vincent Le Valloys estoint miseurs), ont remonstré que, dempuix le darroin jour de janvier ny durant le temps de vostred. charge n'ont eu aucun poyement de leurs gaiges, et que ont tousjours servy aux mieulx que leur a esté possible ; savoir vous faisons que en ce jour, en la congregacion du conseil des officiers et bourgeoys de cested. ville, a esté déliberé retenir et entretenir à gaiges sur et des deniers de lad. ville les canonniers artilliers, charpantiers et aydes qui ensuyvent aux gaiges cy après declerez. Et pour ce que les deniers de vostre charge sont pour le present courts, il vous est commandé poyer à chascun d'eulx ung cartier de leursd. gaiges en monnoie de gros à deux soulz six deniers la pièce, en atendant leur faire plus grant payement. Et raportant cestz présentes avecques quictances pertinentes des dessurd., en y apelant Vincent Le Valloys, maistre de l'artillerie de cested. ville, vous vauldra à voz comptes où moystier en aurez.

Et premier

A Guillaume Evain, canonnier et oupvrier de fonte, sera poyé sur et des deniers de lad. ville, de gaiges ordinaires, à commancer au second jour de febvrier derrain, quatre livres par moys.

A Hacquin Renayre, Pierre Lefebvre, Mathurin Dupont[2], } canonniers et oupvriers de fonte, pareillement retenuz à saixante soulz de gaiges par moys, à commancer aud. second jour de febvrier.

Semblablement vous est ordonné poyer aux canonniers, charpentiers et artilliers cy-après nommez, retenuz à trante soulz de gaiges par moys à commancer aud. second jour de febvrier derrain,

---

1. Arch. de Rennes, liasse 159. Orig. parchemin.
2. Mathurin Dupont avait pour spécialité la fabrication de la poudre.

Et premier

A Colin Le Tanneur, charpentier et canonnier,

Pierre Duboays, canonnier,

Jehan Escoufflart, canonnier,

Bertran Turcays, canonnier et oupvrier de fonte,

Guillaume Evrart, canonnier et oupvrier de fonte,

Jullien Barbe, canonnier,

Geffroy Gicquel, canonnier,

Robin de la Broce, canonnier et oupvrier de forge,

Olivier Bodin, canonnier,

Jehan Leclerc, canonnier,

Jehan Duboays, canonnier,

Hacquin Leclerc, canonnier (mort),

Gabriel Evain, canonnier,

Thébaud Morice, canonnier,

Jehan de la Chaussée, canonnier,

Jehannot Mellin, canonnier et artillier,

Martin Mellin, canonnier,

Jehan Chevet, canonnier et oupvrier de fonte,

Jehan Lemaistre, canonnier et oupvrier de forge,

Michel Tailleboays, canonnier et artillier.

Jehan Octobre, oupvrier d'arbalestres,

Jehan de Troye, canonnier et oupvrier de forge,

Macé Chevalier, artillier,

Henry Millon, oupvrier de fer de vireton,

Jehan Trochu, charpentier et canonnier,

Pierres Morice, artillier,

Pierres Lesné, canonnier et artillier,

Raoullet Galays, canonnier,

Guillaume Fontaine, artillier,

Eon Berger, canonnier.

Pareillement vous est ordonné poyer aux aydes cy-après nommez, retenuz à vignt cinq soulz de gaiges par moys à commancer aud. second jour de febvrier,

Savoir

A Hervé Bodet, canonnier,

Jamet Picheu, canonnier,

Yvon Turcays, canonnier,

Pierres Morice le jeune, artillier,

Jehan Dohin, charpentier,

Jehan Boucher, canonnier,

Pierres Maumysert, canonnier,

Pierres Evrard, canonnier,

Michel Pougnant, canonnier.

Fait et expédié ou Conseil de lad. ville le seiziesme jour de septembre, l'an mill quatre cens quatre vigns neuff.

(Signé) GUY PAYNEL. — P. CHOUART. — N. DALIER. — J. GUIHENEUC. — A. MAILLART. — L. PARES. — G. LIZÉ present fut. — HAGOMAR. — T. BRULLON.

LIX

Pesage et prix du canon appelé Orange [1].

(5 décembre 1489).

Aujourd'huy, davant Pierres Becdelievre, procureur des bourgeoys et habitans de la ville de Rennes, Vincent Le Valloys, garde de l'artillerie de lad. ville, Franczoys Legendre, lieutenant du conterolle, Jehan Le Breton et Jehan Dumont, miseurs de lad. ville, Jehan du Mesnil, Pierres Boaysguérin, bourgeoys de lad. ville, et chascun, commis de par lad. ville, ainsi que appiert par lad. commission en dabte du xxii° jour de novembre darrain, quant affin de voirs poysez ung baston de fonte fait par Guillaume Even, Hacquin Renayre et Pierres Lefebvre, iceluy baston apelé *Orange* [2], auxi d'apurez avecques lesd. Even, Renayre et Lefebvre tant du poys dud. baston que du rest qui leur peut estre deu par cause de la faczon dud. baston. Et en y procédant, nous suymes transportez en la cohue du Cartaige, en laquelle a esté led. baston poysé et trouvé poyser cinq mill ouict cens quatre vigns dix sept livres, qui vallent, à doze livres dix soulz chacun cent (qu'est le prix et marché fait avecques lesd. Even, Renayre et Lefebvre), sept cens trante sept livres deux soulz seix deniers. Sur quoy a esté appuré avecques lesd. miseurs leur avoir esté poyé quatre cens quarante cinq livres : quelle somme rabatue, reste que leur est deu deux cens quatre vigns doze livres deux soulz seix deniers monnnoie. Quelle somme est mandé ésd. miseurs leur poyer.

Faict le cinqᵐᵉ jour de décembre, l'an mill quatre cens quatre vigns neuff.

(Signé) J. DE CHALON. — GUY PAYNEL. — J. DUMESNIL. — P. BOAISGUÉRIN. — P. BECDELIEVRE. — V. LE VALLOYS. — F. LEGENDRE.

NOTES

1. Arch. de Rennes, Liasse 159. Orig. pap.
2. C'est le « gros canon à torillons, » dont il est parlé ci-dessus, p. 124, à l'art. 7 de l'inventaire de l'artillerie de Rennes. Il avait reçu ce nom en l'honneur du prince d'Orange, capitaine de cette ville.

LX

Haquebutes (ou haquebuces) pour la ville de Rennes [1].

A. (15 octobre 1490).

Pour ce que par avant cestz heures a esté ordenné par Mons⸳ le prince d'Orange, capitaine de ceste ville de Rennes, estre en toute dilligence fait jusques au numbre de seix dozaines de hacquebuces, tant de forge que de fonte, pour servir aux grans et emynens perilz qui sont, par rayson de l'invasion et entreprinses dampnables que de jour en aultre font les Franczoys sur cested. ville et forsbourgs d'icelle : en ce jour a esté, par Vincent Le Valloys, maistre et garde de l'artillerie decestd. ville, en presence de missire Guy Paisnel, lieutenant de Mons⸳ le Prince, Jehan Gulheneuc, l'un des connestables, Jehan Feillée conterolle des deniers et reparacions d'icelle, et pluseurs autres bourgeoys et habitans de lad. ville, fait marché entre Guillaume Evain, canonnier et ouvrier de fonte, et Thomas Brullon, l'un des miseurs de lad. ville pour cest an présent, par lequel celuy Guillaume Evain a prins dud. Brullon à faire doze haquebuces de fonte pour servir à ce que dessur, du poys de trante livres chascune, quelles seront à croc et à douille, et les rendre celuy Evain prestes et essayées, ce que a promis faire, dedans le premier jour de janvier prouchain venant : pour luy en estre poyé par led. Thomas Brullon oudit nom, savoir, pour chascune livre de cuyvre ouvré oud. euuvre la somme de troys soulz neuff deniers. Expédié ou conseil desd. officiers et bourgeoys, congregé en la maison dud. Le Valloys pour celle et autres matières concernentes les faiz de lad. ville, le quinz⸳ᵐᵉ jour d'octobre ; l'an mill ɪɪɪɪ⸳ᶜᶜ ɪɪɪɪˣˣ dix.

A la relation des dessurdiz, (signé) Hagomar.

J'ey receu de Guillaume Evain, canonnier et fondeur, ouyt hacquebuses de cuyvre pour servir à l'artillerie de ceste ville de Rennes, poisantes ensemble deux cens dix neuff livres [2], icelles esayées, le premier jour de Novembre l'an mil ɪɪɪɪ⸳ᶜᶜ ɪɪɪɪ ˣˣ dix.

(Signé) V. Le Valloys.

---

1. Arch. de Rennes, Liasse 159. Orig. pap.
2. Ainsi le poids de 30 livres pour chaque haquebute, fixé par le marché ci-dessus, n'avait pas été atteint. Le poids moyen de ces 8 armes était, pour chacune, de 27 livres 3/8.

B. (11 juillet 1491)

Pour ce que par avant cestz heures a esté ordonné par Monsʳ le prince d'Orange, capitaine de ceste ville de Rennes, estre en toute diligence fait jucques au numbre de seix dozaines de haquebuces tant de forge que de fonte, pour servir aux grans et emynens perilz qui sont, par raison de l'invasion et entreprinses dampnables que de jour en autre les Franczoys font sur ceste ville et forsbourgs d'icelle, a esté aujourd'uy fait marché entre Jacques Meilleur et Franczoys Desorye, receveurs et miseurs des deniers ordonnez à la reparacion de cested. ville pour cest an présent, et Guillaume Evein, Hacquin Renayre, Pierres Lefebvre et Jehan Chevet, fondeurs, par lequel marché les dessurd. ont prins faire pour lad. ville de vignt cinq à trante haquebuces de cuyvre du poys d'environ quarante livres la pièce, pour en poyer lesd. miseurs (ce que ont promis ausd. Even, Lefebvre, Renayre et Chevet), de main d'euvre, pour chascun cent que poyseront lesd. hacquebuces, sept livres dix soulz par cent: quelz ont promis les rendre prestes et essayées dedans la feste de Toussains prouchaine venante. Fait ès presences de Jehan Hagomar, sʳ de la Ripvière, et de nous Jehan Feillée, conterolle de lad. ville, Vincent Le Valloys, maistre de l'artillerie d'icelle. Et pour valloir ausd. miseurs et fondeurs partout où mestier en auront, en avons signé cestz presentes de noz mains, le xiᵉ jour de juillet l'an mill iiiiᶜᵒ iiiiˣˣ unze.

(Signé) HAGOMAR.

C. (3 février 1492, nouv. st.)

Franzoys Legendre, commis de Jehan Feillée, conterolle de ceste ville de Rennes, certiffie avoir esté present à voir poiser[1] vignt sept hacquebutes de fonte, quelles ont en ced. jour fait poiser Guillaume Evain, Hacquin Reegnare, Pierres Lefeuvre, Jehan Chevet, maistres fondeures, desquelles le pois ensuist[2].

Savoir

Ouit hacquebutes poisantes deux cens quatre vigns neuff livres et demye[3].

Dix aultres hacquebutes, dont y en a une petite et d'aultre faczon, quelle poise vignt et ouit livre et demye ; quelles dix hacquebutes poisent trois cens quatre vigns dix livres[4].

---

1. L'original, ici, et plus loin, écrit *poiesser* (pour *peser*) : forme un peu trop fantaisiste.
2. C'est le procès-verbal de la pesée des haquebutes dont il est question dans la pièce précédente.
3. Le poids moyen de chacune de ces 8 haquebutes dépassait de fort peu 36 livres (36 l. 3 onces).
4. Abstraction faite de la petite haquebute de 28 lb. 1/2, restait pour les 9 autres 361 lb. 1/2, ce qui donne pour poids moyen un petit peu plus de 40 lb.

Et neuff aultres hacquebutes, poisantes trois cens carante et ouit livres cuivre[1].

Quelles xxvii hacquebutes poisent en nombre mil vignt et sept livres de cuivre[2]. Et à ce voir poiser estoint presens Vincent Le Valloys, maistre d'artillerie, François Desorie, Jacques Meilleur, miseurs de l'an finy le segond jour de feuvrier l'an mil iiiiᶜᶜ iiiiˣˣ et unze. Ce fait le tiers jour dud. mois l'an surdit.

(Signé) F. Legendre.

1. Poids moyen pour chaque arme, un petit peu plus de 38 lb. — Les haquebutes du second groupe atteignaient seules le poids de 40 lb. indiqué par le marché.

2. Dans l'inventaire de l'artillerie de Rennes en 1495, articles 20 et 21, on mentionne seulement 22 haquebutes, 14 du poids de 38 livres et 8 de 28 livres (ci-dessus, p. 124.)

ADDITIONS ET CORRECTIONS

Page 32, note 28. Selon Dom Morice (*Hist. de Bretagne*, t. I, p. xxiv), Louis de Rohan-Guémené, seigneur de Rainefort, mourut dès l'an 1498, et ne put succéder à son père Louis II de Rohan-Guémené qui ne mourut qu'en 1508.

Page 116, note 2. Pierre Becdelièvre n'était point capitaine de Rennes, mais procureur des bourgeois de la communauté de ville, comme nous le disons d'ailleurs page 249, note 2.

Page 137. Nous avons omis d'indiquer en note, sur la ligne 7 de cette page, que *Conq* est le nom ancien de la ville de Concarneau on *Conq-Kernaw*, c'est-à-dire Conq de Cornouaille, par opposition au port du Conquet, près Brest, que l'on appelait alors *Conq-Léon*, ou Conq du pays de Léon.

TABLE DU VOLUME

INTRODUCTION.

DOCUMENTS INÉDITS SUR LE COMPLOT BRETON
DE M. CCCC. XCII.

Première partie. — Correspondance de Pierre Le Pennec.

DEUXIÈME PARTIE. — PIÈCES DIVERSES.

TROISIÈME PARTIE. — ANNEXES.

TABLE 159

ACHEVÉ D'IMPRIMER

A NANTES

PAR

VINCENT FOREST ET ÉMILE GRIMAUD

POUR LA

SOCIÉTÉ DES BIBLIOPHILES BRETONS

LE XX OCTOBRE M. D. CCC. LXXXIV.